주역384

周易

선택의 기로에서 답을 구하다

이 도서의 국립중앙도서관 출판시도서목록(CIP)은
서지정보유통지원시스템 홈페이지(http://seoji.nl.go.kr)와
국가자료공동목록시스템(http://www.nl.go.kr/kolisnet)에서
이용하실 수 있습니다. (CIP제어번호 : 2018027171)

주역384

이해수 지음

선택의 기로에서 답을 구하다

세상살이는 선택의 연속이다. 지금까지 수많은 선택을 하면서 살아왔고 앞으로도 선택의 갈림길에서 살아갈 것이다.

선택! 그것은 인생에서 아주 중요한 변환점이고 성공과 실패를 가르는 기로의 시점이다. 어릴 때는 침을 손바닥에 뱉어 손가락으로 치면서 점을 치기도 하였다.

누구나 미래를 알고 싶어 한다. 그래서 동서고금을 막론하고 그 미래를 알기 위해 여러 가지 방법을 행하였고 일부는 지금도 전해 내려오고 있다.

필자는 대학교 입학과 동시에 주역을 공부하게 되었다. 우연인지 필연인지는 모르겠다. 군 복무기간에도 장교들과 전우들의 궁금증을 주역으로 풀어 주곤 했으며 제대 후에는 철학관을 운영하기도 하였다.

그러다가 문경의 봉암사에 입산하여 3년간 참선 공부하는 승려 생활도 하였다. 환속을 하여 '짧은 머리카락이 기를 때까지 무엇을 할까?' 궁리하다가 주역을 아주 쉽게 해설을 해보자고 작정하여 「인생384효」(명문당)를 출간하였다. 29년 전의 일이다.

주역은 64괘로 구성되어 있고 1괘는 6개의 효를 가지고 있다. 64×6=384가 되어 인생의 384장면을 보여주는 책이다. 어렵다는 주역을 아주 쉽게 풀어서, 한문을 몰라도 이 책 한 권으로 누구나 선택의 순간에 활용할 수 있도록 만들었다.

그러나 「인생384효」에는 주역원문은 있으나 해설이 없었고 384효의 실제경험을 싣지 못하였다. 이후 이러한 아쉬운 점을 보완하여 2017년에 「주역삼매경에 빠지다」를 출판하였다. 작업을 하면서 해설과 실증사례를 넣는 것 뿐만 아니라 책의 차례를 주역 원문의 순서대로 정리하였다. 이렇게 함으로써 각자의 궁금증에 답하는 적중률을 상당히 높게 만들었다고 자부한다. 그러나 주역을 공부하는 학인에게는 도움이 되겠지만, 일반독자들은 번거롭게 여겨서 일반독자들이 주역을 활용하기 쉽게 다시 편집을 하여 「주역384」를 출판하게 되었다.

태어난 년·월·일·시는 바꿀 수가 없다. 정해진 틀이라는 말이다. 누구나 스스로 운명을 개척할 수 있는 용기와 지혜가 있어야 한다. 본인이 바꿀 수 있는 것은 스스로 채택하여 좋은 기운을 받게 되면 운명은 자연스럽게 좋아진다. 그래서 이 책의 뒷부분에 좋은 날과 좋은 방위를 찾는 방법, 각자에게 좋은 행운의 숫자와 색깔을 선택하여 적극적인 세상살이에 도움이 되고자 하였다.

그동안 필자가 주역을 공부하면서 언론에 보도된 내용이 많이 있고 동영상은 유튜브YouTube에서 '이해수'를 클릭하면 볼 수 있다.

주역의 괘상을 구하려면 서죽이 있어야 하는데 그것은 각자가 본인에게 알맞은 서죽을 구하면 된다. 독자들이 구하기 전에 8괘를 나타내는 괘상을 표시한 대나무를 책의 표지에 부착하였다. 그것을 이용하여 괘상을 구하면 된다.

그동안 「인생384효」를 애독해 주신 독자 여러분께 감사의 뜻을 전한다. 너무 늦게 개정판을 출간하게 되어 죄송스러운 마음을 금할 수가 없다.

본서는 독자들에게 살아가는 순간순간의 행동방향을 제시함은 물론 주역을 공부하고자 하는 학인들에게도 도움이 될 것이다.

그리고 졸저를 발간해 주신 도서출판 무량수에 깊은 감사를 드린다.

2018년 9월

선관 이 해 수

1

주역과 설시방법

1. 주역의 활용

주나라 시대의 역을 주역이라고 한다. 주역은 무극·태극·음양·사상·8괘·64괘로 되어있다. 64괘는 주역 상경 30괘·하경 34괘로 구성되어 있고 각 괘마다 괘의 명칭 즉 「괘명」이 붙어있다. 그리고 괘명을 풀이한 「괘사」, 괘사를 풀이한 「단전」, 괘의 상을 풀이한 「상전」이 있고 괘마다 여섯 개의 효를 풀이한 「효사」가 있다.

주역의 역사나 흐름의 배경은 여기서는 생략하기로 한다.

주역은 '세상 변화의 도에 대한 원리'를 밝힌 철학서이다. 그러므로 모든 학문에 적용할 수가 있는 것이다.

주역周易 계사상전繫辭上傳 10장에 '역易에는 성인聖人의 도道가 4가지 있으니, 말하려고 하는 자는 그 기록된 말을 숭상하고(以言者尚其辭) 행동하려는 자는 그 변화하여 가는 것을 숭상하고(以動者尚其變) 그릇을 만들려는 자는 그 형상을 숭상하고(以制器者尚其象) 미래를 알려고 하는 자는 그 점을 숭상한다(以卜筮者尚其占)'고 하였다.

이 책은 '미래를 알려고 하는 자는 점을 숭상한다.'의 의미대로 주역의 괘상을 만들어 미래를 예측하고 생활에 많은 도움이 되고자 한다.

2. 64괘 384효

　주역의 괘상은 64괘이고 1괘에 6개의 효가 있으니 384효로 구성되어 있다.

　64괘는 괘상의 개괄적인 내용의 표현이며, 384효는 괘상에서 다시 세분되어 구체적으로 길흉吉凶을 판단한다. 질문의 내용에 따라 64괘의 판단을 적용할 때가 있고, 384효의 판단을 적용할 때도 있다. 일반적으로는 384효의 답을 찾아서 판단하면 되고, 아주 장기적인 문제는 64괘의 답을 찾아서 판단하면 된다. 괘를 만들면 3자리 숫자가 나온다. 나온 숫자 그대로 찾아서 본인의 질문 상황에 맞게 해설하여 판단하면 거의 미래를 알 수 있다. 그리고 3자리 숫자의 마지막 숫자를 없애면 2자리의 숫자가 남는다. 이 2자리 숫자를 읽어서 참고하면 판단에 많은 도움이 된다. 즉, 2자리 숫자는 64괘의 괘상이되고, 3자리 숫자는 384효의 괘상이 된다.

3. 작괘법

괘를 만드는 방법은 하괘下卦와 상괘上卦가 있고 동효動爻가 있다. 하괘와 상괘로서 64괘가 완성되고 동효로서 384효가 완성된다. 괘를 뽑아 64괘 384효를 만드는 것을 설시揲蓍라 하는데 본서법本筮法 중서법中筮法 약서법略筮法이 있다. 여기서는 약서법에 의한 방법을 택하기로 한다.

4. 약서법의 종류

A방법 : 8가지 물건에 숫자를 표기하여 괘상을 얻는 방법.
B방법 : 임의의 숫자를 생각하여 괘상을 얻는 방법.
C방법 : 주위의 물건을 활용하여 괘상을 얻는 방법.

A방법 : 8가지 물건에 숫자를 표기하여 괘상을 얻는 방법.

크기와 모양이 똑같은 물건 8개에 1부터 8까지 표시한다. 표시가 된 물건을 괘라고 한다. 그래서 8개의 괘가 만들어지는 것이다.

이 8개의 숫자와 괘상의 구분과 특징은 '숫자와 괘상'(22p)에 상세히 설명되어 있다.

① 목적을 정하고 마음을 정리한 후에 하나를 뽑는다(하괘). ② 다시 전부 합하여 8개 중에서 또 하나를 뽑는다(상괘). ③ 세 번째 뽑을 때는 7과 8이 표시된 괘를 제외하고, 1~6의 괘 중에서 뽑는다(동효).

예를 들면 똑같은 대나무 8개를 사용한다. 책표지에 8개의 대나무에 숫자 1부터 8까지 표시한 8괘를 첨부하였으니 바로 사용하면 된다.

예1) 목적 : B학교 전자공학과 시험운이 있는가?

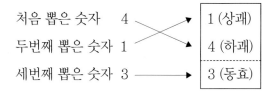

적는 방법은 처음 숫자가 하괘이니 아래에 적고, 두 번째 숫자는 상괘이니 위로 적는다. 세 번째 숫자는 동효이니 마지막에 적는다. 답은 위에서 아래로 읽어 판단한다. 그 숫자가 고유번호가 된다. 예를 들어 143을 찾으려면 책의 순서대로 찾으면 143이 나온다.

고유번호 : 143 답은 불합격

예2) 목적 : 오늘의 운세는 어떠한가?

고유번호 : 383 답은 분주하게 바쁘고 신용이 좋으니 적극적으로
행동하여 기쁨이 많다.

예3) 목적 : 한 달의 운세는 어떠한가?

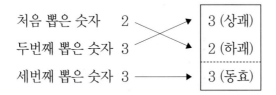

고유번호 : 323 답은 남과의 다툼이 많고 이마를 다치는 위험이 생
기고 시비를 하면 불리하다.

B방법 : 임의의 숫자를 생각하여 괘상을 얻는 방법.

예1) 목적 : 이동을 하면 좋은가?

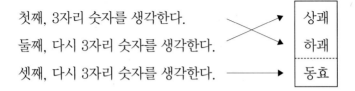

적는 법은 첫째 숫자(하괘)를 아래에 적고 둘째 숫자(상괘)는 위에 적는다.

첫째와 둘째 숫자는 나누기(÷) 8을 하고

셋째 숫자는 나누기(÷) 6을 한다.

만약 첫째 생각해 낸 숫자가 385, 둘째 숫자가 403, 셋째 숫자가 620이면,

$385÷8 = $ 나머지 1, $403÷8 = $ 나머지 3, $620÷6 = $ 나머지 2가 된다.

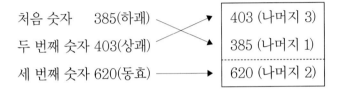

처음 숫자　　385(하괘) ⟶ 403 (나머지 3)
두 번째 숫자 403(상괘) ⟶ 385 (나머지 1)
세 번째 숫자 620(동효) ⟶ 620 (나머지 2)

고유번호 : 312　답은 이동을 하면 운세가 좋아져 성공한다.

예2) 목적 : 갑 회사에 주식투자하면 이익이 있는가?

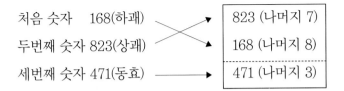

처음 숫자　　168(하괘) ⟶ 823 (나머지 7)
두번째 숫자 823(상괘) ⟶ 168 (나머지 8)
세번째 숫자 471(동효) ⟶ 471 (나머지 3)

168은 나머지 0, 823은 나머지 7, 471은 나머지 3이다. 만약 나머지가 0이면 나눈 숫자를 그대로 사용한다. 8로 나누어 나머지가 0이면 8, 6으로 나누어 나머지가 0이면 6을 사용한다.

고유번호 : 783   답은 투자하면 손해본다.

C방법 : 주위의 물건을 활용하여 괘상을 얻는 방법.

바둑알이나 산에서는 솔잎을 손에 잡히는 대로 잡아서 사용한다.

예1) 목적 : 교제하는 A사람이 진실한가?

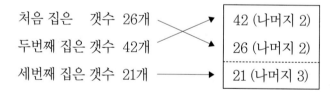

처음 집은   갯수 26개 ⟶ 42 (나머지 2)
두번째 집은 갯수 42개 ⟶ 26 (나머지 2)
세번째 집은 갯수 21개 ⟶ 21 (나머지 3)

$26 \div 8 =$ 나머지 2, $42 \div 8 =$ 나머지 2, $21 \div 6 =$ 나머지 3

고유번호 : 223   답은 음흉한 사람이니 피하라.

예2) 목적 : 사업 운세의 전망은?

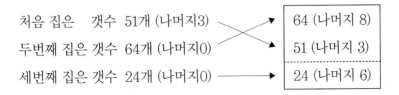

처음 집은 갯수 51개 (나머지3)

두번째 집은 갯수 64개 (나머지0)

세번째 집은 갯수 24개 (나머지0)

64 (나머지 8)

51 (나머지 3)

24 (나머지 6)

$51 \div 8$ = 나머지 3, $64 \div 8$ = 나머지 0, $24 \div 6$ =나머지 0

0의 숫자는 나눈 숫자를 그대로 사용한다. 즉 8로 나누어 0이면

8, 6으로 나누어 0이면 6으로 사용한다.

고유번호 : 836　답은 위험이 눈앞에 있으니 확장하지 말고

내부 관리에 충실하라.

5. 고유번호 해독법

고유번호의 내용은 주역의 원문을 해석한 내용이다. 그 내용들은 그 당시의 시대상과 역사적 사실을 적시한 표현들이 많다. 인간관계의 처세 등은 예나 지금이나 비슷하고 동시성을 갖기도 한다. 주역 원문의 내용이 함축적이기 때문에 해석을 잘하여야 한다. 본인의 실제 궁금증을 물어서 고유번호인 답이 나왔다면 그 질문에 합당하게끔 해설을 잘하여야 많은 도움이 될 것이다. 처음은 힘들지만 몇 번 해보면 금방 숙달이 된다.

만약 고유번호가 136이면 136을 읽어 판단하고 마지막의 숫자 6을 제하고 13을 읽어 참고한다. 항상 고유번호의 내용이 구체적이고 정확하다. 고유번호가 574이면 574를 읽어 판단하고 57을 읽어 참고한다.

6. 주의 사항

사람에게 물어보면 사람이 말을 하여 답을 알 수가 있다. 주역은 하늘에 궁금증을 물어보는 것이니 하늘이 말을 할 수가 없어 기호로서 부호로서 답을 가르쳐주는 하나의 신성한 의식 절차이다.

그러므로

첫째, 질문의 내용이 정당한 것이어야 하고

둘째, 괘를 구하는 행위가 간절하여야 하며

셋째, 마음을 비운 상태에서 판단을 잘하여야 한다.

주역 상경 산수몽山水蒙괘에 '처음 점을 치면 알려 주고 두 번 세 번
면 모독하는 것이니 모독하면 알려주지 않는다. 그러므로 바르게 하여
야 한다(初筮告 再三瀆 瀆則不告利貞)」는 말이 있다. 본인 생각과 달
리 실망하는 답이 나왔다고 하여 다시 괘를 뽑는다면, 점서의 신성神聖
을 모독하는 것이니, 정확한 답이 나오지 않는다.

가) 감정이 격분할 때는 괘를 구하지 마라.

나) 엄숙하고 경건한 마음으로 구하라.

다) 목적을 정할 때는 구체적으로 정해야 한다.

　　예를 들면 '사업운세가 어떨까?' 하는 의문보다는 '어떤 계통의
　　사업을 어디에서 시작하는데 전망이 밝겠는가?' 의 의문이 구체
　　적이다. 또는 장사를 하는 경우도 장소에 따라 운세가 바뀌므로,
　　장사를 A장소에서 경영하면 좋은가?' 하여 괘를 구하고, 'B장소
　　에서 경영하면 좋은가?' 하여 괘를 구한 다음, 비교하여 좋은 장
　　소에서 시작하면 된다.

라) 본인이 체험한 주역의 결과를 책의 여백에 메모를 해 두면, 이후에
　　많은 참고가 되어 판단과 결정을 하는데 큰 도움이 될 것이다.

7. 숫자와 괘상

숫자 \ 구분	1	2	3	4	5	6	7	8
자연	하늘	연못	불	우레	바람	물	뫼	땅
한문	天	澤	火	雷	風	水	山	地
괘상	☰	☱	☲	☳	☴	☵	☶	☷
동물	말	양	꿩	용	닭	돼지	개	소
신체	머리	입	눈	발	다리	귀	손	배
가족	부	소녀	중녀	장남	장녀	중남	소남	모
성질	강건	기쁨	화려	행동	출입	위험	그침	순종
방위	서북	서	남	동	동남	북	동북	서남
기타	圓.君 寒.玉	巫.舌 姜.折	日.龜 戈.兵	反生 大塗	木.工 白.長	月.弓 盜.隱	小石 門.寺	布.登 象.柄

2
64괘의 운세

☰ 11. 중천건 重天乾

- **현재상태** : 용이 하늘로 올라가서 조화를 부리는 형상이니 사소한 일
  에 신경쓰지 말고 단계를 밟으면 성공하는 상.

- **운세방향** : 현재 새로운 일을 시작하려는 것은 발전성이 있고, 지금
  까지 계속하고 있는 일은 운세가 쇠퇴하고 있다. 근면하
  고 겸손한 사람과 정당한 일, 공적인 일을 하려는 사람에
  게는 전망이 좋고, 오만한 사람이나 도박 등으로 요행을
  바라는 사람에게는 더욱더 운세가 나빠진다.
  만약 당신이 여성이면 성격이 개방적이고 활동적이기 때
  문에 가정생활을 혼란시키고 어둡게 할 기미가 있다.

- **주의** : 이상과 뜻만 높은 사람은 성취되지 않는다. 혼자만 잘났다고
  설치면 화를 부르니 서서히 목적을 성취해야 한다.

- **사업** : 물질보다는 정신적인 면에서 위안을 찾을 것. 확장을 하지 말 것.

• **소망** : 윗사람에게 부탁하라. 재물은 얻지 못하고 명예는 희망이 있다.

• **건강** : 두통, 유행성 열병, 신경통 주의.

• **소식** : 음력 4월이나 가을이 좋고 용날 혹은 개날에 소식.

• **성공비결** : 마음을 굳게 먹고 쉬지 않고 노력하면 성공.

原文

乾(건)은 元(원)코 亨(형)코 利(이)코 貞(정)하니라.

彖曰(단왈) 大哉(대재)라 乾元(건원)이여 萬物(만물)이 資始(자시)하나
니 乃統天(내통천) 이로다. 雲行雨施(운행우시)하야 品物(품물)
이 流形(유형)하나니라. 大明終始(대명종시)하면 六位時成
(육위시성)하나니 時乘六龍(시승육룡)하야 以御天(이어천)하나
니라.

乾道(건도) 變化(변화)에 各正性命(각정성명)하나니 保合大和
(보합대화)하야 乃利貞(내이정)하니라. 首出庶物(수출서물)에
萬國(만국)이 咸寧(함녕)하나니라.

象曰(상왈) 天行(천행)이 健(건)하니 君子(군자) 以(이)하야
自彊不息(자강불식)하나니라.

☰ 12. 천택리 天澤履

- **현재상태** : 연약한 소녀가 강한 아버지의 뒤를 따르는 형상. 홀로 원하는 바를 행하는 시기이고, 일은 수동적으로 하고 숨는 자는 길하다. 이동이나 변화가 생기면 좋다.

- **운세방향** : 인간관계에서 예의가 절실히 필요한 시기이다. 본인은 별로 실수를 저지르지 않았으나 남들이 보는 입장은 마땅치 않게 여긴다. 그렇다고 해서 억지로 나의 입장을 변명하려 해도 지금은 불리하다. 미래를 위해서는 더욱더 겸손하고 정성스럽게 사람을 대해야 한다. 선례나 선인들의 성공한 일, 실패한 일들을 잘 살펴서 현재의 일을 처리하면 된다.

- **주의** : 애매한 행동이나 분별없는 행동은 불행을 가져온다.
먼저 나서지 말아야 한다.

- **사업** : 힘에 겨운 일이 생겨 고민하는 시기. 이익에만 치우쳐 예의나 의리를 잃으면 크게 손해 보는 시기.

• **소망** : 화려한 소망은 불리하고, 소박한 소망은 성취한다.

• **건강** : 호흡기. 뼈마디 주의.

• **소식** : 시일이 걸린다. 범날이나 잔나비날 소식.

• **성공비결** : 윗사람과 아랫사람, 진실과 거짓을 잘 분별하여 예의를
　　　　　　 갖추어 주위 사람의 마음을 안정시키면 성공한다.

原文

履虎尾(이호미)라도 不咥人(부질인)이라 亨(형)하니라.

彖曰(단왈) 履(이)는 柔履剛也(유리강야)니 說而應乎乾(열이응호건)이라
　　　　 是以履虎尾不咥人亨(시이이호미부질인형)이라.
　　　　 剛中正(강중정)으로 履帝位(이제위)하야 而不疚(이불구)면
　　　　 光明也(광명야)라.

象曰(상왈) 上天下澤(상천하택)이 履(이)니 君子(군자) 以(이)하야 辨上下
　　　　 (변상하)하야 定民志(정민지)하나니라.

27

䷌ 13. 천화동인 天火同人

- **현재상태** : 하늘은 높고 불은 올라가서 서로 만난다. 뜻이 같은 사람 끼리 모여서 성공하는 모습.

- **운세방향** : 협력, 협동으로 일을 성취시키는 단계. 고민하고 지루한 중에 뜻밖의 소식이 있고, 운세가 밝아 지금부터 모든 것 이 전망이 좋다. 특히 공적인 일에는 더욱더 좋다.
  직장에서는 승진할 기미가 있고, 사업의 경영은 초조한 가운데 끈기가 있어 이제부터 전진하는 상태.

- **주의** : 사적으로 얽매이면 일이 꼬인다.

- **사업** : 이 기회를 놓치지 말고 전진하라. 친구나 윗사람의 도움이 있다.

- **소망** : 독단적으로 하지 말고 도움을 요청하여 성공.

- **건강** : 눈병, 유행성 열병에 주의.

• **소식** : 두가지 일에 좋다. 뱀날이나 돼지날 소식.

• **성공비결** : 같은 업종, 친척, 동문회 등의 힘을 활용하면 성공한다.

原文

同人于野(동인우야)면 亨(형)하리니 利涉大川(이섭대천)이며 利君子(이군자)
의 貞(정)하니라.

彖曰(단왈) 同人(동인)은 柔(유) 得位(득위)하며 得中而應乎乾(득중이응호건)
할새 曰同人(왈동인)이라. 同人于野亨利涉大川(동인우야형이섭
대천)은 乾行也(건행야)오.

文明以健(문명이건)하고 中正而應(중정이응)이 君子正也(군자정야)
니 唯君子(유군자)아 爲能通天下之志(위능통천하지지)하나니
라.

象曰(상왈) 天與火(천여화) 同人(동인)이니 君子(군자) 以(이)하야 類族(유족)
으로 辨物(변물)하나니라.

䷘ 14. 천뢰무망 天雷无妄

- **현재상태** : 주위가 시끄럽고 소란하나 실속은 없다. 메마른 초목이 단비를 기다리다가 지쳐 있다.

- **운세방향** : 어떤 일을 하는데 기교를 부리든지 인위적으로 하려고 하면 실패한다. 이런 시기에는 자연적으로 해답이 나올 때까지 조용히 시기를 기다리고 그 답이 나오면 행동을 개시해야 한다. 자신의 실력을 과시하여 나아가면 시비나 우여곡절이 생긴다. 마음을 가다듬고 때를 기다려라.

- **주의** : 침착성과 인내로써 기다려라. 전기, 가스, 박치기 주의.

- **사업** : 사사로운 일을 정리하면 운세는 반드시 호전된다.

- **소망** : 말만 있고 성취가 어렵다.

- **건강** : 복통, 다리병 주의. 갑자기 생긴 병은 약을 쓸 필요가 없다.

- **소식** : 기다리면 안 되고 우연히 된다. 쥐날이나 말날 기대.

- **성공비결** : 사람을 가르치고 심복부하를 키우고 계절에 맞는 꽃을 키우면서 3개월만 참아라.

原文

无妄(무망)은 元亨(원형)하고 利貞(이정)하니 其匪正(기비정)이면 有眚(유생)하릴새 不利有攸往(불리유유왕)하니라.

彖曰(단왈) 无妄(무망)은 剛(강)이 自外來而爲主於內(자외래이위주어내)하니 動而健(동이건)하고 剛中而應(강중이응)하야 大亨以正(대형이정)하니 天之命也(천지명야)라.

其匪正有眚不利有攸往(기비정유생불리유유왕)은 无妄之往(무망지왕)이 何之矣(하지의)리오.

天命不祐(천명불우)를 行矣哉(행의재)아.

象曰(상왈) 天下雷行(천하뇌행)하야 物與无妄(물여무망)하니 先王(선왕)이 以(이)하야 茂對時(무대시)하야 育萬物(육만물)하니라.

▤ 15. 천풍구 天風姤

- **현재상태** : 우연히 만나는 사람이 있으되 만나는 것 자체는 좋으나
  어떤 일을 하게 되면 나쁜 결과를 가져온다.

- **운세방향** : 상대가 강하니 상대를 공격하지 말 것. 도둑이 침범하니
  실물수에 주의하고 사기 사건 등에 특히 유의. 방심하여
  게을러지기 쉬우며 남녀 관계는 분수를 지키지 않으면 안
  된다. 상대편은 불순한 생각으로 당신을 노리고 있다.
  계약이나 혼인 등의 일은 미루는 것이 좋다. 공든 탑이 무
  너지려는 위험이 있다. 여성이라면 사업적 수완을 발휘
  하여 인기를 독차지하는 일에는 좋고, 남성이라면 여자
  의 유혹에 가시가 있다는 것을 명심할 것.

- **주의** : 새로운 일을 시작하지 말 것. 여자를 받아들이지 말라.

- **사업** : 여성이 주도하는 사업이나 고급 품목은 길하다.
  다른 일은 방해가 생긴다.

• **소망** : 성립된다 하여도 장래는 불안정하다.

• **건강** : 변비, 다리 건강 주의. 가벼운 증세라도 빨리 완치할 것.

• **소식** : 이쪽에서 재촉하면 온다. 양날이나 소날. 음력 5월 기대.

• **성공비결** : 어떤 일이라도 사적으로 하지 말고, 모든 사람에게 알려서
　　　　　　공개적으로 일을 진행하면 성공한다.

原文

姤(구)는 女壯(여장)이니 勿用取女(물용취녀)니라.

彖曰(단왈) 姤(구)는 遇也(우야)니 柔遇剛也(유우강야)라.

　　　勿用取女(물용취녀)는 不可與長也(불가여장야)일세라.

　　　天地相遇(천지상우)하니 品物(품물)이 咸章也(함장야)오.

　　　剛遇中正(강우중정)하니 天下(천하)에 大行也(대행야)니 姤之時
　　　義(구지시의) 大矣哉(대의재)라.

象曰(상왈) 天下有風(천하유풍)이 姤(구)니 后(후) 以(이)하야 施命誥四方
　　　(시명고사방)하나니라.

䷅ 16. 천수송 天水訟

- **현재상태** : 윗사람과 아랫사람 사이에 불화가 생겨 재판, 심판을 받는 형상으로 상대방을 공격하면 불리하다.

- **운세방향** : 본인의 생각이 남에게 통하지 않고 걸핏하면 싸움이 벌어지기 쉬운 때이니, 아무리 자신에게 이유가 있다 하더라도 끝까지 관철시키려고 하면 도리어 불리한 결과를 초래한다. 운세가 불리하다는 것을 알고, 고요하고 겸손한 마음으로 현실을 관찰하라. 소송문제나 구설수에 특히 주의할 것. 여성일 경우는 남자 혹은 남편의 식구들 때문에 중간에서 애를 태우는 일이 많다.

- **주의** : 계획이나 계약을 한 번 더 자세히 알아볼 것.

- **사업** : 쇠퇴할 운이다. 방해자가 많다. 의사 충돌이 생기는 때이니 마음가짐이 중요.

• **소망** : 잘못된 소망이다. 수정이나 변경을 해야 한다.

• **건강** : 신경질적인 반응 주의. 현재의 병은 시일이 오래 걸린다.

• **소식** : 저쪽에서 고충을 받고 있어 어렵다. 쥐날이나 말날 기대.

• **성공비결** : 자신의 기분을 백팔십도 바꾸고 여행을 하라.
　　　　　　남을 대할 때 따뜻한 마음으로 행동하면 성공.

原文 ────

訟(송)은 有孚(유부)나 窒(질)하야 惕(척)하니 中(중)은 吉(길)코 終(종)은 凶(흉)
　　하니 利見大人(이견대인)이오 不利涉大川(불이섭대천)하나라.
彖曰(단왈) 訟(송)은 上剛下險(상강하험)하야 險而健(험이건)이 訟(송)이라.
　　　　訟有孚窒惕中吉(송유부질척중길)은 剛來而得中也(강래이득중야)
　　　　오. 終凶(종흉)은 訟不可成也(송불가성야)오. 利見大人은 尚
　　　　中正也(상중정야)오. 不利涉大川(불이섭대천)은 入于淵也(입우
　　　　연야)라.
象曰(상왈) 天與水(천여수) 違行(위행)이 訟(송)이니 君子(군자) 以(이)
　　　　하야 作事謀始(작사모시)하나나라.

☶ 17. 천산돈 天山遯

- **현재상태** : 소인들이 올라오는 형상이니 사람과 사업을 빨리 피하고
  은둔해야 한다. 갇혀있는 사람은 탈출을 하니 좋은 징조.

- **운세방향** : 허실이나 주위의 체면 때문에 본인의 결정을 애매하게 함
  으로써 더욱더 손해를 본다. 현재의 장소, 현재의 조건을
  과감히 피하라. 미련을 갖지 말고 손을 떼어야 좋다.
  불필요한 소비를 억제하고 수입, 지출의 균형을 유지할
  것. 본인의 마음 자세가 요즈음 나쁜 쪽으로 향하고 있다.
  남에게 시기를 받거나 헐뜯기는 일도 많고, 생각지 않은
  실수도 있다. 주위에 친한 사람이 도망가는 경우도 생긴
  다.

- **주의** : 감정에 치우치면 크게 손해. 화재, 가스 주의.

- **사업** : 영화, 예능인, 종교가에게는 좋다. 다른 업종은 운세가 저조하다.

- **소망** : 이루기 어렵다. 음력 6월은 가능성이 있다.

- **건강** : 불면증 주의. 여성은 냉병 주의. 집안 식구 질병 주의.

- **소식** : 기다리지 마라.

- **성공비결** : 소인들을 멀리하되 미워하지는 말고 엄하게 행동하라.
  본인의 규칙적이고 절제된 생활이 현재를 성공으로 이
  끈다.

原文

遯(돈)은 亨(형)하니 小利貞(소이정)하니라.

彖曰(단왈) 遯(돈) 亨(형)은 遯而亨也(돈이형야)나 剛當位而應(강당위이응)이
　　　　라 與時行也(여시행야)니라.

　　　　小利貞(소이정)은 浸而長也(침이장야)일세라.

　　　　遯之時義(돈지시의) 大矣哉(대의재)라.

象曰(상왈) 天下有山(천하유산)이 遯(돈)이니 君子(군자) 以(이)하야 遠小人
　　　　(원소인)호대 不惡而嚴(불악이엄)하나니라.

18. 천지비 天地否

- **현재상태** : 하늘은 올라가고 땅은 내려오니 거리가 멀고 각자의 길을 따로 간다. 소인이 득실거린다.

- **운세방향** : 분열되고, 개개인이 주장을 따로 하니 불화로 인해 모든 것이 제대로 이루어지지 않는다. 하는 일마다 언짢은 일만 속출하고 있으니, 자칫하면 자포자기해 버리는 수가 있다. 이렇게 곤란한 시기에 좀 더 지구력을 가지고 참아낸다면 얼마 후 검은 구름이 걷히게 된다. 겨울이 지나야만 봄이 오는 것은 자연의 법칙이지 인간의 법칙이 아니다. 현재는 때를 기다리는 여유를 가지고 행동해야 한다.

- **주의** : 쓸데없는 일에 참견하면 골치. 손재수 주의. 색정 문제 주의.

- **사업** : 부하들의 장난을 경계하라. 운세는 서서히 호전한다.

- **소망** : 단기적인 소망은 바라지 말라.

• **건강** : 정력 감퇴. 피부, 하복부 주의.

• **소식** : 장애가 있어 오지 않는다. 음력 7월은 희망.

• **성공비결** : 검소하게 생활하고 사사로이 만나서 일을 추진하면 성공.

原文

否之匪人(비지비인)이니 不利君子貞(불리군자정)하니 大往小來(대왕소래)
　　　　니라.

彖曰(단왈) 否之匪人(비지비인) 不利君子貞(불리군자정) 大往小來(대왕소래)
는 則是天地(즉시천지) 不交而萬物(불교이만물)이 不通也(불통야)
며 上下(상하) 不交而天下(불교이천하) 无邦也(무방야)라. 內陰而
外陽(내음이외양)하며 內柔而外剛(내유이외강)하며 內小人而外
君子(내소인이외군자)하니 小人道(소인도) 長(장)하고 君子道
(군자도) 消也(소야)라.

象曰(상왈) 天地不交(천지불교) 否(비)니 君子(군자) 以(이)하야 儉德辟難
(검덕피난)하야 不可榮以祿(불가영이록)이니라.

☳ 21. 택천쾌 澤天夬

- **현재상태** : 본인이 칼을 들고 남을 결단하는 상태. 산마루 위의 소나
  무라 고립되어 있다.

- **운세방향** : 윗사람을 밀치고 그 자리에 올라서는 강건한 기상으로
  기세가 당당하다. 본인의 강한 세력만 믿고 너무 강하게
  상대를 제압하면 실패를 경험한다. 여론을 형성하는 것
  이 중요하다. 부하들의 하극상에 주의해야 하고 증서나
  주거에 관하여 걱정이 생긴다. 본인의 융통성이 없고 외
  골수인 현재의 분위기를 바꾸어야 한다.
  남과의 약속이나 계약은 특히 신중을 기하라.
  명분을 만들어 소인배를 척결하여야 한다.

- **주의** : 본인의 행동, 말씨가 불행의 씨앗이 되어 나쁜 결과를 초래하
  는 경향이 있다.

- **사업** : 아군과 적군을 구분할 필요가 있다.

• **소망** : 여자의 원조가 필요하다.

• **건강** : 머리, 뼈마디 주의.

• **소식** : 여자는 소식이 있고 남자면 힘들다. 토끼날, 닭날 희망.
　　　　음력 3월 기대.

• **성공비결** : 남에게 관용의 덕을 베풀면 사람들이 감화되고 성공한다.
　　　　　자랑은 하지 말 것.

原文

夬(쾌)는 揚于王庭(양우왕정)이니 孚號有厲(부호유려)니라.
　　　告自邑(고자읍)이오 不利卽戎(불리즉융)이며 利有攸往(이유유왕)
　　　하니라.

彖曰(단왈) 夬(쾌)는 決也(결야)니 剛決柔也(강결유야)니 健而說(건이열)하고
　　　決而和(결이화)하니라. 揚于王庭(양우왕정)은 柔(유) 乘五剛也
　　　(승오강야)오. 孚號有厲(부호유려)는 其危(기위) 乃光也(내광야)
　　　오. 告自邑不利卽戎(고자읍불리즉융)은 所尙(소상)이 乃窮也
　　　(내궁야)오. 利有攸往(이유유왕)은 剛長(강장)이 乃終也(내종야)
　　　리라.

象曰(상왈) 澤上於天(택상어천)이 夬(쾌)니 君子(군자) 以(이)하야 施祿及
　　　下(시록급하)하며 居德(거덕)하야 則忌(칙기)하나니라.

䷹ 22. 중택태 重澤兌

• **현재상태** : 달이 연못에 비치는 아름다운 모습이고 사람이 모여 기
쁨이 많다. 친목회, 계, 모임에서 좋은 소식.

• **운세방향** : 겉으로 즐거운 상태이고, 기쁨을 표시하는 운이다.
입이 두 개 겹쳐 있으니 외무원, 외교, 방송, 선전 등에
는 더욱 좋은 운이다. 일로 치면 두 가지를 겸업하는 형
태. 목돈을 만지는 운세이고, 모여서 쓸데없는 잡담으로
흥청거리는 일은 피해야 한다.

• **주의** : 구설수 주의. 파괴, 절단, 강탈되는 경우가 많다.

• **사업** : 교습소, 변호사, 언론 등은 좋다. 두 가지를 해도 된다.

• **소망** : 본인의 설명이 부족하니 다시 설명할 것.

• **건강** : 치아 건강, 식중독 주의.

- **소식** : 가까운 시일에 있다. 소날이나 양날에 소식.

- **성공비결** : 상대를 완전하게 설명하여 교화를 하고 이해시키는 노력
  이 필요하다. 종교 단체에서 희소식이 있다.

原文

兌(태)는 亨(형)하니 利貞(이정)하니라.

彖曰(단왈) 兌(태)는 說也(열야)니 剛中而柔外(강중이유외)하야 說以利貞
(열이이정)이라 是以順乎天而應乎人(시이순호천이응호인)하야
說以先民(열이선민)하면 民忘其勞(민망기로)하고 說以犯難(열이
범난)하면 民忘其死(민망기사)하나니 說之大(열지대) 民勸矣哉
(민권의재)라.

象曰(상왈) 麗澤(이택)이 兌(태)니 君子(군자) 以(이)하야 朋友講習(붕우강습)
하나니라.

䷰ 23. 택화혁 澤火革

- **현재상태** : 애벌레가 매미로 변하는 형태. 묵은 것을 버리고 새로운 것을 취한다.

- **운세방향** : 바꾼다, 개혁하다의 뜻이 많이 포함되어 옛것을 제거하고 새것으로 혁신하는 징조이다. 사업의 혁신, 가옥의 개축, 직업 전환 등에는 그 시기가 이미 왔다. 여름의 나뭇잎이 가을에 단풍으로 변하는 것과 같다. 유쾌하지 못했던 기분들이 사라지고 새로운 희망의 출발로 전진한다. 가죽이나 신발, 혁띠의 구입은 좋다. 이동이나 영업방침의 변경으로 장래가 밝아온다.

- **주의** : 믿었던 사람이 배신하는 것에 주의. 가스, 전기, 불조심.

- **사업** : 힘찬 박력과 과단성으로 전진하여 이익을 본다. 변혁으로 좋아진다.

- **소망** : 새로운 계획은 성공하나 또 다른 변화가 생긴다.

- **건강** : 의사나 병원을 바꾸면 효험이 있다. 화상, 열병 주의.

- **소식** : 상대편이 마음을 바꾸었다. 다른 방법으로 소식이 있다.

- **성공비결** : 새로운 아이디어, 새로운 사람 등으로 인하여 성공하고 나이 어린 사람의 배반에 유의하면 성공한다.

原文

革(혁)은 已日(이일)이라야 乃孚(내부)하리니 元亨(원형)코 利貞(이정)하야 悔(회) 亡(망)하나니라.

彖日(단왈) 革(혁)은 水火(수화) 相息(상식)하며 二女(이녀) 同居(동거)호대 其志不相得(기지불상득)이 曰革(왈혁)이라. 已日乃孚(이일내부)는 革而信之(혁이신지)라. 文明以說(문명이열)하야 大亨以正(대형이정)하니 革而當(혁이당)할새 其悔(기회) 乃亡(내망)하나니라.
　天地(천지) 革而四時(혁이사시) 成(성)하며 湯武(탕무) 革命(혁명)하야 順乎天而應乎人(순호천이응호인)하니 革之時大矣哉(혁지시대의재)라.

象日(상왈) 澤中有火(택중유화) 革(혁)이니 君子(군자) 以(이)하야 治歷明時(치력명시)하나니라.

䷐ 24. 택뢰수 澤雷隨

- **현재상태** : 적극적인 행동보다는 남을 따라주어야 좋은 때.
  이동, 전업 등에는 타인의 도움을 받아 좋은 시기.

- **운세방향** : 남의 앞에 서지 않고 남에게 순종하는 약한 운이나 나쁜
  운세는 아니다. 자칫 잘못하면 우유부단한 경향이 생기
  니 유의하고 남의 달콤한 말에 속지 말라. 주소를 옮기거
  나 직장을 그만두는 일도 생기기 쉬우나 그런 현실에 순응
  해 가면 더욱 좋은 일의 계기가 된다. 노총각이 젊은 여자
  를 따라가는 형상이고, 또한 신망이 있는 사람의 충고를
  받아들여서 성공한다.

- **주의** : 본인이 앞장서면 일이 어렵게 된다.

- **사업** : 점차 운세가 발전하여 번창한다. 임기응변으로 대처하여 좋은
  결과가 생긴다.

- **소망** : 남에게 부탁하여 성취된다.

- **건강** : 회복은 오래 걸린다. 정밀 검사가 필요.

- **소식** : 조금씩 소식이 있다. 개날이나 용날에 기대.

- **성공비결** : 본인의 생각대로 고집으로 밀고 나가지 말고, 그때에 맞추고 사람에 따라야만 이익이 있다. 물러설 때는 물러서야 한다.

原文

隨(수)는 元亨(원형)하니 利貞(이정)이라 无咎(무구)리라.

彖曰(단왈) 隨(수)는 剛來而下柔(강래이하유)하고 動而說(동이열)이 隨(수)니 大亨(대형)코 貞(정)하야 无咎(무구)하야 而天下(이천하) 隨時(수시)하나니 隨時之義(수시지의) 大矣哉(대의재)라.

象曰(상왈) 澤中有雷(택중유뢰) 隨(수)니 君子(군자) 以(이)하야 嚮晦入宴息(향회입연식)하나니라.

䷛ 25.택풍대과 澤風大過

- **현재상태** : 연약한 나무가 강풍을 만나서 휘청거리고, 외로운 배가 태풍을 만나 전복되는 형태.

- **운세방향** : 현재의 모든 일이 힘에 겨운 부담을 주어 기진맥진하고 있는 형상이다. 지붕이 무거워 대들보가 휘청거리는 형상이다. 위험하다고 해서 만사를 중지할 수는 없는 것이니 강한 의지력을 가지고 고난을 극복하면 기쁨이 더욱 많을 것이다. 사업은 지나친 확장으로 인해 자본난에 허덕이는 형태. 이성관계는 좋지 못한 교제인 줄 알면서도 향락에 빠져 끊지 못하고 있다.

- **주의** : 집안 정리나 안전에 유의. 식구 중에 환자가 생김. 물조심.

- **사업** : 좌절하지 말고 밀고 나가면 어려움을 극복한다.

- **소망** : 성취하기 어렵다.

- **건강** : 과로증세. 위장, 간장에 주의.

- **소식** : 서로 어긋난다. 소날이나 양날에 기대.

- **성공비결** : 지금의 어려움을 두려워하지 말고, 피할 수 있는 형편이
   면 몸을 피하는 것이 가장 현명하다.

原文

大過(대과)는 棟(동)이 橈(요)니 利有攸往(이유유왕)하야 亨(형)하니라.

彖曰(단왈) 大過(대과)는 大者(대자) 過也(과야)오 棟橈(동요)는 本末(본말)이
   弱也(약야)라. 剛過而中(강과이중)하고 巽而說行(손이열행)이라
   利有攸往(이유유왕)하야 乃亨(내형)하니 大過之時(대과지시)
   大矣哉(대의재)라.

象曰(상왈) 澤滅木(택멸목)이 大過(대과)니 君子(군자) 以(이)하야 獨立不懼
   (독립불구)하며 遯世无悶(돈세무민)하나니라.

26. 택수곤 澤水困

- **현재상태** : 몸이 감옥에 갇혀 꼼짝 못하는 상황. 말을 하나 남이 믿지 못하고 시비만 생긴다.

- **운세방향** : 그릇에 금이 가서 물이 줄줄 새어 나오는 형상이니 아무리 정성을 쏟고, 남에게 잘해주어도 시운이 맞지 않아서 통하지 않는다. 남자는 활동력이 부족하고 여자는 가정을 소홀히 하는 경향이 있다. 공적인 일을 목표로 하는 사람은 몇 년의 계획을 세워 목숨을 건 노력과 고생을 하면 목표를 성취한다. 기도하는 마음으로 고요히 때를 기다려라. 내가 지은 대가를 달게 받겠다는 참회의 마음이 절실히 필요하다.

- **주의** : 남을 이해시키려고 하는 것보다는 자신이 절도를 지킬 것.

- **사업** : 지금은 단념하라.

- **소망** : 생각해 볼 때가 아니다. 실천력이 약하다.

- **건강** : 과식, 폭음, 치아 건강, 심장병 유의.

- **소식** : 전화, 편지는 있다. 잔나비날, 범날을 기대.

- **성공비결** : 서로서로의 인격을 존중하고 부드럽게 행동해야 한다.
  당분간 본인의 생각을 말하지 않는 것이 좋다.

原文

困(곤)은 亨(형)코 貞(정)하니 大人(대인)이라 吉(길)코 无咎(무구)하니 有
言(유언)이면 不信(불신)하리라.

彖曰(단왈) 困(곤)은 剛揜也(강엄야)니 險以說(험이열)하야 困而不失其所
亨(곤이부실기소형)하니 其唯君子乎(기유군자호)인저. 貞大人吉
(정대인길)은 以剛中也(이강중야)오. 有言不信(유언불신)은 尚口
(상구) 乃窮也(내궁야)라.

象曰(상왈) 澤无水(택무수) 困(곤)이니 君子(군자) 以(이)하야 致命遂志(치명
수지)하나니라.

51

☱ 27. 택산함 澤山咸

- **현재상태** : 메마른 초목에 단비가 내리고 정성이 지극하여 신이 감응
  하는 상태이다.

- **운세방향** : 무슨 일이나 민감하게 느끼고 타인의 호감을 받아 그의
  협력으로 운이 순조롭게 진행된다. 이제까지 부진했던 상
  황들이 자연적으로 풀리기 시작하여 새로운 인생을 설계
  하는 것과 같다. 결혼에는 지극히 좋은 운이다. 취직, 입
  학 등에도 좋다. 예술, 예능, 영화 등과도 관련이 있다. 여
  인을 취하는 일이면 더욱 이익이 있다.

- **주의** : 따뜻한 사랑이 필요하다. 돈에 집착하면 행운이 사라진다.

- **사업** : 남의 협조로 성공한다. 전화나 전파 이용을 많이 할 것.

- **소망** : 귀인의 도움이 있어 이루어진다.

• **건강** : 신경성 피로, 콧병 주의. 원기 허약.

• **소식** : 며칠 내로 있다. 잔나비날, 범날에 희망.

• **성공비결** : 적극적인 자세로 모든 일을 처리하고, 결단을 오래 끌지
말고 빠른 시일 내에 시원하게 처리하면 성공한다.

原文

咸(함)은 亨(형)하니 利貞(이정)하니 取女(취녀)면 吉(길)하리라.

彖曰(단왈) 咸(함)은 感也(감야)니 柔上而剛下(유상이강하)하야 二氣(이기)
感應以相與(감응이상여)하야 止而說(지이열)하고 男下女(남하녀)
라 是以亨利貞取女吉也(시이형이정취녀길야)니라. 天地(천지)
感而萬物(감이만물)이 化生(화생)하고 聖人(성인)이 感人心而天
下(감인심이천하) 和平(화평)하나니 觀其所感而天地萬物之情
(관기소감이천지만물지정)을 可見矣(가견의)리라.

象曰(상왈) 山上有澤(산상유택)이 咸(함)이니 君子(군자) 以(이)하야 虛(허)
로 受人(수인)하나니라.

28. 택지췌 澤地萃

- **현재상태** : 여러 개의 물줄기가 연못으로 모이는 형상.
  제사에 지극히 정성을 다해 성공하는 상태이다.

- **운세방향** : 사람이 많이 모여 떠들썩하고 분주한 시기이다.
  본인의 역량을 마음껏 발휘할 수 있는 환경이 허락된다.
  모인다는 뜻이 강하므로 협력자도 얻고 지인들도 모인다.
  직장에서는 승진되고 시험은 자기의 목적을 달성할 수 있
  다. 흥겨움, 잔치, 연회 등에는 좋은 운세이다.
  한 가지를 희생함으로써 더 큰 이익이 있을 시기.
  두가지 모두 다 욕심내지 마라.

- **주의** : 남의 사소한 일에 간섭하지 말고 겸손하여야 한다.

- **사업** : 나이 많은 사람의 도움으로 성공할 수 있다.
  내부 변혁을 하면 더욱 좋아진다.

• **소망** : 귀인의 도움을 받아 이루어진다.

• **건강** : 건강하다. 머리병 주의.

• **소식** : 희망적이다. 토끼날, 뱀날 기대.

• **성공비결** : 일을 하기 전에 기도, 명상 혹은 조상에 참배하고 시작
하라. 반대파들을 정리하여 분위기를 바꾸면 더욱 좋아
진다.

原文

萃(췌)는 亨王假有廟(형왕격유묘)니 利見大人(이견대인)하니 亨(형)하니 利貞
(이정)하니라.
　　用大牲(용대생)이 吉(길)하니 利有攸往(이유유왕)하니라.
彖曰(단왈) 萃(췌)는 聚也(취야)니 順以說(순이열)하고 剛中而應(강중이응)
　　이라 故(고)로 聚也(취야)니라.
　　王假有廟(왕격유묘)는 致孝享也(치효향야)오.
　　利見大人亨(이견대인형)은 聚以正也(취이정야)일세오.
　　用大牲吉利有攸往(용대생길리유유왕)은 順天命也(순천명야)
　　니 觀其所聚而天地萬物之情(관기소취이천지만물지정)을
　　可見矣(가견이)리라.
象曰(상왈) 澤上於地(택상어지) 萃(췌)니 君子(군자) 以(이)하야 除戎器(제융
　　기)하야 戒不虞(계불우)하나니라.

55

31. 화천대유 火天大有

- **현재상태** : 깊은 골짜기에 꽃이 피는 때. 밝음이 빛나서 어두움이 사라진다.

- **운세방향** : 관대하고 공명한 덕을 가지고 세상을 다스리는 군자의 모습이다. 모든 힘과 여건을 활용하여 행운으로 향하고 있다. 평소에 사이가 좋지 못했던 사람과 화해한다. 일과 관련하여 여성이 밖에서 빛나고 있으니 여사장의 형태이고 남성은 온후한 인품으로 유연성을 발휘하여 소망을 성취시키는 모습이다. 현재 순간적인 기쁨보다는 장래의 전망이 밝은 형상이니 적극적으로 일을 추진하라.

- **주의** : 긴장하지 않으면 금방 운세가 기울어진다.
  비밀리에 하는 것, 사사로운 일은 실패한다.

- **사업** : 서서히 발전한다. 명예나 학문적인 분야는 더욱 성공한다.

- **소망** : 공적인 소망은 성공, 사적인 소망은 위험.

- **건강** : 열병, 혈압 주의.

- **소식** : 한번 더 이쪽에서 연락하라. 개날이나 용날 기대.

- **성공비결** : 나쁜 생각이나 불만을 버릴 것. 선업을 많이 쌓고 자연의
 법칙에 순응하면 크게 성공한다.

原文

大有(대유)는 元亨(원형)하니라.

彖曰(단왈) 大有(대유)는 柔(유) 得尊位(득존위)하고 大中而上下(대중이상
 하) 應之(응지)할새 曰(왈) 大有(대유)니 其德(기덕)이 剛健而文
 明(강건이문명)하고 應乎天而時行(응호천이시행)이라 是以元亨
 (시이원형)하니라.

象曰(상왈) 火在天上(화재천상)이 大有(대유)니 君子(군자) 以(이)하야
 遏惡揚善(알악양선)하야 順天休命(순천휴명)하나니라.

䷥ 32.화택규 火澤睽

- **현재상태** : 호랑이가 토끼의 꼬임에 빠진 상황. 친척, 친구간의 분쟁 사건이 많은 시기.

- **운세방향** : 두명의 여자가 한 남자를 놓고 쟁탈을 하는 형태이니 다투는 일이 많고 시기, 질투가 많아서 어긋나고 배반하는 상태. 화살이나 미사일이 멀리 날아가는 모습이다.
  여태까지 스스로의 잘못도 많고, 쓸데없는 일에 정력을 낭비하고 있다. 부부나 사업관계는 겉으로 같이 생활하면서 독립 채산제로 운영하는 것이 현명하다.

- **주의** : 남과의 협력은 바라지 말 것. 과거를 반성해야 한다.

- **사업** : 도무지 생각대로 안 되어 고민하는 상태. 말조심 할 것.

- **소망** : 방해가 있어 안 된다. 외국 유학이나 파견 근무는 좋다.

• **건강** : 외과 계통의 병, 콧병 주의.

• **소식** : 시일이 걸린 후에 스스로 된다. 토끼날, 닭날에 기대.

• **성공비결** : 남과의 언쟁을 피하고 겉으로 같이 동화하면서, 속으로
　　　　　는 각자의 이익이나 주장을 유지하는 것이 현명하다.

原文

睽(규)는 小事(소사)는 吉(길)하리라.

彖曰(단왈) 睽(규)는 火動而上(화동이상)하고 澤動而下(택동이하)하며 二女
(이녀) 同居(동거)하나 其志(기지) 不同行(불동행)하니라. 說而
麗乎明(열이이호명)하고 柔(유)進而上行(진이상행)하야 得中而
應乎剛(득중이응호강)이라 是以小事吉(시이소사길)이니라. 天地
(천지)睽而其事(규이기사) 同也(동야)며 男女(남녀) 睽而其志
(규이기지) 通也(통야)며 萬物(만물)이 睽而其事(규이기사) 類也
(유야)니 睽之時用(규지시용)이 大矣哉(대의재)라.

象曰(상왈) 上火下澤(상화하택)이 睽(규)니 君子(군자) 以(이)하야 同而異
(동이이)하나니라.

䷝ 33. 중화리 重火離

- **현재상태** : 새가 그물에 걸린 형상. 험한 일을 겪은 뒤에 안정을 찾고 그물에서 탈출한다.

- **운세방향** : 하루에도 몇 번씩이나 기분이 변하고 달라지는 형상으로 업무적으로도 이것 손댔다가 저것 손대는 등 마음의 안정을 잃기 쉬운 때이다. 연극에서 하나의 장면이 끝나면, 다음 장면을 기다리는 것과 같이 끝이 있으면 새로운 시작이 있다. 순종하면서 부지런하게 일을 하되 여유가 있어야 좋다. 성급하게 일을 하지 마라. 태양이 만물을 비추어 밝게 하듯이 정당하게 일을 처리하면 정열과 투지가 빛나서 운세가 밝아온다.

- **주의** : 이별이 생긴다. 불조심. 가스에 주의.

- **사업** : 남에게 물려받는 종류이면 전망이 밝다. 상호 의지하는 사업은 성공. 가축을 키우는 일은 성공.

- **소망** : 문예, 인쇄 등에 전망이 밝다. 소원한 관계는 좋아진다.

- **건강** : 급성병, 갈증에 주의. 심장병 유의.

- **소식** : 전화, 편지 등이 좋다. 빠른 시일에 된다. 돼지날, 뱀날에 기대.

- **성공비결** : 평소에 소홀하거나 게을리했던 일들을 깊이 반성하고 새
  로운 희망의 출발을 정열적으로 하면 성공.

原文

離(이)는 利貞(이정)하니 亨(형)하니 畜牝牛(휵빈우)하면 吉(길)하리라.

彖曰(단왈) 離(이)는 麗也(이려)야니 日月(일월)이 麗乎天(려호천)하며
百穀草木(백곡초목)이 麗乎土(려호토)하니 重明(중명)으로 以麗
乎正(이려호정)하야 乃化成天下(내화성천하)하나니라. 柔(유)
麗乎中正故(려호중정고)로 亨(형)하니 是以畜牝牛吉也(시이휵
빈우길야)라.

象曰(상왈) 明兩(명량)이 作離(작이)하니 大人(대인)이 以(이)하야 繼明
(계명)하야 照于四方(조우사방)하나니라.

䷔ 34.화뢰서합 火雷噬嗑

- **현재상태** : 일의 매듭을 완전하게 정리해야 한다. 시빗거리와 병원 문제가 생기기 쉽다.

- **운세방향** : 기분이 상하는 일이 많다. 본인의 생활력은 넘치고 의욕은 왕성한데, 방해물이 생겨 난관에 처해 있다. 그러나 좌절하지 않고 행동을 하기 때문에 운세가 더욱더 좋아질 수 있는 계기가 된다. 현재는 타인에게는 엄하게 하고, 심하면 벌을 주어야 할 문제가 생긴다. 흑백을 명백히 하여 행동을 과단성 있게 처리해야 한다.

- **주의** : 구설수, 치아에 유의. 오해 때문에 문제가 생긴다.

- **사업** : 본인의 뜻대로 안되니 초조한 모습이나 뱃심으로 단호히 밀고 나가라. 전기, 전자, 법률, 무역, 음식 계통은 성공.

- **소망** : 방해가 있어 시일이 걸린다.

• **건강** : 발, 코에 주의. 교통사고 유의.

• **소식** : 말만 있고 실질이 수반되지 않는다.

• **성공비결** : 나쁜 사람이 있으면 과감히 처단하고 본인의 마음에 나쁜
　　　　　생각이 들면 과감히 버려라. 과감성이 성공으로 이끈다.

原文

噬嗑(서합)은 亨(형)하니 利用獄(이용옥)하니라.

彖曰(단왈) 頤中有物(이중유물)일세 曰 噬嗑(왈서합)이니 噬嗑(서합)하야
　　　　而亨(이형)하니라.

　　　　剛柔(강유) 分(분)하고 動而明(동이명)하고 雷電(뇌전)이 合而章
　　　　(합이장)하고 柔得中而上行(유득중이상행)하니 雖不當位(수부당위)
　　　　나 利用獄也(이용옥야)니라.

象曰(상왈) 雷電(뇌전)이 噬嗑(서합)이니 先王(선왕)이 以(이)하야 明罰勅法
　　　　(명벌칙법)하니라.

35. 화풍정 火風鼎

- **현재상태** : 솥 안에 음식을 끓이는 형상. 옛것을 버리고 새로운 것을 따르는 형상.

- **운세방향** : 솥에 발이 세 개 있어야 안전하게 정립이 되는 것처럼 세 명이 협동 단결하여야 일이 성사된다. 낡은 것을 버리고 새롭고 참신한 계획으로 재출발하는 의지가 강해야 한다. 단체의 장이 되어 부하를 거느리고, 지도하는 위치에 오른다. 지금은 항상 남과의 조화를 유지하면서 일하는 것이 필요하다. 혼자의 독주는 금물이다.

- **주의** : 솥 다리 한 개가 부러지지 않도록 해야 한다.

- **사업** : 약간의 변동을 해야 좋으며, 협력을 해야 성공한다. 요식업, 복지사업, 운수사업은 성공한다.

- **소망** : 이루어진다. 처음의 목적과는 다른 방향으로 성공한다.

- **건강** : 두통, 열병, 속병에 주의.

- **소식** : 좋은 소식이 있다. 뱀날, 돼지날 기대.

- **성공비결** : 자기 자신에게 주어진 사명과 책무를 충실히 수행하고,
  제사나 기도를 함으로써 정성이 통하여야 성공한다.

原文

鼎(정)은 元吉亨(원길형)하니라.

彖曰(단왈) 鼎(정)은 象也(상야)니 以木巽火(이목손화) 亨飪也(팽임야)니 聖
人(성인)이 亨(팽)하야 以享上帝(이향상제)하고 而大亨(이대팽)하
야 以養聖賢(이양성현)하니라.

巽而耳目(손이이목)이 聰明(총명)하며 柔進而上行(유진이상행)하
고 得中而應乎剛(득중이응호강)이라 是以元亨(시이원형)하니라.

象曰(상왈) 木上有火(목상유화) 鼎(정)이니 君子(군자) 以(이)하야 正位(정
위)하야 凝命(응명)하나니라.

䷿ 36.화수미제 火水未濟

• **현재상태** : 바다에 들어가 진주를 구하는 모습. 아직은 시기가 맞지 않고 힘이 약한 형상.

• **운세방향** : 아직 시운이 오지 않았으니 무리한 일을 하지 말고 부족한 실력을 기르면서 때를 기다려야 한다. 서로가 비밀이 많은 모습이고 특히 서로의 심정을 고백하지 못하고 있으나, 용기를 가지고 고백하면 상대방도 응해 준다. 남자가 여자 때문에 위축되어 있다. 현재는 여자의 운세가 강하니 남자는 여자의 말을 따라주는 것이 현명하다.
어떤 일이든 천천히 할수록 운세가 좋아지고, 생각지 않은 다른 일로 활동하게 된다.

• **주의** : 시일을 두고 여유를 가지면 자연히 결정된다.

• **사업** : 현재는 어려움이 많겠지만 앞으로 갈수록 서서히 좋아진다.

- **소망** : 목적은 같은데 다른 방법이 생겨서 서서히 해결된다.

- **건강** : 서서히 컨디션이 좋아진다.

- **소식** : 지금은 바라지 마라. 쥐날, 말날 기대.

- **성공비결** : 자기 수양을 부지런히 하고 지극한 노력을 하면 성공한다. 남의 일에 간섭하지 말고, 장기적인 계획은 좋다.

原文

未濟(미제)는 亨(형)하니 小狐(소호) 汔濟(흘제)하야 濡其尾(유기미)니 无攸利(무유리)하니라.

彖曰(단왈) 未濟亨(미제형)은 柔得中也(유득중야)오 小狐汔濟(소호흘제)는 未出中也(미출중야)오 濡其尾无攸利(유기미무유리)는 不續終也(불속종야)오 雖不當位(수부당위)나 剛柔(강유) 應也(응야)니라.

象曰(상왈) 火在水上(화재수상)이 未濟(미제)니 君子(군자) 以(이)하야 愼辨物(신변물)하야 居方(거방)하나니라.

䷷ 37.화산려 火山旅

- **현재상태** : 태양이 서산에 기울어진 형상으로, 좋은 일이 없어지고 나쁜 일이 돌아오는 형태.

- **운세방향** : 안정이 없는 고독한 모습으로 몸과 마음이 피곤하고 집안에 대하여 노고가 많은 형태이다. 돈벌이는 힘이 들고, 문서나 인장에 유의해야 한다. 여행하거나 연구하거나 문학 작품을 꿈꾸는 사람은 전망이 밝다. 해외 출입이나 무역, 외근의 업무는 운세가 밝다. 남녀 관계는 가슴에 애정의 불을 태우면서도 혼자서 쓸쓸하게 지내는 모습을 상징한다. 주거 문제로 많은 고민이 생긴다.

- **주의** : 불조심. 가스주의. 재물의 욕심은 금물.

- **사업** : 단기적인 사업은 가능하다. 선전, 문학 계통은 발전적이다.

- **소망** : 남의 힘을 빌리고 선전의 힘이 필요하다.

- **건강** : 혈압 주의. 병원을 바꿔보는 것이 좋다.

- **소식** : 늦게야 온다. 용날이나 개날에 기대.

- **성공비결** : 인간관계는 냉정함이 절대적으로 필요하고 일의 추진은
  유연성을 가지고 행동할 것.

原文

旅(여)는 小亨(소형)코 旅貞(여정)하야 吉(길)하니라.
彖曰(단왈) 旅小亨(여소형)은 柔(유) 得中乎外而順乎剛(득중호외이순호강)
  하고 止而麗乎明(지이려호명)이라 是以小亨旅貞吉也(시이소
  형여정길야)니 旅之時義(여지시의) 大矣哉(대의재)라.
象曰(상왈) 山上有火(산상유화) 旅(여)니 君子(군자) 以(이)하야 明愼用刑
  (명신용형)하며 而不留獄(이불류옥)하나니라.

☷ 38.화지진 火地晉

- **현재상태** : 태양이 지평선 위로 나타난 형상. 분주한 가운데 기쁨이 생긴다.

- **운세방향** : 윗사람의 권유, 협조로 찬스를 잡는 시기이니 승진하게 되고 옮기는 변화는 좋은 결과를 초래한다. 사이가 좋지 못한 사람과 화해하게 된다. 임금이 착한 신하를 두고 사장이 충실한 일꾼을 두어 사업의 번영을 기약할 수 있다. 좋은 소식, 밝은 사건들이 생긴다. 적극적으로 일을 추진하는 것이 현명하다. 겉은 화려하고 속은 우울한 경향이 있으나 착실하고 공명정대하게 생활하면 크게 성공한다.

- **주의** : 운세가 좋아질수록 겸손해야 더욱 발전한다.

- **사업** : 웅대한 포부를 가지고 목적을 향해 전진할 것.

- **소망** : 성취한다. 서남쪽에서 도와주는 사람이 생긴다.

- **건강** : 열병, 심장 질환에 주의.

- **소식** : 좋은 소식이 있겠다. 토끼날, 닭날 특히 기대.

- **성공비결** : 스스로의 힘을 기르고 덕을 쌓아 계획대로 일을 차근히
　　　　　진행하면 자연스레 좋아진다.

原文

晋(진)은 康侯(강후)를 用錫馬蕃庶(용석마번서)하고 晝日三接(주일삼접)이
　　로다.
彖曰(단왈) 晋(진)은 進也(진야)니 明出地上(명출지상)하야 順而麗乎大明
　　(순이려호대명)하고 柔進而上行(유진이상행)이라 是以康侯用錫
　　馬蕃晝日三接也(시이강후용석마번서주일삼접야)라.
象曰(상왈) 明出地上(명출지상)이 晋(진)이니 君子(군자) 以(이)하야 自昭明
　　德(자소명덕)하나니라.

䷡ 41.뇌천대장 雷天大壯

- **현재상태** : 천둥소리가 천지를 울리는 형태. 비단옷을 입고 밤길을
    걷는 형상이다.

- **운세방향** : 가뭄이 계속되어 땅 위의 생물들이 지쳐 있는 상태이고
    금방 좋은 일이 일어날 것 같지만 실망만 생긴다.
    양이 벽에 박치기하여 피를 흘리고, 앞으로 나아갈 수
    도 뒤로 물러서기도 힘든 형편이다. 본인의 주장만 내세
    우지 말라. 본인 때문에 주위가 압도되어 분위기가 험악
    하다. 사업이나 연구 등은 발전성이 충분하나 서서히 진
    행할 것. 의견 충돌이 생기는 상황을 조화시키는 것이 성
    공의 열쇠다.

- **주의** : 자기의 강한 성격을 억제할 것. 교통사고, 파괴, 법정 시비 주의.

- **사업** : 전진만 계속 하면 장애가 생긴다. 대수롭지 않게 생각했던 일
    이 크게 확대 된다. 경쟁에서 승리하기 위한 힘이 필요.

- **소망** : 시일이 오래 걸리나 된다. 음력 2월에 좋은 소식이 있다.

- **건강** : 급성병, 타박상 주의.

- **소식** : 소식이 있다. 말날이나 쥐날 기대.

- **성공비결** : 예의가 아닌 행동, 즉 도박이나 남을 속이는 일 등은 반드시 실패하고, 정당한 일은 예의와 의리를 잘 지키면 성공한다.

原文

大壯(대장)은 利貞(이정)하니라.

彖曰(단왈) 大壯(대장)은 大者(대자) 壯也(장야)니 剛以動故(강이동고)로 壯(장)하니

大壯利貞(대장이정)은 大者(대자)正也(정야)니 正大而天地之情(정대이천지지정)을 可見矣(가견의)리라.

象曰(상왈) 雷在天上(뇌재천상)이 大壯(대장)이니 君子(군자) 以(이)하야 非禮弗履(비례불리)하나니라.

䷵ 42. 뇌택귀매 雷澤歸妹

- **현재상태** : 절차를 무시하고 일시적인 감정에 치우친 형태. 전진이나 공격을 하면 흉한 일이 생긴다.

- **운세방향** : 움직이면 판단력이 흐려진다. 갔다가 다시 돌아오는 형상이다. 실질적 수입이 없다. 남녀 관계에 있어서는 깊이 반성해야 한다.
  정략적인 목적으로 출발을 잘못했기 때문에 예상과는 다른 피해가 생긴다. 문제의 해결은 원위치에서 다시 검토해야 한다. 그동안 숨어 있었던 일에 말썽이 생기고, 복잡한 사건으로 구설, 논란이 생긴다. 시작은 좋으나 결과가 나쁜 일이 생긴다.

- **주의** : 이성 문제 조심. 비밀을 지키지 않아서 골치가 아프다.

- **사업** : 뜻대로 안 된다. 다시 해야 하는 일이 생긴다.

- **소망** : 성취가 안 됨.

- **건강** : 신경성 질환에 유의, 여자는 위험하다.

- **소식** : 먼저 연락하면 답이 있다.

- **성공비결** : 편견이 많아서 판단이 흐려진다. 종합적인 분석, 판단을 하여 새로운 출발을 할 것.

原文

歸妹(귀매)는 征(정)하면 凶(흉)하니 无攸利(무유리)하니라.

彖曰(단왈) 歸妹(귀매)는 天地之大義也(천지지대의야)니 天地不交而萬物(천지불교이만물)이 不興(불흥)하나니 歸妹(귀매)는 人之終始也(인지종시야)라. 說以動(열이동)하야 所歸(소귀) 妹也(매야)니 征凶(정흉)은 位不當也(위부당야)오 无攸利(무유리)는 柔乘剛也(유승강야)일세라.

象曰(상왈) 澤上有雷(택상유뢰) 歸妹(귀매)니 君子(군자) 以(이)하야 永終(영종)하야 知敝(지폐)하나니라.

䷶ 43. 뇌화풍 雷火豐

- **현재상태** : 어두운 곳을 벗어나 밝은 데로 나아가는 운세. 풍성하고 성대한 기운이 생긴다.

- **운세방향** : 겉으로는 화려하나 내부에는 고민과 복잡한 문제가 많다. 모든 일이 경솔하게 처리되고 교만해져서 남과 충돌을 일으키니 조심해야 한다. 현재의 일이 잘 추진되는 사람은 내리막을 생각해야 한다. 힘든 사람은 지금부터 밝은 미래가 보인다. 전자, 전기, 선전 등에는 좋다. 여성은 임신의 기미가 있다. 달이 차면 기우는 것과 같으니 욕심을 내지 말 것. 학문 연구에는 상당히 좋은 결과를 기대할 수 있다.

- **주의** : 불의의 재난, 관재구설.

- **사업** : 농산물, 전기, 전자 계통, 술장사 등은 좋다.
  내부적인 일에 충실할 것. 선전, 광고가 필요하다.

- **소망** : 유망한 것처럼 보이나 실질적 성과가 없다.

- **건강** : 열병, 고혈압에 주의.

- **소식** : 늦게서야 소식이 있다.

- **성공비결** : 미래를 생각하여 멘토나 대리인을 세우는 것이 좋다.
  공과 사를 잘 구분하여 주위 사람을 잘 다스려야 한다.

原文

豊(풍)은 亨(형)하니 王(왕)이어야 假之(격지)하나니 勿憂(물우)홀뎐 宜日中
(의일중)이니라.

彖曰(단왈) 豊(풍)은 大也(대야)니 明以動(명이동)이라 故(고)로 豊(풍)이니
王假之(왕격지)는 尙大也(상대야)오 勿憂宜日中(물우의일중)은
宜照天下也(의조천하야)라.

日中則昃(일중즉측)하며 月盈則食(월영즉식)하나니 天地盈虛
(천지영허)도 與時消息(여시소식)이온 而況於人乎(이황어인호)며
況於鬼神乎(황어귀신호)여.

象曰(상왈) 雷電皆至(뇌전개지) 豊(풍)이니 君子(군자) 以(이)하야 折獄致刑
(절옥치형)하나니라.

44. 중뢰진 重雷震

- **현재상태** : 겉 소리만 크게 나고 실질이 수반되지 않는다.
  두 마리 용이 한 개의 구슬을 가지고 다투고 있다.

- **운세방향** : 독점적인 재미를 보려고 계획한 일이 상대방에게 빼앗기
  고 이익이 적다. 주위의 상황에 크게 놀라는 일이 생긴다.
  당황하지 말고 본인의 잘못을 반성하는 시간을 가져야 한
  다. 혹은 계획만 크게 세우고 일은 해보지도 못하고 실패
  하는 형상이다. 상속받는 일 혹은 선배의 협력으로 큰 명
  성을 얻는 것은 좋다. 성내는 일을 주의해야 한다.
  당신을 꾸짖는 사람이 실상은 당신의 편이라는 것을 명심
  할 것.

- **주의** : 타인의 허세, 허풍에 유의.

- **사업** : 지인의 협력을 받아 성공한다. 널리 선전하는 것이 필요하다.

- **소망** : 목표의 반 정도는 성취한다.

- **건강** : 신경 쇠약. 오랫동안 병석에 누워있던 사람은 일어난다.

- **소식** : 소식이 있다. 먼 곳의 소식이 좋다.

- **성공비결** : 계획이나 비밀을 남에게 떠벌리면 안 되고, 욕심을 억제
  하고 자기의 일을 반성해야 한다.

原文

震(진)은 亨(형)하니 震來(진래)에 虩虩(혁혁)이면 笑言(소언)이 啞啞(액액)
이리니 震驚百里(진경백리)에 不喪匕鬯(불상비창)하나니라.

彖曰(단왈) 震(진)은 亨(형)하니 震來虩虩(진래혁혁)은 恐致福也(공치복야)
오 笑言啞啞(소언액액)은 後有則也(후유칙야)라.
震驚百里(진경백리)는 驚遠而懼邇也(경원이구이야)니 出可以守
宗廟社稷(출가이수종묘사직)하야 以爲祭主也(이위제주야)리라.

象曰(상왈) 洊雷(천뢰) 震(진)이니 君子(군자) 以(이)하야 恐懼脩省(공구수성)
하나니라.

79

雷 45.뇌풍항 雷風恒

- **현재상태** : 마음에 변화를 구하려고 하나 변화를 하면 좋지 못한 결과가 나온다.

- **운세방향** : 교섭 중인 새로운 일, 새로운 자극은 당분간은 보류하는 것이 좋다. 현재 진행 중에 있는 일도 조급히 하지 말고 마음을 넓게 가지고 여유로워야 한다. 남녀 관계나 주위의 현실에 권태를 느끼는 일이 많이 생겨, 재미있고 획기적인 엉뚱한 생각을 하고 있다. 나쁜 운세는 아니지만 변화를 구하면 좋지 못한 결과를 초래한다.
하던 일을 꾸준히 하는 정신이 필요하다.

- **주의** : 확장, 이전은 하지 말 것.

- **사업** : 현재 상태를 바꾸지 말고 그대로 하면, 비약적인 발전은 없으나 보이지 않는 발전이 있다.

- **소망** : 느긋한 마음으로 있으면 성공한다.

- **건강** : 규칙적인 생활이 절대 필요.

- **소식** : 도중에 일이 생겨 늦게 온다.

- **성공비결** : 남의 유혹이나 자기의 욕심에 좌우되어 변화를 구하지
  말고, 끈기 있게 현실에 집중하는 것이 현명하다.

原文

恒(항)은 亨(형)하야 无咎(무구)하니 利貞(이정)하니 利有攸往(이유유왕)하
  니라.

彖曰(단왈) 恒(항)은 久也(구야)니 剛上而柔下(강상이유하)하고 雷風(뇌풍)
  이 相與(상여)하고 巽而動(손이동)하고 剛柔(강유) 皆應(개응) 恒
  (항)이니 恒亨无咎利貞(항형무구이정)은 久於其道也(구어기도야)
  니 天地之道(천지지도) 恒久而不已也(항구이불이야)니라.

利有攸往(이유유왕)은 終則有始也(종즉유시야)일세니라. 日月
  (일월)이 得天而能久照(득천이능구조)하며 四時(사시) 變化而能
  久成(변화이능구성)하며 聖人(성인)이 久於其道而天下(구어기도
  이천하) 化成(화성)하나니 觀其所恒而天地萬物之情(관기소항이
  천지만물지정)을 可見矣(가견의)리라.

象曰(상왈) 雷風(뇌풍)이 恒(항)이니 君子(군자) 以(이)하야 立不易方(입
  불역방)하나니라.

䷧ 46.뇌수해 雷水解

• **현재상태** : 어려움에서 풀려 나오는 상태이고 매듭이 하나씩 풀어지는 형상. 단합과 결심의 마음이 나태해지는 경향이 많다.

• **운세방향** : 풀린다는 뜻으로 추운 겨울이 가고, 따뜻한 봄이 오는 모습이다. 새로운 전환기를 맞이하여 배신과 탈락 등의 위험에 노출되어 있다. 구조조정의 의미를 내포하고 있다. 여행의 기미가 많다. 소인배들을 잘 다독거려야 위험에서 탈출을 할 수 있다. 계약이나 단결, 결혼 문제 등은 빨리 결정을 보아야 성공하고, 시일이 늦어지면 해소되는 경향이 많다. 운동을 하는 것은 좋다.
서남쪽이 이로운 방향이다.

• **주의** : 일의 성취는 빨리 해야 된다. 늦으면 안 된다.

• **사업** : 기회를 얻어 단번에 결정할 것. 여행, 해외 관계, 섬이나 바다에서 희소식.

• **소망** : 오래된 소망은 성취된다.

　　　　새로운 계획이나 소망은 희망이 없다.

• **건강** : 좋아진다. 오래된 병은 위험.

• **소식** : 연락을 취하라. 기쁜 소식이 있다.

• **성공비결** : 상대의 잘못을 따지지 말고 이해하고 용서하는 마음으로

　　　　　　남을 대하여야 우환이 없다.

原文

解(해)는 利西南(이서남)하니 无所往(무소왕)이라 其來復(기래복)이 吉(길)하니
　　　有攸往(유유왕)이어든 夙(숙)하면 吉(길)하리라.

彖曰(단왈) 解(해)는 險以動(험이동)이니 動而免乎險(동이면호험)이 解(해)
　　　라. 解利西南(해리서남)은 往得衆也(왕득중야)오 其來復吉
　　　(기래복길)은 乃得中也(내득중야)오 有攸往夙吉(유유왕숙길)은
　　　往有功也(왕유공야)라.

　　　天地(천지) 解而雷雨(해이뇌우) 作(작)하며 雷雨(뇌우) 作而百果
　　　草木(작이백과초목)이 皆甲坼(개갑탁)하나니 解之時(해지시)
　　　大矣哉(대의재)라.

象曰(상왈) 雷雨作(뇌우작)이 解(해)니 君子(군자) 以(이)하야 赦過宥罪(사과
　　　유죄)하나니라.

47. 뇌산소과 雷山小過

- **현재상태** : 높이 날던 새가 그물에 걸려 움직일 수 없다.
  현재의 계획은 분수 밖의 일이다.

- **운세방향** : 자신의 분수를 알지 못하고 위만 쳐다보고 있다가 시기
  를 놓치고 고생하는 일이 많다. 좋지 못한 잔꾀를 부리다
  가 철창신세를 진다. 즉 눈앞의 조그마한 이익에 사로잡
  혀 바른 도리에 어긋나 낭패할 위험이 있다. 남의 부탁을
  쉽게 승낙하면 분쟁이 생긴다. 운세가 집을 나간다, 떠난
  다의 뜻이 포함되어 있다. 새로운 일은 하지 말고 자세를
  낮추는 것이 현명하다. 헤어지고 떠나는 일이 생긴다.

- **주의** : 나쁜 사람이 주위에 많다. 색정 관계 주의. 교통사고 조심.

- **사업** : 규모를 줄여서 경영할 것. 차츰 운이 오는 상태.
  인내력이 필요하다.

- **소망** : 시기를 놓쳐 이루지 못한다. 올라가는 것은 흉하고 내려오는
  것은 좋다.

- **건강** : 조그만 병이 악화되어 고생.

- **소식** : 전화, 편지는 있겠으나 사람은 오지 않는다.

- **성공비결** : 검소하고 절약해야 현실을 극복할 수 있고 사람을 공경
  해야 허물이 없다.

原文

小過(소과)는 亨(형)하니 利貞(이정)하니 可小事(가소사)오 不可大事(불가대사)
　　　　니 飛鳥遺之音(비조유지음)에 不宜上(불의상)이오 宜下(의하)
　　　　면 大吉(대길)하리라.
彖曰(단왈) 小過(소과)는 小者(소자) 過而亨也(과이형야)니 過以利貞(과이이정)
　　　　은 與時行也(여시행야)니라. 柔得中(유득중)이라 是以小事(시이소사)
　　　　吉也(길야)오 剛失位而不中(강실위이불중)이라 是以不可大事也
　　　　(시이불가대사야)니라. 有飛鳥之象焉(유비조지상언)하니라.
　　　　飛鳥遺之音不宜上宜下大吉(비조유지음불의상의하대길)은 上逆
　　　　而下順也(상역이하순야)일세라.
象曰(상왈) 山上有雷(산상유뢰) 小過(소과)니 君子(군자) 以(이)하야 行過乎恭
　　　　(행과호공)하며 喪過乎哀(상과호애)하며 用過乎儉(용과호검)하나
　　　　니라.

䷏ 48. 뇌지예 雷地豫

- **현재상태** : 새로운 일을 준비하는 시기. 봄이 오니 호미, 괭이를 손질할 때.

- **운세방향** : 앞으로의 사태를 예지하고 충분한 준비가 필요하다. 전에 하던 일을 다시 하는 것은 좋지 않고, 새로운 일, 변동하는 일에 좋은 소식이 있다. 사업 계획은 선견지명이 있어 좋은 결과를 가져온다. 예비 지식, 충분한 조사가 필요하다. 일신상의 변화가 많고, 직급·지위가 바뀐다. 사람을 키우고 대리인을 세우는 것이 좋다. 운세는 행운을 향해 전진하여 발전하나 게으르고 교만한 경향이 있다.

- **주의** : 유흥가, 색정 문제, 감정의 격분을 주의하라.

- **사업** : 본업에 게으르고 다른 곳에 신경 쓰는 경향이 있다.

- **소망** : 일을 처리할 때 자신이 나서지 말고 남을 앞세워라.

- **건강** : 오래 전의 병은 서서히 좋아지나, 새로 생긴 병은 시일이 오래 간다.

- **소식** : 놀면서 조금 기다려라.

- **성공비결** : 남의 어려운 고충을 해결해 주고, 제사나 기도를 하는 정성이 있어야 성공한다.

原文

豫(예)는 利建侯行師(이건후행사)하니라.
彖曰(단왈) 豫(예)는 剛應而志行(강응이지행)하고 順以動(순이동)이 豫(예)라. 豫順以動故(예순이동고)로 天地(천지)도 如之(여지)온 而況建侯行師乎(이황건후행사호)여.
天地(천지) 以順動(이순동)이라 故(고)로 日月(일월)이 不過而四時(불과이사시) 不忒(불특)하고 聖人(성인)이 以順動(이순동)이라 則刑罰(즉형벌)이 淸而民(청이민)이 服(복)하나니 豫之時義(예지시의) 大矣哉(대의재)라.
象曰(상왈) 雷出地奮(뇌출지분)이 豫(예)니 先王(선왕)이 以(이)하야 作樂崇德(작악숭덕)하야 殷薦之上帝(은천지상제)하야 以配祖考(이배조고)하니라.

87

☴ 51. 풍천소축 風天小畜

- **현재상태** : 구름이 태양을 가려 침울한 상태. 여자의 말을 들어주면 좋은 시기.

- **운세방향** : 생각하지 않는 사이에 기회가 온다. 너무 조급히 서둘러서 쉽게 단념해 버리거나 자포자기해서는 안 된다. 조금 저축한다. 조금 막혀 있다는 뜻이 내포되어 있다.
지금은 무엇인가 펴일듯하다가 장애가 생긴다. 가정생활은 권태기에 와 있다. 여러 가지 일을 여자에게 맡겨 두는 것이 현명하다. 꾸준하게 적극적으로 노력함으로써 시원한 한 줄기의 비가 내릴 것이다. 여성은 좋지 못한 소문이 생긴다.

- **주의** : 바른 사람과 손을 잡고 본래의 길로 돌아가라.

- **사업** : 조직이 혼란에 빠져 있다. 친한 사람과의 관계 개선이 필요하다.

- **소망** : 재물의 소망은 시일이 걸리고, 문학, 예능 계통은 성공한다.

- **건강** : 늑막염, 두통 주의.

- **소식** : 방해자가 있어 오지 못한다. 동쪽을 기대하라.

- **성공비결** : 글이나 말을 아름답게 꾸며서 이해시키고, 조그만 장식
  으로 기분 전환을 하는 것도 좋다.

原文 ___

小畜(소축)은 亨(형)하니 密雲不雨(밀운불우)는 自我西郊(자아서교)일세
　　니라.
彖曰(단왈) 小畜(소축)은 柔(유) 得位而上下(득위이상하) 應之(응지)할새
　　曰小畜(왈소축)이라. 健而巽(건이손)하며 剛中而志行(강중이지행)
　　하야 乃亨(내형)하니라.
　　密雲不雨(밀운불우)는 尙往也(상왕야)오 自我西郊(자아서교)는
　　施未行也(시미행야)라.
象曰(상왈) 風行天上(풍행천상)이 小畜(소축)이니 君子(군자) 以(이)하야
　　懿文德(의문덕)하나니라.

☴ 52.풍택중부 風澤中孚

- **현재상태** : 어미새와 새끼새가 화합하는 모습. 기회를 잡아 일을 결정하는 시기.

- **운세방향** : 믿음과 성심이 아주 필요하다. 정직하고, 부지런한 사람에게는 상당히 운이 좋아 크게 성공한다. 일의 계획, 허가신청, 아이디어 같은 종류는 좋은 운이다. 재물의 운세는 시일이 많이 걸린다. 닭이 알을 품어 병아리로 부화되니 운세는 좋으나 알이 깨어지지 않도록 주의해야 한다. 감언이설로 접근하려는 사람을 경계해야 한다. 나그네가 보금자리를 찾는 형상이니, 구입하고 장만하는 일은 좋은 운세다. 허풍을 부리지 말고, 진실한 대화가 필요하다.

- **주의** : 남녀의 유혹에 주의. 돈보다는 신용이 중요한 시기.

- **사업** : 아이디어 사업, 수산물, 축산물 등은 성공한다.
  서류 관계는 좋은 운세.

• **소망** : 정신세계, 문학, 예술 등의 소망은 성취.

• **건강** : 요양이 필요하다. 심장병 주의.

• **소식** : 이쪽에서 청하면 속히 온다.

• **성공비결** : 주위 사람을 너그럽게 이해해야 한다.
　　　　　　종교적 신앙, 믿음과 제사를 지내는 정성이 필요하다.
　　　　　　방생을 하면 많은 효험을 본다.

原文

中孚(중부)는 豚魚(돈어)면 吉(길)하니 利涉大川(이섭대천)하고 利貞(이정)하
　　　니라.

彖曰(단왈) 中孚(중부)는 柔在內而剛得中(유재내이강득중)할새니 說而巽(열
　　　이손)할새 孚(부) 乃化邦也(내화방야)니라.

　　　豚魚吉(돈어길)은 信及豚魚也(신급돈어야)오 利涉大川(이섭대천)
　　　은 乘木(승목)코 舟虛也(주허야)오. 中孚(중부)코 以利貞(이이정)
　　　이면 乃應乎天也(내응호천야)리라.

象曰(상왈) 澤上有風(택상유풍)이 中孚(중부)니 君子(군자) 以(이)하야 議
　　　獄(의옥)하며 緩死(완사)하나니라.

䷤ 53.풍화가인 風火家人

• **현재상태** : 초롱불이 바람에 흔들리는 상태.
　　　　　　　조용한 일, 내부적인 일은 발전한다.

• **운세방향** : 집을 지키는 여인과 같이 운세가 조용하면서 내부 정리
　　　　　　　가 필요한 시기. 외부적인 일이나 큰 계획은 좋지 않고,
　　　　　　　모험을 해보는 것도 좋지 않다. 인간관계의 정리나 채권,
　　　　　　　채무의 정리 등은 서서히 진행하는 것이 필요하다. 협
　　　　　　　조를 구하는 것이 좋고, 집안에서 하는 일 등은 성공한다.
　　　　　　　현재가 권태의 시기이니 무엇인가 해보려고 하지만 성급
　　　　　　　하게 무리하면 스스로 불행을 일으킨다.

• **주의** : 신규 계획. 확장은 불길.

• **사업** : 발전이 늦으나 차츰 진보하는 운세. 내부 정리가 필요하다.

• **소망** : 남의 협력으로 성취한다.

• **건강** : 여성은 월경 불순, 남성은 정신 질환.

• **소식** : 해결되는 소식이 있다.

• **성공비결** : 말을 하면 실행을 해야 하고 행동은 항상 평소와 같이
하여, 변덕을 주지 않는 것이 현명하다.

原文

家人(가인)은 利女貞(이여정)하니라.

彖曰(단왈) 家人(가인)은 女(여) 正位乎內(정위호내)하고 男(남)이 正位乎
外(정위호외)하니 男女正(남녀정)이 天地之大義也(천지지대의야)
라 家人(가인)이 有嚴君焉(유엄군언)하니 父母之謂也(부모지위
야)라. 父父子子兄兄弟弟夫夫婦婦而家道(부부자자형형제제부
부부부이가도) 正(정)하리니 正家而天下(정가이천하) 定矣(정의)
리라.

象曰(상왈) 風自火出(풍자화출)이 家人(가인)이니 君子(군자) 以(이)하야 言
有物而行有恒(언유물이행유항)하나니라.

䷩ 54.풍뢰익 風雷益

- **현재상태** : 기러기 무리를 만난 형태. 봄에 뿌린 씨앗이 가을이 되니 풍성한 결실을 가져오는 상이다.

- **운세방향** : 가족이나 친한 사람이 모이는 시기이고, 현재는 소모가 많으나 미래의 이익이 되기 위한 준비 작업이니, 남을 도울 일이 있으면 적극적으로 할 것. 일의 계획에 있어서 조그만 일은 하지 말고 장기적으로 큰 계획을 세워야 이익을 본다. 직장인은 승진, 상승의 운세이다.
  뜻밖의 풍문이나 주거의 불안정이 마음을 괴롭게 하는 일이 있다. 당장은 이익이 없으나 그로 인하여 성공할 계기가 마련된다.

- **주의** : 마음은 굳세게 먹었는데 행동이 우유부단하다.
  문서 관계의 착오에 조심.

- **사업** : 적극적으로 전진할 것. 흩어진 힘이나 경제적 기반을 모으는 것이 필요하다.

- **소망** : 윗사람의 협력으로 성취. 기도를 하면 성취가 빠르다.

- **건강** : 맹장염이나 간장염에 주의. 쉬는 것이 좋다.

- **소식** : 좋은 소식이 있다.

- **성공비결** : 자기의 허물을 빨리 고쳐서 대망을 꿈꾸고, 배짱으로 전진해야 성공한다.

原文

益(익)은 利有攸往(이유유왕)하며 利涉大川(이섭대천)하니라.

彖曰(단왈) 益(익)은 損上益下(손상익하)하니 民說无疆(민열무강)이오 自上下下(자상하하)하니 其道(기도) 大光(대광)이라.

利有攸往(이유유왕)은 中正(중정)하야 有慶(유경)이오.

利涉大川(이섭대천)은 木道(목도) 乃行(내행)이라.

益(익)은 動而巽(동이손)하야 日進无疆(일진무강)하며 天施地生(천시지생)하야 其益(기익)이 无方(무방)하니 凡益之道(범익지도) 與時偕行(여시해행)하나니라.

象曰(상왈) 風雷(풍뢰) 益(익)이니 君子(군자) 以(이)하야 見善則遷(견선즉천)하고 有過則改(유과즉개)하나니라.

55.중풍손 重風巽

- **현재상태** : 고요한 들판에 바람이 불어오는 시기. 왔다 갔다 하는
  모습이지만 명령이나 제안을 거듭해서 알리는 것이 좋다.

- **운세방향** : 바람이 부는 대로 이리 날리고 저리 날리고 하니 방황하
  는 모습이고, 확고한 신념이 없어서 진퇴를 결정하지 못
  하고 있다. 현재의 운세는 독립심이 결여되어 있다. 지나
  치게 겸손하고 순종을 잘하는 성격 때문에 남의 감언이
  설에 넘어가, 사기나 기타의 손해를 보는 경우도 있다.
  장사에는 좋은 운세이다. 들떠 있는 마음을 안정시키는
  것이 가장 필요하다. 변동이나 여행은 좋다.

- **주의** : 도둑, 사기 주의.

- **사업** : 믿을 만한 사람을 내세우고 같이 힘을 합하여 진행하면 성공
  한다.

• **소망** : 여자의 도움이 필요하다. 선거, 선정, 선발 등에는 희소식.

• **건강** : 유행성 병, 감기, 풍병 주의.

• **소식** : 8일쯤 뒤에 기대할 것.

• **성공비결** : 말이나 명령 혹은 계획을 반복하여 수정하고 실행을 하
여야 운세가 강하게 작용되어 일이 성취된다.

原文 ────

巽(손)은 小亨(소형)하니 利有攸往(이유유왕)하며 利見大人(이견대인)하니
라.

彖曰(단왈) 重巽(중손)으로 以申命(이신명)하나니 剛(강)이 巽乎中正而志行
(손호중정이지행)하며 柔(유) 皆順乎剛(개순호강)이라 是以小亨
(시이소형)하니 利有攸往(이유유왕)하며 利見大人(이견대인)하니
라.

象曰(상왈) 隨風(수풍)이 巽(손)이니 君子(군자) 以(이)하야 申命行事(신명행사)
하나니라.

䷺ 56.풍수환 風水渙

- **현재상태** : 순풍에 배가 출항하는 형태. 새로운 곳을 향하여 출발하는 전진의 기상. 흩어져 떠나는 일이 많다.

- **운세방향** : 지금까지의 곤란이 해소되는 희망의 시점이다. 항해나 해외 문제, 주거의 이동이 생긴다. 매일 다망한 일에 쫓기게 되므로 침착하지 못한 경향이 있으니, 차근차근한 행동이 필요하다. 봄바람 같은 온화한 마음으로 남에게 대하라. 필요한 조언자가 나타날 것이다. 대충대충하는 마음으로 소홀히 일을 하면 모처럼의 행운을 놓쳐 버린다. 침착하라.

- **주의** : 단체의 이탈, 절교가 생긴다.

- **사업** : 시대에 알맞게 변화를 주어야 한다. 역량을 발휘할 때가 왔다.

- **소망** : 시일은 걸리나 성취된다. 변화, 변동은 성공한다.

• **건강** : 출혈 증세, 정신적 피로 주의.

• **소식** : 사람은 오지 않고 소식은 있다.

• **성공비결** : 현재의 일은 무엇을 원하든 간에 종묘사직이나 종교
    신앙에 기도하여야 성취가 빠르다.

渙(환)은 亨(형)하니 王假有廟(왕격유묘)며 利涉大川(이섭대천)하니 利貞(이
    정)하니라.

彖曰(단왈) 渙亨(환형)은 剛(강)이 來而不窮(내이불궁)하고 柔(유) 得位乎外
    而上同(득위호외이상동)할세라. 王假有廟(왕격유묘)는 王乃在中
    也(왕내재중야)오 利涉大川(이섭대천)은 乘木(승목)하야 有功也
    (유공야)라.

象曰(상왈) 風行水上(풍행수상)이 渙(환)이니 先王(선왕)이 以(이)하야 享于
    帝(향우제)하며 立廟(입묘)하니라.

䷴ 57.풍산점 風山漸

- **현재상태** : 점점 전진하여 발전하는 형태. 단계를 밟아 높은 곳에 오른다.

- **운세방향** : 작은 것이 쌓여 큰 것이 되어 가는 상태로 평소의 노력이 보람이 있어 이제부터 발전 상태에 있다. 승진, 사업의 운세가 좋고, 항공여행, 해외 관계에도 밝은 전망이다.
  남녀 관계에 방탕할 염려가 있으니 주의. 현재의 운세는 전진의 상태이나 지금부터 서서히 기초가 잡혀가는 운세이므로 급작스러운 전진을 하다가는 방랑자의 신세가 된다. 전근, 전직이 생긴다.

- **주의** : 이성 관계의 탈선을 주의할 것.

- **사업** : 현재보다 약간 높은 단계는 성취된다. 허욕을 삼갈 것.

- **소망** : 차츰차츰 이루어진다.

- **건강** : 병원을 옮겨 보는 것이 좋다.

- **소식** : 시일이 걸리나 소식이 있다.

- **성공비결** : 신용 관계에 특별히 신경 쓰고, 주위의 분위기를 바르게 이끌어야 한다.

原文

漸(점)은 女歸(여귀) 吉(길)하니 利貞(이정)이니라.

彖曰(단왈) 漸之進也(점지진야) 女歸(여귀)의 吉也(길야)라. 進得位(진득위)하니 往有功也(왕유공야)오 進以正(진이정)하니 可以正邦也(가이정방야)니 其位(기위)는 剛得中也(강득중야)라. 止而巽(지이손)할새 動不窮也(동불궁야)라.

象曰(상왈) 山上有木(산상유목)이 漸(점)이니 君子(군자) 以(이)하야 居賢德(거현덕)하야 善俗(선속)하나니라.

䷓ 58.풍지관 風地觀

- **현재상태** : 땅 위에 바람이 불어 신바람, 새바람의 형상. 홀로 외로이 밤하늘의 별을 관찰한다.

- **운세방향** : 현재의 위치에서 하락하지 않으려면 행동을 규범적으로 하여 자기의 행동을 잘 관찰하여야 한다. 혼자의 주장만 내세우면 불행을 초래한다. 교육자나 종교가 또는 지도자에게는 좋은 기회를 가져온다. 주거의 이동, 직장의 이동이 생기기 쉬우나 옮기고 변동하는 것은 잠시 보류할 것. 연구, 학문, 종교에는 좋은 운세.

- **주의** : 분규 문제, 시비 조심. 화재나 전기, 가스 주의.

- **사업** : 공적인 일은 좋은 운세이고, 비밀스럽고 사사로운 일은 실패한다.

- **소망** : 성취된다. 복지, 종교, 관광의 소망은 더욱 성취한다.

- **건강** : 타박상에 유의.

- **소식** : 좋은 결과가 있겠다. 8일, 18일, 28일과 8월에 인연이 있다.

- **성공비결** : 정성과 성의와 기도가 절대적으로 필요하다.

原文

觀(관)은 盥而不薦(관이불천)이면 有孚(유부)하야 顒若(옹약)하리라.

彖曰(단왈) 大觀(대관)으로 在上(재상)하야 順而巽(순이손)하고 中正(중정)
　　　으로 以觀天下(이관천하)니 觀盥而不薦有孚顒若(관관이불천유
　　　부옹약)은 下(하) 觀而化也(관이화야)라.

　　　觀天之神道而四時(관천지신도이사시) 不忒(불특)하니 聖人(성인)
　　　이 以神道設敎而天下(이신도설교이천하) 服矣(복이)니라.

象曰(상왈) 風行地上(풍행지상)이 觀(관)이니 先王(선왕)이 以(이)하야 省方
　　　觀民(성방관민)하야 設敎(설교)하니라.

䷄ 61. 수천수 水天需

- **현재상태** : 나룻배를 기다리는 대기의 상태. 가뭄에 단비를 기다리는 느긋한 마음이 필요하다.

- **운세방향** : 믿음을 가지고 신중한 태도로 실력을 기르면서 기회를 기다리는 모습이다. 하고자 하는 일이 크다고 하나 앞에 위험이 가로막아 운기가 침체되어 있다. 조급하게 추진 하면 실패한다. 내부적으로 시비 소송이 잠재되어 있고, 얼마 후 잔치나 제사가 일어나는 경우가 많다. 현재의 운세는 기다리는 시기이니 적극적인 행동은 피하는 것이 현명하다. 장래는 유망하나 지금은 궁한 상태에 있다.

- **주의** : 참을성과 인내심, 그리고 믿음이 특히 필요하다.

- **사업** : 여유를 가지고 기다리면 협력자가 나타날 것이다.

- **소망** : 단기 소망은 성취가 곤란하고 장기 소망은 성취.
  여자의 도움으로 성공한다.

- **건강** : 위장병, 혈압에 유의.

- **소식** : 시일이 많이 걸린다.

- **성공비결** : 마음을 편안하게 가지고, 느긋한 자세가 성공의 열쇠.
  기다리는 사람에게 복이 온다.

原文

需(수)는 有孚(유부)하야 光亨(광형)코 貞吉(정길)하니 利涉大川(이섭대
천)하니라.

彖曰(단왈) 需(수)는 須也(수야)니 險(험)이 在前也(재전야)니 剛健而不陷
(강건이불함)하니 其義(기의) 不困窮矣(불곤궁의)라. 需有孚光亨
貞吉(수유부광형정길)은 位乎天位(위호천위)하야 以正中也(이정중
야)오. 利涉大川(이섭대천)은 往有功也(왕유공야)라.

象曰(상왈) 雲上於天(운상어천)이 需(수)니 君子(군자) 以(이)하야 飮食宴
樂(음식연락)하나니라.

䷁ 62.수택절 水澤節

- **현재상태** : 대나무의 마디가 간격 있게 끊어진 모습. 절제, 절단, 절약의 운세.

- **운세방향** : 주위에서 달콤한 말로 유혹하거나 미끼를 주어 현혹되게 만든다. 친한 사람이 원수처럼 헐뜯게 되는 경우가 생긴다. 함부로 움직이면 수렁에 빠져 뜻밖의 재난을 당한다. 절제를 하는 것이나 절개를 지키는 것은 상당히 힘든 일이지만 반드시 후일에 무엇인가를 이루어 낸다. 쓸데없는 지출이 많으니 절약이 필요하다. 일의 추진은 조금씩 하여야 된다. 월부, 분할이 좋다.

- **주의** : 급하게 전진하면 운세가 막힌다.

- **사업** : 더 이상의 발전은 기대하지 말고 정리 정돈이 필요하다. 따지는 버릇이 생기면 더욱 곤란하다.

- **소망** : 분수에 맞게끔 하여야 성취.

- **건강** : 심장 질환, 위장병에 주의.

- **소식** : 매우 늦다.

- **성공비결** : 현재의 생활이 질서가 없으니 절도 있는 생활을 하여야
  하고 예의가 절실히 필요하다.

原文

節(절)은 亨(형)하니 苦節(고절)은 不可貞(불가정)이니라.

彖曰(단왈) 節亨(절형)은 剛柔(강유) 分而剛得中(분이강득중)할새오. 苦節不
可貞(고절불가정)은 其道(기도) 窮也(궁야)일세라. 說以行險(열이
행험)하고 當位以節(당위이절)하고 中正以通(중정이통)하니라.
天地節而四時成(천지절이사시성)하나니 節以制度(절이제도)
하야 不傷財(불상재)하며 不害民(불해민)하나니라.

象曰(상왈) 澤上有水(택상유수) 節(절)이니 君子(군자) 以(이)하야 制數度
(제수도)하며 議德行(의덕행)하나니라.

63. 수화기제 水火既濟

- **현재상태** : 어진 신하가 밝은 임금을 만난 형상.
  현재의 일에 더욱 노력할 것.

- **운세방향** : 음과 양이 잘 조화되어 있기 때문에 완성의 뜻을 포함하
  고 있다. 현재를 오래 지속하기 위해서는 마음의 안정과
  굳은 의지가 필요하다. 언제 어디서 내리막길이 올지 모른
  다. 해이한 행동을 하지 않아야 현실을 그대로 유지할 수
  있다. 시대의 조류나 환경의 변화를 모르면 성과가 작아
  지고 복잡하게 된다. 게으름을 피우는 형상이니 노력을
  할 것.

- **주의** : 일이 잘 되지 않고 지연된다. 이성교제에 유의.

- **사업** : 투자나 확대는 하지 말 것. 현재의 상태를 계속 지속하는 것
  이 지금으로서는 현명하다.

- **소망** : 성취는 되나 오래가지 못한다.

- **건강** : 방광염, 가벼운 병 증세에 주의.

- **소식** : 좋은 소식이 있다. 이성 간이면 특히 좋다.

- **성공비결** : 유비무환의 정신이 특히 필요하다. 사전 점검, 사전 예방
  이 필요하다.

原文 ───

既濟(기제)는 亨(형)이 小(소)니 利貞(이정)하니 初吉(초길)코 終亂(종란)하
　　니라.

彖曰(단왈) 既濟亨(기제형)은 小者(소자) 亨也(형야)니 利貞(이정)은 剛柔(강
　　유) 正而位當也(정이위당야)일세라.

　　初吉(초길)은 柔得中也(유득중야)오 終止則亂(종지즉란)은 其道
　　(기도) 窮也(궁야)라.

象曰(상왈) 水在火上(수재화상)이 既濟(기제)니 君子(군자) 以(이)하야 思患
　　而豫防之(사환이예방지)하나니라.

䷂ 64.수뢰둔 水雷屯

- **현재상태** : 충격을 받고 고민하는 형상이다. 창조, 창업하는 어려움
  의 시기.

- **운세방향** : 어린 싹이 굳고 단단한 땅을 뚫지 못하고 시달리는 모습.
  현재의 위치가 미약하나 내면에는 젊음과 희망이 포함
  되어 있다. 당신은 지금 어쩔 수 없는 환경에서 몸부림치
  나 결코 단념해서는 아니 된다. 지금은 기다리고 휴식을
  해야 한다. 혼자의 힘으로 독주하지 말 것. 잠깐 머무르고
  거처하는 일이 생긴다. 남의 협력이 필요하다.

- **주의** : 단기적인 계획의 일은 성공하지 못한다.

- **사업** : 현재의 사업은 여건이 불리하나 장기전으로 할 것.
  새로운 사업은 다음 기회로 미루어야 한다.

- **소망** : 급한 소망은 당장 성취되지 않음. 제3자가 필요하다.

• **건강** : 귓병, 심장병 특히 조심.

• **소식** : 오지 않는다.

• **성공비결** : 당신은 계획의 씨줄과 날줄을 짜고, 일은 남을 내세워서
  추진할 것.

原文

屯(둔)은 元亨(원형)코 利貞(이정)하니 勿用有攸往(물용유유왕)이오 利建候
(이건후)하니라.

彖曰(단왈) 屯(둔)은 剛柔(강유) 始交而難生(시교이난생)하며 動乎險中(동호
험중)하니 大亨貞(대형정)은 雷雨之動(뇌우지동)이 滿盈(만영)
일세라. 天造草昧(천조초매)에는 宜建候(의건후)오 而不寧(이불녕)
이니라.

象曰(상왈) 雲雷(운뢰) 屯(둔)이니 君子(군자) 以(이)하야 經綸(경륜)하나니
라.

䷯ 65.수풍정 水風井

- **현재상태** : 나라가 바뀌어도 우물의 자리는 변하지 않는다. 그러나 여럿이 모여 깨끗이 청소를 하여야 물을 먹을 수 있다.

- **운세방향** : 우물이 있어도 두레박이 없으면 퍼 올리기가 힘들다. 의욕과 지혜가 필요할 뿐만 아니라, 여건이나 조건을 현실에 알맞게 정비를 하여야 한다.

  우물을 퍼 올리는 것과 같은 지속적인 노력이 필요하다. 급진적인 변화는 불리하고 현재의 관습이나 제도를 활용하여 약간의 수정, 보완을 거쳐 사용하는 것이 좋다.

  지금은 남과 손발이 맞지 않는 형상이니, 서로 양보하고 이해하는 협동의 정신이 필요하다. 우물과 두레박이니 현재 주위의 사람들을 완전히 끊는다는 생각은 버릴 것. 실력 양성에 힘쓸 것.

- **주의** : 남과 합심이 잘 되지 않는다. 마음의 수양이 필요하다.

- **사업** : 새로운 일을 구하지 말 것. 내부 변경을 하면 좋아진다.

- **소망** : 작은 소망, 분리되는 소망은 성취된다.

- **건강** : 폐, 호흡, 신장병 주의. 종합검진이 필요.

- **소식** : 상대에게 사정이 있으니 기다려라.

- **성공비결** : 보통 때 보다 몇 배의 근면과 노력이 필요하고, 각자의
위치를 지키면서 협동과 단결을 하여야 성공한다.

原文

井(정)은 改邑(개읍)호대 不改井(불개정)이니 无喪无得(무상무득)하며 往來(왕래)
井井(정정)하나니 汔至(흘지) **亦未繘井** (역미율정)이니 羸其瓶(이기병)이면
凶(흉)하니라.

彖曰(단왈) 巽乎·水而上水(손호수이상수) 井(정)이니 井(정)은 養而不窮也(양이불궁
야)하니라. 改邑不改井(개읍불개정)은 乃以剛中也(내이강중야)오. 汔至
亦未繘井 (흘지역미율정)은 未有功也(미유공야)오 羸其瓶(이기병)이라 是
以凶也(시이흉야)라.

象曰(상왈) 木上有水(목상유수) 井(정)이니 君子(군자) 以(이)하야 勞民勸相(노민권
상)하나니라.

☵ 66.중수감 重水坎

- **현재상태** : 폭우가 쏟아져 홍수가 일어난 상태. 두 가지 일에 고통을 받는다.

- **운세방향** : 자신의 운세가 막혀 있기 때문에, 모든 일은 일단 중지 하고 고요히 때를 기다리는 마음이 필요하다. 작은 잘못을 하여도 그것이 확대되어 말썽이 생긴다. 또한 남의 일에 말려들어 괜한 손실을 가져온다. 회사나 일가의 세력이 두 갈래로 대립하는 현상에 주의. 학자나 종교계의 사람 이면 감응을 얻어 좋은 운수.

- **주의** : 진퇴가 곤란. 포기하지 말 것. 형벌, 교통사고 주의.

- **사업** : 노력하면 할수록 손해뿐이다. 종교 단체에 가서 쉬는 것이 현명 하다.

- **소망** : 친한 사람의 도움이 필요하다. 연구, 종교에는 희소식.

- **건강** : 신경성 노이로제 증상. 신장, 자궁에 유의.

- **소식** : 무소식. 상대는 여자 때문에 묶여 있다.

- **성공비결** : 외부적인 상황에 신경 쓰지 말고 내부적으로 정신적 안정을
  찾고, 남이 모르는 착한 선업을 쌓는 것이 절대적으로 필요.

原文 ___

習坎(습감)은 有孚(유부)하야 維心亨(유심형)이니 行(행)하면 有尙(유상)이
  리라.

彖曰(단왈) 習坎(습감)은 重險也(중험야)니 水(수) 流以不盈(유이불영)하며
  行險而不失其信(행험이불실기신)이니 維心亨(유심형)은 乃以剛
  中也(내이강중야)오. 行有尙(행유상)은 往有功也(왕유공야)라.
  天險(천험)은 不可升也(불가승야)오 地險(지험)은 山川丘陵也
  (산천구릉야)니 王公(왕공)이 設險(설험)하야 以守其國(이수기국)
  하나니 險之時用(험지시용)이 大矣哉(대의재)라.

象曰(상왈) 水(수) 洊至(천지) 習坎(습감)이니 君子(군자) 以(이)하야 常德行
  (상덕행)하며 習敎事(습교사)하나니라.

67.수산건 水山蹇

- **현재상태** : 눈앞에 함정이 있으니 움직이면 헛고생만 하는 시기.
  도둑, 치한 주의.

- **운세방향** : 험난한 시기. 위험 신호를 보고 브레이크를 밟는 것은 자
  신뿐만 아니라 남을 위해서도 필요하다.
  현재는 고달프고, 괴로운 일의 연속이고, 도난이나 수해
  혹은 사기에 유의해야 한다. 상생의 도를 배우고 친구의
  의리를 배우면 좋다. 부질없이 시간만 낭비하지 말고,
  지식을 습득하면서 다음의 시기가 올 때까지 조용히 쉬는
  것이 상책이다.
  주거의 문제도 골치 아프고, 이성 간의 사건이 생겨 더욱
  괴롭다. 발병에 주의하라.
  서쪽과 남쪽은 이롭고 동쪽과 북쪽은 불리하다.

- **주의** : 책이나 보면서 시간을 보내라. 여행은 금물.

- **사업** : 돈벌이에 신경 쓰지 말고, 인생 철학이나 배우는 것이 현명하다. 사업은 휴식 단계.
  많이 움직이지 않는 업종은 (예:목욕탕) 가능하다.

- **소망** : 안 된다.

- **건강** : 신경통, 소화불량. 다리 건강 주의.

- **소식** : 당분간 바라지 말 것.

- **성공비결** : 자신의 지나간 행동을 깊이 반성하고, 남을 원망하지 말 것. 조용히 명상을 하고 독서를 하면서 세상사(世上事)는 잠깐 잊는 것이 좋다.

原文

蹇(건)은 利西南(이서남)하고 不利東北(불리동북)하며 利見大人(이견대인)하니 貞(정)이면 吉(길)하리라.

彖曰(단왈) 蹇(건)은 難也(난야)니 險在前也(험재전야)니 見險而能止(견험이능지)하니 知矣哉(지의재)라. 蹇利西南(건리서남)은 往得中也(왕득중야)오 不利東北(불리동북)은 其道(기도) 窮也(궁야)오.

利見大人(이견대인)은 往有功也(왕유공야)오 當位貞吉(당위정길)은 以正邦也(이정방야)니 蹇之時用(건지시용)이 大矣哉(대의재)라.

象曰(상왈) 山上有水(산상유수) 蹇(건)이니 君子(군자) 以(이)하야 反身脩德(반신수덕)하나니라.

☷ 68.수지비 水地比

- **현재상태** : 협조와 협력으로 친화단결의 기상. 중개, 교섭하여 큰 성공이 있다.

- **운세방향** : 올바른 마음가짐과 신념으로 남과 친절하게 화합해야 되고, 관대한 마음으로 남을 이해하고 행동하면 서로서로의 협조가 좋아 성공한다. 적극적으로 행동할 것. 현재는 남과 비교하고 경쟁하는 일이 생기기 쉬우니 자신이 힘을 더욱 기르는 것이 필요하다. 경쟁, 경합이 생기겠으나 자신에게 좋은 협력자를 구하여 성공한다. 한 남자에 여자가 다섯 명이 있는 형태.

- **주의** : 일을 할 때에는 선수를 쳐야 하고, 공정하게 처리하여야 한다.

- **사업** : 남을 신뢰하고 협력하면 성공한다. 운세는 밝다.

- **소망** : 이루어진다.

• **건강** : 급히 약을 구하라. 미루면 고치기 어렵다.

• **소식** : 좋은 소식이 생긴다.

• **성공비결** : 하나의 슬로건을 내걸어 사람과 친화하고, 분위기를 화목
　　　　　 하게 하면 좋은 결과를 얻는다.

原文

比(비)는 吉(길)하니 原筮(원서)호대 元永貞(원영정)이면 无咎(무구)리라.
　　不寧(불녕)이어야 方來(방래)니 後(후)면 夫(부)라도 凶(흉)이리라.
彖曰(단왈) 比(비)는 吉也(길야)며 比(비)는 輔也(보야)니 下(하) 順從也(순종
　　야)라. 原筮元永貞无咎(원서원영정무구)는 以剛中也(이강중야)
　　오. 不寧方來(불녕방래)는 上下(상하) 應也(응야)오. 後夫凶(후부
　　흉)은 其道(기도) 窮也(궁야)라.
象曰(상왈) 地上有水(지상유수) 比(비)니 先王(선왕)이 以(이)하야 建萬國
　　(건만국)하고 親諸侯(친제후)하나라.

71. 산천대축 山天大畜

- **현재상태** : 흙을 모아 높은 산을 이루는 형상. 의식이 풍족하고 위엄이 진동한다.

- **운세방향** : 지금까지 노력한 보람이 알차게 결실을 맺어 창고에 곡식이 가득하다. 조급히 굴지 말고 시종일관으로 착실하게 쌓고 저장하여 다가오는 대운을 준비한다. 가정보다는 사회의 활동에 보람을 가지고 바쁘게 움직여라. 자신이 겪은 경험을 되살려 실제 생활에 반영하여 점차로 튼튼한 기반이 된다. 재물운세, 학문, 종교 분야는 좋다. 여행이나 새로운 아이디어는 다음에 진행하라.

- **주의** : 공적인 일은 성공. 바른 마음이 아니면 불길하다.

- **사업** : 곤란을 겪은 뒤에 성공이 온다. 일은 정정당당하게 추진해야 한다.

- **소망** : 성취된다. 굳은 의지가 절대적으로 필요하다.

• **건강** : 수면 부족, 기미, 피부병 주의. 귀신병 주의.

• **소식** : 늦게 온다.

• **성공비결** : 큰 변혁이 좋고 집에서 밥을 먹지 않는 것이 좋다.

原文 ──────

大畜(대축)은 利貞(이정)하니 不家食(불가식)하면 吉(길)하니 利涉大川
(이섭대천)하니라.

彖曰(단왈) 大畜(대축)은 剛健(강건)코 篤實(독실)코 輝光(휘광)하야 日新其德
(일신기덕)이니 剛上而尙賢(강상이상현)하고 能止健(능지건)이
大正也(대정야)라.

不家食吉(불가식길)은 養賢也(양현야)오. 利涉大川(이섭대천)은
應乎天也(응호천야)라.

象曰(상왈) 天在山中(천재산중)이 大畜(대축)이니 君子(군자) 以(이)하야
多識前言往行(다식전언왕행)하야 以畜其德(이훅기덕)하나니라.

72. 산택손 山澤損

- **현재상태** : 남을 위해 봉사하여 보람을 찾는 시기.
  땅을 파서 물을 찾는 것도 먼저 남을 생각하는 마음으로
  하면 좋은 일이 생긴다.

- **운세방향** : 덜어주다, 덜어내다의 뜻으로 자기의 것을 덜어내어 남
  에게 주어야 하는 시기. 사람과 재물이 떠나는 일이 많다.
  정신적으로 남에게 도움을 주고 경제적으로 남의 뒷바라
  지를 해야 되는 시기이다. 투자는 정성을 갖고 끝까지 노
  력하면 성공한다. 봉사 활동을 하지 않으면 인색하다고
  평판이 날 정도이다. 나이 적은 사람의 보살핌은 극히 좋
  다. 애정의 선물, 희사 등이 필요하다. 검소한 생활을 하고
  과거에 집착하지 마라.

- **주의** : 제사나 기도를 하면 좋다.

- **사업** : 남을 돕는 사업과 정신적인 사업은 성공. 믿음이 필요하다.

- **소망** : 먼저 남에게 베풀면 나중에 반드시 그만큼 이루어진다.

- **건강** : 영양 섭취가 필요하다.

- **소식** : 여러 번 연락을 취할 필요가 있다.

- **성공비결** : 욕심에 가로막혀 평정을 잃어버리고 분수를 모르고 있으
  니, 허욕을 버리고 감정을 순화시키는 것이 필요하다.

原文

損(손)은 有孚(유부)면 元吉(원길)코 无咎(무구)하야 可貞(가정)이라 利有
攸往(이유유왕)하니 曷之用(갈지용)이리오 二簋(이궤) 可用享(가용
향)이니라.

彖曰(단왈) 損(손)은 損下益上(손하익상)하야 其道(기도) 上行(상행)이니 損
而有孚(손이유부)면 元吉无咎可貞利有攸往(원길무구가정이유유
왕)이니

曷之用二簋可用享(갈지용이궤가용향)은 二簋(이궤) 應有時(응유
시)며 損剛益柔(손강익유) 有時(유시)니 損益盈虛(손익영허)를
與時偕行(여시해행)이니라.

象曰(상왈) 山下有澤(산하유택)이 損(손)이니 君子(군자) 以(이)하야 懲忿窒
欲(징분질욕)하나니라.

123

73. 산화비 山火賁

- **현재상태** : 가을 저녁 석양의 빛이다. 꾸미는 말의 속임에 주의할 것.

- **운세방향** : 자신의 현재 모습과 위치를 과대하게 꾸미는 것은 잘못
  이다. 그리고 남의 말에 속아 손해를 보는 경우도 생긴다.
  작은 일에는 길하나 큰 계획은 실패한다. 장식하고 선전
  하는 일, 예능 계통의 일은 성공한다. 허세부리지 말고 실
  질을 추구하면서 행동할 것. 자신의 계획이나 말을 지나
  치게 노출시키면 오히려 약점이 잡힌다. 분쟁이 생기면
  허세부리지 말고 겸손하여 화해를 하는 것이 좋다.

- **주의** : 이별할 사람이 생긴다. 계약 관계를 빈틈없이 할 것.

- **사업** : 아담한 사업은 성공한다. 선전이 필요하다.

- **소망** : 늦게 이루어진다.

- **건강** : 병은 오래 간다. 신경과민 증세 주의.

- **소식** : 늦게 온다.

- **성공비결** : 모든 일을 정당하게 밝게 드러내는 것이 필요하다.

原文

賁(비)는 亨(형)하니 小利有攸往(소리유유왕)하니라.

彖曰(단왈) 賁亨(비형)은 柔(유) 來而文剛故(내이문강고)로 亨(형)하고 分剛
(분강)하야 上而文柔故(상이문유고)로 小利有攸往(소리유유왕)
하니 天文也(천문야)오.

文明以止(문명이지)하니 人文也(인문야)니 觀乎天文(관호천문)
하야 以察時變(이찰시변)하며 觀乎人文(관호인문)하야 以化成
天下(이화성천하)하나니라.

象曰(상왈) 山下有火(산하유화) 賁(비)니 君子(군자) 以(이)하야 明庶政(명서정)
호대 无敢折獄(무감절옥)하나니라.

䷚ 74.산뢰이 山雷頤

- **현재상태** : 스스로 구실, 명분을 찾는 상태. 비밀을 지키는 것이 중요
  하다.

- **운세방향** : 음식을 잘못 먹어 신체에 장애가 생기고 말을 조심하지
  않은 탓으로 구설수가 생긴다. 겉으로는 건실하나 속으로
  는 내란, 분쟁이 생겨서 고민이 많다. 마음에도 없는 말을
  하여 후회를 한다. 언행일치가 중요하다. 자기의 할 일이
  무엇인가를 잘 생각하여 성실하게 노력하면서 때를
  기다려라. 남에게 의뢰하지 말고 스스로의 갈 길을 찾는
  것이 중요하다.

- **주의** : 노력의 대가가 말 때문에 허사가 될 가망이 있다.

- **사업** : 조금씩 발전한다. 남의 것을 빼앗지 마라.

- **소망** : 다른 결과로 이루어진다.

- **건강** : 위장, 치통에 유의.

- **소식** : 오지 않는다.

- **성공비결** : 입은 화복의 근원이라는 점을 명심하여 너무 떠들지 말고, 사람을 키우고 덕을 기르는 것이 좋다.

原文

頤(이)는 貞(정)하면 吉(길)하니 觀頤(관이)하며 自求口實(자구구실)이니라.

彖曰(단왈) 頤貞吉(이정길)은 養正則吉也(양정즉길야)니 觀頤(관이)는 觀其所養也(관기소양야)오. 自求口實(자구구실)은 觀其自養也(관기자양야)라. 天地(천지) 養萬物(양만물)하며 聖人(성인)이 養賢(양현)하야 以及萬民(이급만민)하나니 頤之時大矣哉(이지시대의재)라.

象曰(상왈) 山下有雷(산하유뢰) 頤(이)니 君子(군자) 以(이)하야 慎言語(신언어)하며 節飲食(절음식)하나니라.

䷑ 75. 산풍고 山風蠱

- **현재상태** : 벌레가 나뭇잎을 파먹는 상태. 바람든 무는 먹을 수 없는 형상이다.

- **운세방향** : 주위의 상황이 복잡하고 혼란이 극도에 달해 있다. 방심 해서 생긴 결과이다. 파괴된 것을 복원하기 위하여 꿩장 히 힘겨운 노력이 필요하다. 접시 위에 세 마리의 벌레가 좀먹어 들어가는 형상으로 사업의 부진, 재산상의 손해 등으로 불안과 위험이 도사리고 있다. 바깥일 보다 가정 의 문제에 특히 신경 쓸 것. 과감한 결심으로 현실을 바꾸 고 개혁하라. 남녀 관계, 색정 문제에 유의. 표면은 그럴 듯하지만 내면은 고민이 많다.

- **주의** : 정리해야 할 일을 미루지 말고 빨리 정리할 것.

- **사업** : 파탄을 초래한다. 과감한 혁신이 필요하다.

• **소망** : 어렵다. 다른 길을 모색하라.

• **건강** : 종합진단이 필요. 외과 부위 주의.

• **소식** : 오지 않는다.

• **성공비결** : 감정적으로 행동하지 말고, 이해와 성의로써 현재의 위기
　　　　를 극복하는 것이 절실히 필요하다.

原文

蠱(고)는 元亨(원형)하니 利涉大川(이섭대천)이니 先甲三日(선갑삼일)하며
　　　後甲三日(후갑삼일)이니라.

彖曰(단왈) 蠱(고)는 剛上而柔下(강상이유하)하고 巽而止(손이지) 蠱(고)라.

　　　蠱(고) 元亨(원형)하야 而天下(이천하) 治也(치야)오, 利涉大川
　　　(이섭대천)은 往有事也(왕유사야)오,

　　　先甲三日後甲三日(선갑삼일후갑삼일)은 終則有始(종즉유시)
　　　天行也(천행야)라.

象曰(상왈) 山下有風(산하유풍)이 蠱(고)니 君子(군자) 以(이)하야 振民(진민)
　　　하며 育德(육덕)하나니라.

☶☵ 76. 산수몽 山水蒙

- **현재상태** : 산 앞의 수증기 때문에 몽롱하여 앞을 보기 어렵다.
  어린애가 사물을 판단하는 형상이다.

- **운세방향** : 일의 처음과 끝에 대해서 갈피를 잡지 못하고 있다. 처음
  에는 생각이 좁고 작으나 노력을 하여 점차적으로 운세가
  발전한다. 혼자의 판단은 일장춘몽이고 의자에 앉은 사람
  이 없다. 배우고 익히는 일과 같은 장기적인 계획은 크게
  좋은 결과를 가져온다. 선배나 친구에게 지도를 받아 순응
  하면 앞으로 운세는 좋아진다. 실력 배양이 급선무.

- **주의** : 급히 서두르지 말 것. 다시 해야 하는 일이 생긴다. 너무 자유
  로운 생활을 하여 질서가 무너지는 경향이 있다.

- **사업** : 경솔한 행동, 순간적인 판단은 실패를 가져온다.
  장기적인 계획이 필요.

• **소망** : 과대 욕심은 버릴 것. 풍파를 심하게 거친 후 평정이 된다.

• **건강** : 수족이나 냉병에 주의.

• **소식** : 늦게 온다.

• **성공비결** : 독서를 하는 중에 힌트를 얻고, 남의 지도를 받는 것이 좋은 결과를 가져온다.

原文

蒙(몽)은 亨(형)하니 匪我(비아) 求童蒙(구동몽)이라 童蒙(동몽)이 求我(구아)니 初筮(초서)는 告(곡)하고 再三(재삼)이면 瀆(독)이라 瀆則不告(독즉불곡)이니 利貞(이정)하니라.

彖曰(단왈) 蒙(몽)은 山下有險(산하유험)하고 險而止(험이지) 蒙(몽)이라.
蒙亨(몽형)은 以亨行(이형행)이니 時中也(시중야)오 匪我求童蒙(비아구동몽) 童蒙求我(동몽구아)는 志應也(지응야)오. 初筮告(초서곡)은 以剛中也(이강중야)오 再三瀆瀆則不告(재삼독독즉불곡)은 瀆蒙也(독몽야)일새니 蒙以養正(몽이양정)이 聖功也(성공야)라.

象曰(상왈) 山下出泉(산하출천)이 蒙(몽)이니 君子(군자) 以(이)하야 果行(과행)하며 育德(육덕)하나니라.

䷳ 77. 중산간 重山艮

- **현재상태** : 산 넘어 산. 고생의 시기. 세력이 분열된다.
  옛것을 지키고 분수를 따르는 형태.

- **운세방향** : 산은 넘어야 하겠고, 그렇다고 급히 넘으려니 기운이 빠
  져있다. 억지로 일을 성취시키려 하다가는 미끄러진다.
  지금은 모든 일을 일단 정지하고 시일이 지난 뒤 다시 도
  전하는 것이 현명하다. 변화를 하고 행동을 하면 나쁜 일
  이 생기니 조용히 생각하고 반성하는 자세가 필요하다.
  신규 계획은 세우지 않아야 된다.

- **주의** : 주위가 분산되어 있다. 본업에 주력할 것.

- **사업** : 이곳저곳의 힘을 한곳으로 몰아붙이는 방법이 필요하다.

- **소망** : 방해가 많다. 상대를 믿지 마라.

• **건강** : 신경통, 자궁병 주의.

• **소식** : 오지 않는다.

• **성공비결** : 현재는 업무나 현상 유지에 힘쓰고 분투노력할 것.

原文

艮其背(간기배)면 不獲其身(불획기신)하며 行其庭(행기정)하야도 不見其人
　　　(불견기인)하야 无咎(무구)리라.

彖曰(단왈) 艮(간)은 止也(지야)니 時止則止(시지즉지)하고 時行則行(시행즉행)
　　　하야 動靜不失其時(동정부실기시) 其道(기도) 光明(광명)이니
　　　艮其止(간기지)는 止其所也(지기소야)일세라. 上下(상하) 敵應
　　　(적응)하야 不相與也(불상여야)일새 是以不獲其身行其庭不見
　　　其人无咎也(시이불획기신행기정불견기인무구야)라.

象曰(상왈) 兼山(겸산)이 艮(간)이니 君子(군자) 以(이)하야 思不出其位(사불
　　　출기위)하나니라.

☶ 78.산지박 山地剝

- **현재상태** : 사방에 싸움이 벌어진 형상. 군자는 숨고, 소인이 극성을 부리는 모습.

- **운세방향** : 도난, 사기의 위험이 있고 공든 탑이 남 때문에 무너져 가는 상태. 주위 사람이 자신의 실각을 노리고 있다. 내면보다 외면의 허세를 부린 결과, 좋지 않은 상태이다. 이성 관계는 서로 속기 쉬우니 충분한 사전 조사가 필요하다. 높은 곳에서 떨어지는 일, 파편으로 인해 몸을 다치는 일에 신경 쓸 것. 주위의 상황이 중상모략이 많고, 도둑이 많은 형태. 집 수리, 정리가 필요하다.

- **주의** : 높은 곳에 가는 것 주의. 교통사고 주의.

- **사업** : 쇠운이다. 이익을 생각하기에 앞서 손실을 먼저 막아라.

- **소망** : 현재는 단념하고 고비가 지나간 후 기대.

- **건강** : 중독 증세. 타박상, 만성피로 증세 주의.

- **소식** : 소식은 있으나 사람은 늦게 온다.

- **성공비결** : 지금은 집안을 편안히 하는 것이 급선무. 튼튼한 집의
  재건, 집의 수선을 하여 안정을 도모하는 것이 현명하다.

原文

剝(박)은 不利有攸往(불리유유왕)하니라.

彖曰(단왈) 剝(박)은 剝也(박야)니 柔(유) 變剛也(변강야)니 不利有攸往(불리
유유왕)은 小人(소인)이 長也(장야)일세라.

順而止之(순이지지)는 觀象也(관상야)니 君子(군자) 尙消息盈虛
(상소식영허) 天行也(천행야)라.

象曰(상왈) 山附於地(산부어지) 剝(박)이니 上(상)이 以(이)하야 厚下(후하)
하야 安宅(안택)하나니라.

135

☰ 81. 지천태 地天泰

- **현재상태** : 산과 들에 씨앗을 뿌리는 형상. 풍년이 들어 곡식이 풍성한 상태.

- **운세방향** : 하늘과 땅이 합심하여 만물을 양육하므로 운세가 좋아지는 태평의 시기이다. 순풍에 돛 단 격으로 너무 순조롭기 때문에 자칫 방심하기 쉬워 실패하는 일에 주의할 것.
  남과 연결하고, 화합하는 일은 상당히 운세가 밝고, 현재의 운세에서 불행을 미연에 예방하라. 믿음으로써 남을 신뢰하는 마음이 필요하다.

- **주의** : 게으름, 어리석음, 편견 등을 버려야 성공한다.

- **사업** : 현재의 상태대로 지속해 가는 것이 좋다. 경제 원칙을 잘 고수할 것.

- **소망** : 이루어진다.

- **건강** : 가슴앓이 주의. 오래된 병은 고치기 힘들다.

- **소식** : 좋은 소식이 있다. 1월이나 1, 11, 21일과 인연이 있다.

- **성공비결** : 비밀로 하는 일이나 사적인 욕심은 좋지 못하다.

原文

泰(태)는 小(소) 往(왕)코 大(대) 來(래)하니 吉(길)하야 亨(형)하니라.

彖曰(단왈) 泰小往大來吉亨(태소왕대래길형)은 則是天地(즉시천지) 交而萬物(교이만물)이 通也(통야)며 上下(상하) 交而其志(교이기지) 同也(동야)라.

內陽而外陰(내양이외음)하며 內健而外順(내건이외순)하며 內君子而外小人(내군자이외소인)하니 君子道(군자도) 長(장)하고 小人道(소인도) 消也(소야)라.

象曰(상왈) 天地交(천지교) 泰(태)니 后(후) 以(이)하야 財成天地之道(재성천지지도)하며 輔相天地之宜(보상천지지의)하야 以左右民(이좌우민)하나니라.

䷒ 82. 지택림 地澤臨

- **현재상태** : 찬스의 시기가 임박했다. 그때에 맞게끔 적응을 잘하는
  상태.

- **운세방향** : 작은 것을 쌓아서 큰 것을 이루는 형태로써 좋은 운으로
  약진하고 있다. 교제가 많고 출입이 많아 약간의 심신의
  피로는 있겠으나 활동한 만큼의 성과가 있다. 지위에 오
  르고 단체의 임무를 맡으면 더욱 발전한다. 여성은 남자
  의 유혹이 많다. 현재의 운세는 씩씩하게 나무의 줄기가
  뻗는 시기이니 입신출세의 기상이다. 나이 적은 사람의
  충고를 잘 받아들여 성공한다.

- **주의** : 가을, 겨울이면 불길하다. 무력으로 하면 불리하다.

- **사업** : 적극적으로 바르게 진행하라. 탈법을 하면 위험에 직면한다.

- **소망** : 이루어지나 너무 무리하면 나쁜 결과가 생긴다.

• **건강** : 조기 치료. 계절적인 병 주의.

• **소식** : 온다. 음력 12월이면 좋은 소식이 있다.

• **성공비결** : 미혹한 사람을 가르치고 미워하는 사람을 포용하여, 높은
　　　　　목표를 향해 적극적으로 나가면 성공.

原文

臨(임)은 元亨(원형)코 利貞(이정)하니 至于八月(지우팔월)하얀 有凶(유흉)
하리라.

彖曰(단왈) 臨(임)은 剛浸而長(강침이장)하며 說而順(열이순)하고 剛中而
　　　應(강중이응)하야 大亨以正(대형이정)하니 天之道也(천지도야)
　　　라.
　　　至于八月有凶(지우팔월유흉)은 消不久也(소불구야)라.

象曰(상왈) 澤上有地(택상유지) 臨(임)이니 君子(군자) 以(이)하야 敎思(교
　　　사) 无窮(무궁)하며 容保民(용보민)이 无疆(무강)하나니라.

139

䷣ 83. 지화명이 地火明夷

- **현재상태** : 태양이 지하로 침몰하는 형상. 시기를 기다려 행동할 것.

- **운세방향** : 달빛이 없어 발밑이 보이지 않는 때이므로 행동하기가 위험하다. 날이 밝기를 기다려라. 행동을 과신하거나 선전을 하는 것 등은 운세가 불리하다. 남의 눈에 띄지 않는 일, 연구나 종교에 심취, 시험의 준비 등에는 운세가 좋다. 잘난 체하면 남에게 시기, 질투 등 모함을 당한다. 의기소침한 경향이 많으나 희망의 등불을 켜라.

- **주의** : 수비의 태세로 행동하라. 수양이 필요하다.

- **사업** : 평소의 실언에 주의. 낮 장사는 안 되고 밤 장사는 된다.

- **소망** : 운세가 미약하니 기대하지 말라. 비밀 협상은 성공한다.

- **건강** : 허벅지, 다리 주의. 신경성 질환 주의.

• **소식** : 장애가 있어 오지 못한다.

• **성공비결** : 좋은 생각이나 훌륭한 전략이라고 해도 발설하거나 행동 하지 말고, 시기가 올 때 진행해야 성공한다.

原文

明夷(명이)는 利艱貞(이간정)하니라.

彖曰(단왈) 明入地中(명입지중)이 明夷(명이)니 內文明而外柔順(내문명이 외유순)하야 以蒙大難(이몽대난)이니 文王(문왕)이 以之(이지) 하니라.

利艱貞(이간정)은 晦其明也(회기명야)라 內難而能正其志(내난 이능정기지)니 箕子(기자) 以之(이지)하니라.

象曰(상왈) 明入地中(명입지중)이 明夷(명이)니 君子(군자) 以(이)하야 蒞衆(이중)에 用晦而明(용회이명)하나니라.

☷ 84. 지뢰복 地雷復

- **현재상태** : 나그네가 고향에 돌아오는 형상이니 다시 새로운 기분으로 일을 성취시킨다.

- **운세방향** : 회복이 되는 형태이니, 추운 시절이 가고 따뜻한 봄기운이 오는 때이다. 괴롭고 우울했던 시절이 가고, 즐겁고 광명의 좋은 운을 만난다. 사람과 만나고 화합의 상태이다. 7자와 관련이 많으니 7일, 70일, 7개월 등 7의 숫자에 행운이 있다. 사이가 나빠서 헤어진 사람과도 화합한다.
  운세는 다시 하거나 두 번째로 하는 것은 좋고, 신규 계획이나 새로운 사람과의 만남은 시일이 많이 걸린다.

- **주의** : 실습, 연습이 필요. 남녀 관계 주의.

- **사업** : 행운으로 가고 있다. 노력의 반복, 확인 등이 특히 필요하다.

- **소망** : 작은 일은 7일, 중간 일은 70일, 큰일은 7개월 혹은 7년을 기다려라.

- **건강** : 근병(近病)은 회복되고 구병(久病)은 재발된다.

- **소식** : 결과가 있다.

- **성공비결** : 출입이 많고, 친구가 와도 허물이 없다. 자유토론을 많이 하라. 확실한 일도 게으름을 피우지 말고 반복 노력한다.

原文

復(복)은 亨(형)하니 出入(출입)에 无疾(무질)하야 朋來(붕래)라야 无咎(무구)리라. 反復其道(반복기도)하야 七日(칠일)에 來復(내복)하니 利有攸往(이유유왕)이니라.

彖曰(단왈) 復亨(복형)은 剛反(강반)이니 動而以順行(동이이순행)이라 是以出入无疾朋來无咎(시이출입무질붕래무구)니라 反復其道七日來復(반복기도칠일내복)은 天行也(천행야)오 利有攸往(이유유왕)은 剛長也(강장야)일새니 復(복)에 其見天地之心乎(기견천지지심호)인저

象曰(상왈) 雷在地中(뇌재지중)이 復(복)이니 先王(선왕)이 以(이)하야 至日(지일)에 閉關(폐관)하야 商旅(상여) 不行(불행)하며 后不省方(후불성방)하니라.

143

䷭ 85. 지풍승 地風升

- **현재상태** : 승진, 승격의 기상이 충만하고 작은 것을 쌓아 크게 발전하는 상태.

- **운세방향** : 현재는 여리고 약한 나무라도, 힘차게 뻗는 약진의 힘이 있다. 선배나 어른의 지도에 따르는 것이 현명. 희망이나 계획이 뜻대로 실현될 수 있는 좋은 기회가 왔다. 자신의 실력을 상대방에게 인정받기 위하여 적극적인 노력이 필요하다. 여성은 좋은 인연을 만나는 기쁨은 생기나 남자 위에서 군림하지 않도록 해야 한다.
  주거에는 안정성이 없어 약간의 곤란을 느끼게 된다.

- **주의** : 마음을 활짝 열어라. 남쪽에 이익이 있다.

- **사업** : 새로운 기분으로 사업을 시작하라. 신용이 중요.
  전진하여 이익이 많은 시기.

- **소망** : 조금 기다려라. 성취된다.

- **건강** : 조금씩 호전된다. 남쪽에서 약을 구하라.

- **소식** : 사람은 오지 않는다.

- **성공비결** : 작은 일을 쌓고 성실히 함으로써 장래의 큰일을 감당할 수 있다. 적극적인 생활 태도가 필요하다.

原文

升(승)은 元亨(원형)하니 用見大人(용견대인)호대 勿恤(물휼)코 南征(남정) 하면 吉(길)하리라.

彖曰(단왈) 柔(유) 以時升(이시승)하야 巽而順(손이순)하고 剛中而應(강중이 응)이라 是以大亨(시이대형)하니라.

用見大人勿恤(용견대인물휼)은 有慶也(유경야)오 南征吉(남정길) 은 志行也(지행야)라.

象曰(상왈) 地中生木(지중생목)이 升(승)이니 君子(군자) 以(이)하야 順德 (순덕)하야 積小以高大(적소이고대)하나니라.

䷆ 86. 지수사 地水師

- **현재상태** : 지도자의 고충을 나타내고, 전쟁, 경쟁하는 장군의 모습이다.

- **운세방향** : 군대에서는 지도자도 중요하지만 참모들의 현명하고 과감한 행동도 필요하다. 현재의 운세가 좋아지려면 자신의 힘도 필요하지만, 나이 적은 사람이나 부하들에게 특히 잘해주어야 협동, 단결이 잘 된다. 가정이나 사회적으로 불화가 생기기 쉬우니 협동으로 대할 것. 자신에게 스승이 필요하다. 그리고 심복을 키우는 것이 많은 도움이 될 것이다.

- **주의** : 공과 사를 엄정하게 구별하여야 뒤에 탈이 없다.

- **사업** : 실질적인 작전 계획의 주인공이다. 위험이 따르나 적극적으로 협동하여 나가면 성공.

• **소망** : 처음은 힘이 들고, 나중에는 성취.

• **건강** : 위장병, 눈병, 교통사고 조심.

• **소식** : 상대가 잊고 있다. 연락하라.

• **성공비결** : 집안 식구나 팀원들을 편안하게 한 후 타인과 합심하여
　　　　　　　일을 밀고 나가면 성공한다.

原文

師(사)는 貞(정)이니 丈人(장인)이라야 吉(길)코 无咎(무구)하리라.

彖曰(단왈) 師(사)는 衆也(중야)오 貞(정)은 正也(정야)니 能以衆正(능이중정)
　　　　하면 可以王矣(가이왕의)리라.
　　　　剛中而應(강중이응)하고 行險而順(행험이순)하니 以此毒天下
　　　　而民(이차독천하이민)이 從之(종지)하니 吉(길)코 又何咎矣
　　　　(우하구의)리오.

象曰(상왈) 地中有水(지중유수) 師(사)니 君子(군자) 以(이)하야 容民畜衆
　　　　(용민휵중)하나니라.

87. 지산겸 地山謙

- **현재상태** : 겸손, 겸양의 미덕이 필요. 고집을 부리면 손상이 많은 시기.

- **운세방향** : 겸손해야 하고, 쓸데없는 짓을 해서는 안 된다. 비록 자신이 비상한 재주를 가졌다 하더라도 숨기고 때를 기다려라. 물질적, 경제적으로는 불만이고 정신적인 면은 좋다. 도덕이나 예절을 숭상하는 것이 모든 일의 근본이다. 한 남자에 여자가 다섯이니 이성 관계가 잘못되었다.

- **주의** : 시비, 소송은 물러서서 화해할 것. 소인배는 불리하다.

- **사업** : 자신의 겸손이 운세를 좋게 가져온다. 급진적인 행동은 피하고, 기다리는 기분으로 행동하면 성공.

- **소망** : 고개를 숙여야 협력을 얻어 성취한다.

- **건강** : 성병, 피의 순환 관계의 병. 중환자는 별세.

• **소식** : 약간 늦으나 온다.

• **성공비결** : 지극히 남을 공경함으로써 자신의 이름이 빛나고, 손해와
　　　　　　이익에 집착하지 않고 평등하게 하면 성공한다.

原文 ____

謙(겸)은 亨(형)하니 君子(군자) 有終(유종)이니라.

彖曰(단왈) 謙亨(겸형)은 天道(천도) 下濟而光明(하제이광명)하고 地道(지도)
　　　卑而上行(비이상행)이라.

　　　天道(천도)는 虧盈而益謙(휴영이익겸)하고 地道(지도)는 變盈而
　　　流謙(변영이유겸)하고 鬼神(귀신)은 害盈而福謙(해영이복겸)하고
　　　人道(인도)는 惡盈而好謙(오영이호겸)하나니 謙(겸)은 尊而光
　　　(존이광)하고 卑而不可踰(비이불가유)니 君子之終也(군자지종야)
　　　라.

象曰(상왈) 地中有山(지중유산)이 謙(겸)이니 君子(군자) 以(이)하야 裒多益寡
　　　(부다익과)하야 稱物平施(칭물평시)하나니라.

▦ 88.중지곤 重地坤

• **현재상태** : 임금은 어질고, 신하는 충성을 다해 성실히 남을 섬기는 상태이다.

• **운세방향** : 하늘에 순응하는 땅과 같이, 남의 밑에서도 불평 없이 윗사람을 보좌함으로써 충분한 혜택을 받는다. 현재는 불평불만이 많은 시기. 쓸데없는 자만심이 생기면 괴로움이 더욱 생긴다. 업무관계는 외부적인 영업 등은 맞지 않고 내부적인 일은 좋다. 무엇보다도 중요한 것은 온순한 행동이다. 연장자의 의견에 따라주고, 가르침을 받으라.

• **주의** : 서쪽과 남쪽은 이익이 있고, 동쪽과 북쪽은 손해.

• **사업** : 급속하게 성취하려면 실패한다. 눈에 보이지 않는 발전이 생기니 끈기와 노력이 필요하다. 한동안 침체한 후에 성공한다.

• **소망** : 손윗 사람에게 부탁하여 성취. 나이 많은 여인의 도움이 있다.

• **건강** : 기운을 증강할 것. 근육통, 하복부 건강, 가슴앓이 주의.

- **소식** : 장기 소식은 음력 10월. 단기 소식은 4, 5일 뒤에 온다.

- **성공비결** : 아무리 좋은 생각이라도 먼저 나서거나 행동을 하지 말고, 상대와 분위기를 파악하여 순응하면 좋다.
  덕이나 실력을 기르면서 때를 기다려라.

原文

坤(곤)은 元(원)코 亨(형)코 利(이)코 牝馬之貞(빈마지정)이니 君子(군자)의 有攸往(유유왕)이니라. 先(선)하면 迷(미)하고 後(후)하면 得(득)하리니 主利(주리)하니라. 西南(서남)은 得朋(득붕)이오 東北(동북)은 喪朋(상붕)이니 安貞(안정)하야 吉(길)하니라.

彖曰(단왈) 至哉(지재)라 坤元(곤원)이여 萬物(만물)이 資生(자생)하나니 乃順承天(내순승천)이니 坤厚載物(곤후재물)이 德合无疆(덕합무강)하며 含弘光大(함홍광대)하야 品物(품물)이 咸亨(함형)하나니라.

牝馬(빈마)는 地類(지류)니 行地无疆(행지무강)하며 柔順利貞(유순이정)이 君子攸行(군자유행)이라. 先(선)하면 迷(미)하야 失道(실도)하고 後(후)하면 順(순)하야 得常(득상)하리니 西南得朋(서남득붕)은 乃與類行(내여유행)이오 東北喪朋(동북상붕)은 乃終有慶(내종유경)하리니 安貞之吉(안정지길)이 應地无疆(응지무강)이니라.

象曰(상왈) 地勢(지세) 坤(곤)이니 君子(군자) 以(이)하야 厚德(후덕)으로 載物(재물)하나니라.

3
384효의 운세

111

初九(초구)는 潛龍(잠룡)이니 勿用(물용)이니라.

　용이 물속에 잠겼으니 행동할 시기가 아니다. 조급하게 일을
시작할 경향이 있으니 자중하라. 지금은 계획을 세우고 미래의
꿈을 설계하는 것이 좋으나 행동에 옮길 단계가 아니다. 실력
배양에만 힘쓰는 것이 현명하다. 주위의 조언이나 권고 등은
아무런 이익을 주지 못한다.
　움직이면 손해뿐이다. 다리 건강에 특히 유의할 것.

112

九二(구이)는 見龍在田(현룡재전)이니 利見大人(이견대인)이니라.

　용이 밭에 나타나서 활동을 하고 대인을 만나니 이익이 생긴다.
　연장자나 선배 혹은 전문가의 도움으로 일이 순조롭게 해결
되어 좋은 소식이 생긴다. 혼자만의 생각대로 하여도 성공하는
상태이나 타인의 조언을 활용하면 더욱 발전한다. 사람을 만나
거나 거래 관계를 맺거나 하는 일은 특히 좋다.
　투자 사업 등도 남의 협조로써 성공한다.

113

九三(구삼)은 君子(군자) 終日乾乾(종일건건)하야 夕惕若(석척약)
하면 厲(여)하나 无咎(무구)리라.

　하루 종일 두려워하는 마음으로 조심조심 행동해야 허물이 없다.
위험이 주위에 깔려 있어 행동을 신중히 해야 한다. 운세가 불리
하니 일을 대충 처리하면 반드시 우환이 생긴다. 새로운 일은
하지 않는 것이 좋다. 아무리 잘해 보아도 본전밖에 되지 않는다.
뼈마디 건강에 특히 유의. 지나온 자기의 행동에 대한 냉철한
비판, 분석이 필요하다.

114

九四(구사)는 或躍在淵(혹약재연)하면 无咎(무구)리라.

　도약, 약진의 기상이 충만하고 이래저래 행동을 하는 시점이다.
　윗사람을 잘 모시고 일을 하면 위험이 줄어든다. 혼자서 잘
난 체하면 고통을 받는다. 연못이나 물가에서 나쁜 소식이 생긴
다. 일의 시작은 남을 세워 놓고 본인은 아주 활동적으로 행동
해야 발전이 있다.
　현재는 시행착오가 생기는 경향이 있으나, 그것이 밑거름
이 되어 더 좋은 일의 계기가 마련된다. 사적인 욕심은 자제하는
것이 현명하다.

115

九五(구오)는 飛龍在天(비룡재천)이니 利見大人(이견대인)이니라.

하늘을 나는 용이 있으니 활개를 펴고, 마음껏 활동한다.

자리가 바르고 아이디어가 발전성이 있어 성공을 기약한다. 타인이 도움을 주어 더욱 호운으로 달린다. 공무원이나 연장자를 만나는 일이 생긴다.

비행기를 타고 외국으로 갔다 오는 것은 좋은 시기이다.

창조적이고 개혁적인 정신으로 일을 성취한다. 물질보다는 정신적인 면에서 더욱 기쁨이 많이 생기니, 재물보다는 명예에 좋은 소식이 있다.

116

上九(상구)는 亢龍(항룡)이니 有悔(유회)리라.

용이 너무 높이 올라가서 후회하는 상태이다. 올라가면 반드시 하락하는 것이 자연의 법칙. 앞으로 나아가는 것만 알고 물러설 줄 모르고, 얻는 것만 생각하고 잃는 것을 모르니 대단히 위태한 실정이다.

무리하게 확대하여 어려운 시기로써, 분수 밖의 일을 한다든지 실력 밖의 일을 도모하여 고통이 따른다. 후퇴할 때가 되었다. 자신의 잘못을 뉘우치고 겸손을 항상 실행하면 난국을 어느 정도는 극복한다.

신경성 병에 유의, 특히 두통에 조심.

121

初九(초구)는 素履(소리)로 往(왕)하면 无咎(무구)리라.
象曰(상왈) 素履之往(소리지왕)은 獨行願也(독행원야)라.

　사심이 없는 소박한 마음으로, 자기의 한계에 적절한 일을 실천
해야 하는 시기. 바꾸고 교환하면 손해를 본다. 새로운 일은 구하
지 말고, 현재의 일에 지극한 정성을 들여 운세를 발전시켜야
한다. 사심 없는 직언이 필요하고, 비밀을 지키는 것 또한 중요
하다. 말을 많이 하면 손해를 본다. 운세를 좋게 하려면 남을 도와
주고 적선을 해야 한다. 종교적인 힘이 필요하다.
　시비, 소송 문제가 야기되니 문서 관계 특히 주의.

122

九二(구이)는 履道(이도) 坦坦(탄탄)하니 幽人(유인)이라야 貞(정)코
　　　吉(길)하리라.
象曰(상왈) 幽人貞吉(유인정길)은 中不自亂也(중부자란야)라.

　당분간 조용한 곳에서 몸을 쉬게 하는 것이 좋다. 이별할 사람이
생긴다. 공부하고 연구하는 일은 크게 발전하는 상태이나 재물,
사업 이익에는 재미가 없다. 여자 관계의 유혹에 특히 유의. 여러
가지 일을 벌여 놓아 마음이 스스로 어지러운 지경이니, 정리를
하여 심성을 가라앉히는 것이 필요하다.
　대인 관계는 한쪽에 치우치지 않고 유화한 태도로 남을 대하면
서 자신을 드러내지 않는 것이 현명하다. 주위에 근심이 생긴다.

123

六三(육삼)은 眇能視(묘능시)며 跛能履(파능리)라 履虎尾(이호미)
　　　하야 眇人(질인)이니 凶(흉)하고 武人(무인)이 爲于
　　　大君(위우대군)이로다.
象曰(상왈) 眇能視(묘능시)는 不足以有明也(부족이유명야)오 跛能
　　　履(파능리)는 不足以與行也(부족이여행야)오. 眇人之凶
　　　(질인지흉)은 位不當也(위부당야)오 武人爲于大君(무인
　　　위우대군)은 志剛也(지강야)라.

　범의 꼬리를 밟아 범에게 물리는 형상이니 흉하다. 무모한 일을
벌여 감당하기 힘들고 타인을 건드려 곤경에 빠진다. 하급자가
상급자 노릇을 하려니 힘이 들고 주위의 눈총이 심하다. 재물운
세는 불리하고 판단력이 흐려진다. 혼자 고집을 부려도 소외만
당하고 멸시만 받는다. 잘난 체하지 말고 냉정히 정세를 판단하
여 겸손해야 한다.

124

九四(구사)는 履虎尾(이호미)니 愬愬(색색)이면 終吉(종길)이리라.
象曰(상왈) 愬愬終吉(색색종길)은 志行也(지행야)라.

　범의 꼬리를 밟았으나 정신을 차리고 두려운 마음으로 조심하
면 마침내 좋은 결과가 있다. 한번 먹은 마음을 변동시키지 말고
초지일관하여 밀고 나가야 한다. 마음은 강하게 가지고 행동은
유순하게 하면, 주위에서 신임을 받아 곧 좋아질 징조가 보인다.
항상 자기를 낮추는 겸허한 자세가 필요하다. 나이 어린 여자에게
뜻을 두지 말라. 행동을 하려면 음력으로 초순에 하는 것이 좋다.

125

九五(구오)는 夬履(쾌리)니 貞(정)이라도 厲(여)하리라.
象曰(상왈) 夬履貞厲(쾌이정여)는 位正當也(위정당야) 일세라.

　현재의 운세는 아무리 자신의 주장이나 생각이 확고하더라도
과감히 밀고 나가면 위험하다. 오랫동안의 인간관계를 끊어지게
하는 것은 좋지 않다. 단교의 위험이 보인다. 친척이나 가정의
내분, 분쟁 문제에 특히 유의. 지금은 결정, 결단의 시기가 아니다.
시일을 두고 나중에 결정하는 것이 현명하다. 상대를 무시하고
짓밟는 행동을 하면 반드시 보복을 당한다. 사생활이 질서가 없어
마음대로 하는 경향이 있다. 남의 입장을 이해하라.

126

上九(상구)는 視履(시리)하야 考祥(고상)호대 其旋(기선)이면 元吉
　　　(원길)이리라.
象曰(상왈) 元吉在上(원길재상)이 大有慶也(대유경야)니라.

　남의 진실 혹은 거짓을 잘 분별하되 지나온 일을 보아서 냉정
히 판단하고, 감정을 억제하여 순수한 이성으로 원상 복귀하는
것이 좋다.
원래의 업종으로, 원래의 가정으로, 처음 사람에게 가는 것이 좋다.
　원위치로 돌아가는 것이 개운되는 방법이고, 멀지 않아 경사가
생긴다. 재물은 목돈이 들어오나 투기는 불길하다. 형제나 친한
사람의 도움이 좋다. 높은 곳에 올라가지 말라.

131

初九(초구)는 同人于門(동인우문)이니 无咎(무구)리라.
象曰(상왈) 出門同人(출문동인)을 又誰咎也(우수구야)리오.

　사람들과의 교제로 바쁘니 그것이 희망의 출발이 된다. 동지로 협력자를 구하고 타오르는 불꽃처럼 정열을 불태운다. 태양이 하늘에서 공명정대하게 빛을 발산하는 것처럼 비밀이 없는 공적인 일에는 성공한다. 문호를 개방하고 본인의 진실을 그대로 보여주어야 한다.
　사적인 일, 비밀로 하는 일은 재미가 없다. 주거의 변동, 문서 관계 등의 일이 생긴다. 남과의 협력에서 성공을 거두어들인다.

132

六二(육이)는 同人于宗(동인우종)이니 吝(인)토다.
象曰(상왈) 同人于宗(동인우종)이 吝道也(인도야)라.

　마음을 터놓고 일의 해결을 보아야 되는 시기. 혈연, 지연 등으로 얽매이면 좋지 못한 결과를 가져온다. 좁은 생각으로 한 곳에 고집하지 말고, 전체적인 대세의 흐름에 따라주어야 된다. 집안 식구 건강에 유의해야 한다. 재물운세는 당분간 희망을 갖지 말라. 손아랫사람의 하극상에 유의해야 되고, 본인은 소화기 계통 건강 유의. 인간관계는 편견을 갖지 말고 너그럽게 하여야 한다.

133

九三(구삼)은 伏戎于莽(복융우망)하고 升其高陵(승기고릉)하야
　　三歲不興(삼세불흥)이로다.
象日(상왈) 伏戎于莽(복융우망)은 敵剛也(적강야)오 三歲不興(삼세불
　　흥)이어니 安行也(안행야)리오.

　한 가지 일을 성취하려고 여러 가지 방법을 동원하나 소용이
없다. 불미스러운 행동까지 생각하여 타인의 동태를 살피나, 상대
가 강하고 본인은 약한 형상이니 자중하여야 한다. 술수를 쓰는
것은 위험하다. 이성 관계에서도 좋지 못한 교제이니 끊는 것이
마땅하다.
　신장이나 혈압 증세에 유의할 것. 이동, 변동은 하지 말아야 된
다. 직장이나 사업, 재물운세는 목이 떨어질 정도로 위험하다.

134

九四(구사)는 乘其墉(승기용)호대 弗克攻(불극공)이니 吉(길)하니라.
象日(상왈) 乘其墉(승기용)은 義弗克也(의불극야)오 其吉(기길)은
　　則困而反則也(즉곤이반칙야)라.

　공격하려고 담 위까지 올라갔으나 공격하지 않아야 된다. 탐욕
의 불길을 스스로 끄고 본래의 자기 면목으로 돌아오는 상태. 의리
를 지키고 인의를 숭상하여, 현재의 감정을 순화시키는 것이 필요
하다. 술수와 무력을 사용하지 않는 것이 좋다. 경쟁이나 투자는
다음 기회를 보아서 진행할 것. 마음의 괴로움이 생기더라도 원상
회복하도록 노력해야 한다. 포기는 빠를수록 좋다.

九五(구오)는 同人(동인)이 先號咷而後笑(선호도이후소)니 大師克
(대사극)이라야 相遇(상우)로다.
象日(상왈) 同人之先(동인지선)은 以中直也(이중직야)오 大師相遇
(대사상우)는 言相克也(언상극야)라.

처음에는 울부짖다가 나중에는 웃는다. 일을 성취하려고 하는
데 중간에 방해자가 가로막아 울부짖다가, 굳건한 신념으로 나아
가서 일을 성취하여 웃는 형상이다. 체통과 예의를 갖추어 행동
해야 운세가 발전한다. 상대는 속과 겉이 다른 경우가 많다. 재물
관계는 상당히 좋은 운세. 여자의 도움으로 큰일을 성취하는 좋
은 시기. 희망의 출발처럼 계속 좋은 운세로 나아간다. 연장자의
도움이 있어 더욱 좋다.

上九(상구)는 同人于郊(동인우교)니 无悔(무회)니라.
象日(상왈) 同人于郊(동인우교)는 志未得也(지미득야)라.

버스 지나간 뒤 손을 드는 형상으로 때가 지났고 휴식을 필요
로 한다. 남들이 재미를 보고 난 뒤에야 일을 하려 하니, 유행 지
난 옷을 입고 폼을 잡는 격이다. 멀리 떨어져서 생활을 하니 걱정
할 것이 없다. 마음먹은 일이 뜻을 얻지 못하나 허물은 없다.
멀리 교외로 여행하는 것이 좋다. 상상이나 공상으로 쓸데없는
시간을 낭비하지 말라. 균형 감각을 유지하지 못하고 한 가지 일
에만 몰두하면 다른 것을 잃는다.

141

初九(초구)는 无妄(무망)이니 往(왕)에 吉(길)하리라.
象曰(상왈) 无妄之往(무망지왕)은 得志也(득지야)리라.

다른 일에 손을 대면 충돌이 생겨 재미가 적다. 새로운 일은 구하지 말고, 종전의 하던 일을 꾸준히 열심히 하는 것이 현재의 운세에 적당하다. 돈 관계는 연장자에게 부탁할 것. 부모의 건강에 유의. 사람을 바꾸고 집을 바꾸는 것은 일단 보류하라.

변덕스러운 마음을 버려라. 꾸준한 인내력이 현재로서는 최상의 방책이다. 분수를 철저히 지키고 수행하는 마음으로 생활을 하면 길하게 된다.

142

六二(육이)는 不耕(불경)하야 穫(확)하며 不菑(불치)하야 畬(여)니 則
利有攸往(즉리유유왕)하니라.
象曰(상왈) 不耕穫(불경확)은 未富也(미부야)라.

이동, 변동에 좋은 징조가 보인다. 형제나 친한 사람의 도움은 특히 좋다. 자기 노력으로 보람과 수확이 많아 부유하게 되는 형상이다. 남에게 잘해줬던 적선이 쌓여서 좋은 일이 생기는 시기이다. 자연적으로 이루어지는 일은 받아들이고, 계책으로 일을 억지로 하면 실패한다. 생각지 않은 일이 저절로 성사되고 재물, 사업 운세는 상당한 발전을 가져온다. 무슨 일이든지 억지로 일을 진행하면 어려움이 많다.

六三(육삼)은 无妄之災(무망지재)니 或繫之牛(혹계지우)하나 行人之
　　得(행인지득)이 邑人之災(읍인지재)로다.
象曰(상왈) 行人得牛(행인득우) 邑人災也(읍인재야)라.

　누명을 덮어쓰고, 허물을 뒤집어쓰는 재앙이 생긴다. 중상모
략에 말려들 기미가 보인다. 여자는 밖으로 나가는 징조가 있다.
현재는 모든 것이 불리하니 어떤 일을 해도 손해 본다. 본인의
욕심이 과하여 다른 사람이 나의 명예와 재물을 빼앗아 가니 본인
의 주위 사람들에게도 피해가 생긴다. 조용히 자중하는 것이 현명
하다. 도둑이나 실물수에 주의.
　억지로 자신의 입장을 합리화시키거나 변명하지 말라.
　말은 할수록 손해이니 조용히 기도나 해라.

九四(구사)는 可貞(가정)이니 无咎(무구)리라.
象曰(상왈) 可貞无咎(가정무구)는 固有之也(고유지야)일세라.

　새로운 계획을 세우지 말라. 헛된 꿈이다. 사사로운 감정이 개
입되어 일의 질서에 혼돈을 가져오니, 본업에 충실하고 노력하는
것이 현실을 극복하는 바른 길이다. 변동을 하고 무엇을 구하면
뉘우침이 생기므로 움직이지 않는 것이 좋다.
　인간관계에서는 정신적으로 만족을 주는 사람과의 만남은 좋
다. 타인들의 잡다한 말에 신경쓰지 말 것.
　단체나 집안 사람 중에 멀리 떠날 사람이 생긴다.

145

九五(구오)는 无妄之疾(무망지질)은 勿藥(물약)이면 有喜(유희)리라.
象曰(상왈) 无妄之藥(무망지약)은 不可試也(불가시야)니라.

하늘이 주는 병은 약을 쓸 필요도 없이 세월만 가면 낫게 된다.
지금은 어떤 일에 대해 보충적으로 시험해 보고 싶은 경향이 있
다. 그러나 시험할 필요는 없다. 본인의 정신적인 병은 본인 밖
에 고칠 사람이 없다. 현재 약을 복용 중이면 복용하는 것을 잠
시 중단할 필요가 있다.
사이가 나쁜 사람과의 인간관계도 시간이 지나면 좋아지니 걱
정하지 마라. 나쁜 기운이 서서히 물러가는 시기이다.

146

上九(상구)는 无妄(무망)에 行(행)이면 有眚(유생)하야 无攸利(무유
리)하니라.
象曰(상왈) 无妄之行(무망지행)은 窮之災也(궁지재야)라.

행동할 때 행동하고 그칠 때는 그칠 줄 알아야 군자요, 현명한
사람의 처신이다. 지금은 그치고 쉬는 시기이니, 앞만 보고 전진
하게 되면 재앙을 당한다. 외부의 유혹이 많은 시기이니 끌려
다니지 말 것.
순수하지 못한 목적으로 일을 이루고자 한다면 재앙을 당하
는 시기이다. 사람을 육성하고 꽃을 피우고 하여, 만물을 조용히
길러내는 것이 현재로서는 가장 바람직하다. 변경이 잘되는 시기
이나 지금은 모든 행동을 중지하라.

151

初六(초육)은 繫于金柅(계우금니)면 貞(정)이 吉(길)코 有攸往(유유왕)
　　　　이면 見凶(견흉)하리니 羸豕(이시) 孚蹢躅(부척촉)하니라.
象曰(상왈) 繫于金柅(계우금니)는 柔道(유도) 牽也(견야)일세라.

　야윈 돼지가 발버둥 치며 뛰는 것과 같다는 말은 소인배들이 잔
머리를 굴리면서 작당을 한다는 뜻이다. 약한 힘으로 강한 일을
감당할 수가 없으니 전진하지 말고, 원래의 자리를 고수하는 것이
현명하다. 노력을 하려고 애를 쓰나 강력한 방해가 있어 성사되
지 않는다.
　여자를 맞아들이지 마라. 불순하고 오만하다. 앞뒤 분별을 못하
고 경거망동하여 피해를 보는 일이 생기니 주의할 것. 차분하
게 마음을 가라앉히는 것이 필요하다.

152

九二(구이)는 包有魚(포유어)면 无咎(무구)하리니 不利賓(불리빈)하니라.
象曰(상왈) 包有魚(포유어)는 義不及賓也(의불급빈야)라.

　집안에 물고기는 있지만 손님을 접대하기에 부족하다. 경제적
으로 약간 빈약하다는 표현이다.
　사람을 너그럽게 포용해주어야 하는 시기. 의리를 지켜야 무사
하고 다른 마음을 가진다면 피해를 본다. 나이 어린 사람의 건강
에 유의. 계약이나 혼인 등의 일은 미루는 것이 좋다. 이성 간
이나 소인배의 유혹에 말려들기 쉬우니 주의할 것. 유비무환의
정신으로 대비책을 강구해야 하는 시기임을 명심하라.

153

九三(구삼)은 臀无膚(둔무부)니 其行(기행)은 次且(차저)니 厲(여)하
면 无大咎(무대구)리라.
象曰(상왈) 其行次且(기행차저)는 行未牽也(행미견야)라.

　엉덩이에 살이 없어 앉은 자리가 편안하지 못하다. 자기의 권리
나 자기의 이익을 남에게 빼앗겨, 기분이 불쾌하고 안절부절
못하는 모양이다. 소인배나 여자를 가까이하지 않아야 좋다.
시비나 소송 문제가 생기지만 염려할 바는 없다. 경제적으로 힘
들지만 의리와 사랑으로 극복하라. 재산운세는 불리하고, 형제나
친한 사람의 문제에 신경 쓸 일이 생겨 골치가 아프다.
　초지일관 불의와 타협을 하지 않고 정의롭게 일을 처리하여
야 허물이 생기지 않는다.

154

九四(구사)는 包无魚(포무어)니 起凶(기흉)하리라.
象曰(상왈) 无魚之凶(무어지흉)은 遠民也(원민야)일세라.

　주위의 사람이 나를 멀리하고 외면한다. 모든 것은 자신이
그렇게 만들었다. 본인의 욕심과 성격을 고쳐야 한다. 앞으로 좋지
못한 일이 일어날 징조이니 주의할 것. 무엇을 해도 소득이 없고
성과가 없다. 경제는 최악의 고통을 당하는 시기이다. 가정이나
단체에 살림꾼이 없는 형태이니 휘청거리기 시작한다. 타인과 투
쟁하면 반드시 일이 크게 확산되어 손해를 보게 된다. 나의 소중
한 물건을 남에게 빼앗겨 버린 뒤 울부짖는 형상이다.

155

九五(구오)는 以杞包瓜(이기포과)니 含章(함장)이면 有隕自天(유운자천)이리라.
象曰(상왈) 九五含章(구오함장)은 中正也(중정야)오.
　　　　有隕自天(유운자천)은 志不舍命也(지불사명야)일세라.

　나무에 오이의 덩굴이 같이 공존하는 모습이다. 덩굴은 나무를 의지하여야 하니 상대를 잘 감싸주어야 하는 시기이다. 나쁜 사람이나 적대관계의 사람을 잘 다루어 바른길로 이끌면, 하늘로부터 스스로 복을 받을 것이다. 높은 사람이 몸을 낮추어 아랫사람에게 자문을 구하고 도와주면 상당히 좋은 일이 생긴다. 대인 관계에서는 할 말을 하지 못하고 속으로 전전긍긍하는 모습이다.
　재물운세는 모사꾼이 많아 사기 당하는 경우가 많다.

156

上九(상구)는 姤其角(구기각)이라 吝(인)하니 无咎(무구)니라.
象曰(상왈) 姤其角(구기각)은 上窮(상궁)하야 吝也(인야)라.

　원수를 외나무다리에서 만나는 꼴이다. 뿔에서 만난다는 것은 서로가 자존심 때문에 싸움이 자주 일어난다는 표현이다.
　높은 사람에게 잘 보이려고 하고 자기보다 낮은 사람에게 아무렇게나 행동하는 경향이 있다. 이렇게 하면 본인에게는 궁핍하고 주위의 평판이 좋지 않게 된다. 나이 많은 사람은 건강에 유의.
　계산적으로 남을 대하지 말고, 기분파로서의 일면을 남에게 베푸는 것이 본인을 위해서 좋다. 두통이나 신경통에 주의.

161

初六(초육)은 不永所事(불영소사)면 小有言(소유언)하나 終吉(종길)
이리라.

象曰(상왈) 不永所事(불영소사)는 訟不可長也(송불가장야)니 雖小有
言(수소유언)이나 其辯(기변)이 明也(명야)라.

　시비나 소송의 문제가 야기되는 시기이다. 내분, 갈등이 많다.
남과의 다툼은 오래 끌지 말라. 말은 많겠으나 마침내는 좋아질
것이다. 지금은 무슨 일이든지 오래 끌면 손해다. 남의 부탁을 들
어주면 후일에 반드시 말썽이 생긴다. 장기적인 계획, 투자 등은
좋지 않고, 현재의 시점에서 중단, 중지하는 것이 현명하다. 교통
사고에 유의할 것. 다리 건강에 조심. 물 때문에 고통을 받는 일
이 생긴다.

162

九二(구이)는 不克訟(불극송)이니 歸而逋(귀이포)하야 其邑人(기읍인)
이 三百戶(삼백호)면 无眚(무생)하리라.

象曰(상왈) 不克訟(불극송)하야 歸逋竄也(귀포찬야)니 自下訟上(자
하송상)이 患至(환지) 掇也(철야)리라.

　투자를 해도 성과가 없고 소송을 해도 이기지 못한다. 사업운세
는 불길하니 잠시 조용한 곳에서 휴식함이 좋다. 신경질 나고 짜
증스러운 일이 연일 계속된다. 인생, 철학에 관한 책을 읽거나 자
기의 몸을 낮추고 근신하는 것이 최선의 길이다. 임금이 신하를
먼 곳으로 귀양 보내는 형상이다. 지금은 본인이 다른 곳으로 떠
나 있는 것이 현명하다. 변명을 하고 자기를 합리화시켜본들 아
무 소용이 없다. 손을 떼라.

163

六三(육삼)은 食舊德(식구덕)하야 貞(정)하면 厲(여)하나 終吉(종길)
　　　이리니 或從往事(혹종왕사)하야 无成(무성)이로다.
象曰(상왈) 食舊德(식구덕)하니 從上(종상)이라도 吉也(길야)리라.

　윗사람을 따라야 복록이 생긴다. 혼자의 생각대로 일을 처리하
면 판단이 혼돈에 빠진다. 분수를 지켜 옛것으로 먹고살며 새로
운 일은 탐욕을 내지 마라. 분수 밖의 일을 탐내면 실패한다.
　타인으로 인하여 기쁜 일이 생기는 시기. 아무리 정당한 본인
의 의견도 지금은 내세우지 않는 것이 현명하다. 친지를 찾거나
조상을 찾는 일은 많은 희망과 이익을 가져다준다. 친한 사람
과의 금전 거래는 피해야 한다.

164

九四(구사)는 不克訟(불극송)이라 復卽命(복즉명)하야 渝(유)하야
　　　安貞(안정)하면 吉(길)하리라.
象曰(상왈) 復卽命渝安貞(복즉명유안정)은 不失也(불실야)라.

　마음을 성인군자처럼 하는 것이 절대적으로 필요하다. 감정에
치우쳐 기분대로 행동하는 경향이 많다. 남과의 시비는 본인에게
큰 충격을 가져다주고 손해만 입는다. 갔던 길을 다시 되돌아
오는 것이 좋다.
　다시 새로운 일을 맡게 되면 지나간 실수를 하지 않기 위해서 참
회를 하여야 한다. 재물운세는 지금은 긴축 재정으로 알뜰하게
꾸려야 손해가 없다. 새로운 일에 손대는 것이 불미스럽다.

165

九五(구오)는 訟(송)에 元吉(원길)이라.

象日(상왈) 訟元吉(송원길)은 以中正也(이중정야)라.

　선한 사람은 선하게 다스리고 악한 사람은 법률로써 다스려야
한다. 선악의 시비를 명백히 하여 나쁜 사람은 과감히 벌을 주어
야 한다.

　자기의 권리를 포기하는 것은 마음이 좋은 사람이 아니고 능력
이 없는 사람이다. 재물운세는 발전성이 있어 좋다.

　시비를 가리는 일은 과감히 추진하라. 지금은 사적으로 움직이
지 말고 공개적으로 행동하여야 좋다. 운세가 밝고 반드시 좋은 결
과가 생긴다. 호흡기 건강에 유의.

166

上九(상구)는 或錫之鞶帶(혹석지반대)라도 終朝三褫之(종조삼체지)
　　　리라.

象日(상왈) 以訟受服(이송수복)이 亦不足敬也(역부족경야)라.

　왕이 내려준 가죽 허리띠를 조정에서 조회가 끝나기 전에 세 번
씩이나 빼앗긴다고 했으니, 시비나 소송을 해서 얻은 것은 오래
가지 못한다는 말이다. 눈치를 보고 작전을 짜고 하는 일이 빈번
하다. 조심조심하여야 한다. 남과의 화합정신이 필요하고 억지로
일을 진행시키지 마라.

　순수하게 자연의 법칙에 따르는 것이 현명하고, 강제적으로 일
을 하면 비천하게 된다. 재물운세는 정당한 공적인 사업이 좋다.

171

初六(초육)은 遯尾(돈미)라 厲(여)하니 勿用有攸往(물용유유왕)이니라.
象曰(상왈) 遯尾之厲(돈미지여)는 不往(불왕)이면 何災也(하재야)
리오.

　실력과 능력이 있어도 일을 도모하지 않는 것이 좋다. 사람이
든 물건이든 손을 떼고 피해야 한다. 계약이나 약속은 하지 말고
조용히 은인자중하는 것이 현명하다. 후퇴를 할 때는 먼저하는
것이 유리하다. 그렇지 않으면 남에게 떠밀려 물러나니 수치스러
운 일이다. 세상 사람들을 잠시 피하는 형상. 재물이나 사업 등은
잠시 손을 떼는 것이 좋다. 이동, 변경을 하지 말고 연장자의 건강
에 유의.

172

六二(육이)는 執之用黃牛之革(집지용황우지혁)이라 莫之勝說(막지승
설)이니라.
象曰(상왈) 執用黃牛(집용황우)는 固志也(고지야)라.

　은퇴하는 마음을 황소 가죽처럼 굳건하게 정하였으나 주위에
서 갖가지 핑계와 미끼를 던져 유혹하고 있다. 전진도 불가하
고 후퇴도 곤란한 시기이니 후퇴를 하는 것이 현명하다. 주위
의 상황에 민감하게 반응을 보일 필요가 없다.
　환경이 불리하더라도 본인의 굳건한 의지력이 지금으로서는 절
대적으로 필요하다. 남녀의 문제, 투자의 문제 등에 유혹이 많은
시기. 건강에 유의하고 특히 심장에 신경 쓸 것.

九三(구삼)은 係遯(계돈)이라 有疾(유질)하야 厲(여)하니 畜臣妾(휵
신첩)에는 吉(길)하니라.
象日(상왈) 係遯之厲(계돈지여)는 有疾(유질)하야 憊也(비야)오 畜臣
妾吉(휵신첩길)은 不可大事也(불가대사야)니라.

　본인의 마음대로 행동할 수가 없는 상황이다. 외부적인 큰 활동
은 곤란한 시기이니 추종자와 여자를 바르게 이끄는 것이 좋다.
조용히 생활을 하려고 하나, 마음은 여러 가지 일들에 붙들려 있
어 마음의 병이 상당히 많다. 소인의 세력이 강대하여 군자의 도
는 물러가는 상태이다. 조용히 때를 기다리면서 물러나는 것이 상
책이다. 신체상 컨디션이 좋지 않으니 기분 전환하는 것도 좋다.

九四(구사)는 好遯(호돈)이니 君子(군자)는 吉(길)코 小人(소인)은 否
(비)하니라.
象日(상왈) 君子(군자)는 好遯(호돈)하고 小人(소인)은 否也(비야)니라.

　지혜가 있는 자는 은둔해야 할 시기에는 미련을 버리고 피하여
다음의 기회를 기다리고, 어리석은 자는 눈앞의 이익에만 치우쳐
은둔하지 못하니 비색하고 애통한 일이 생긴다. 지금의 시점은
가벼운 마음으로 모든 것을 멀리하고 조용히 쉬어야만 운세가
밝아진다. 본인의 영향력이 좋아지고 있으나 지금은 나서지
마라. 얼마 후에 좋은 기회가 온다. 재물투자 등은 피해야 한다.

九五(구오)는 嘉遯(가돈)이니 貞(정)하야 吉(길)하니라.
象曰(상왈) 嘉遯貞吉(가돈정길)은 以正志也(이정지야)라.

　아랫사람의 연정을 단호히 끊어버리고 바르게 나아가니 길한
징조가 보인다. 물러날 시기에 주위의 칭찬과 축복을 받으며
은퇴하는 모습이다. 끊고 맺음을 시원스럽게 하여야만 미래가
걸림 없이 풀리게 된다. 은둔을 하여온 사람이라면 지금부터 은
둔이 끝나는 시기.
　재물운세는 불길하다. 현재는 돈벌이에 신경 쓸 시기가 아니고,
인간관계에서는 좋지 못한 사람과의 교제를 단호히 끊어서 정리
하는 것이 필요하다.

上九(상구)는 肥遯(비돈)이니 无不利(무불리)하니라.
象曰(상왈) 肥遯无不利(비돈무불리)는 无所疑也(무소의야)라.

　여유 있는 마음을 가지고 멀리 여행을 가든지 멀리 떠나 몸을
쉬는 것이 좋은 형상이다. 즐거운 심정으로 휴식을 보내야 한다.
　내일을 위한 오늘의 충분한 휴식이 필요한 시기이다. 은퇴 후
에 새로운 삶을 살아가는 사람의 모습이다.
　쉬어야 할 시기에 잘 쉬는 사람은 활동할 시기가 오면 적극
적으로 모든 일을 행한다. 재수운세, 투자운세는 얼마 후 다시 시
작하여 재미를 본다. 취미 생활에 열중하라.

181

初六(초유)은 拔茅茹(발모여)라 以其彙(이기휘)로 貞(정)이니 吉(길)
하야 亨(형)하니라.
象曰(상왈) 拔茅貞吉(발모정길)은 志在君也(지재군야)라.

주위의 동료들과 함께 올바른 길을 같이 걸어가야만 좋은 일
이 생긴다. 현재는 약간 좋지 못한 길로 가려는 경향이 있으니
좀 더 신중히 생각하여 잘못된 점은 고치고 남에게 지도를 받아 바
르게 해야만 형통할 운세이다. 겉으로는 충성하는 것처럼 가장하
고 마음은 다른 곳에 있다면 나쁜 결과가 생긴다. 저력을 과시
하기 위하여 지금부터 세밀한 기초 작업을 하여야 한다. 재수운세
는 충돌이 생겨 나쁘다.

182

六二(육이)는 包承(포승)이니 小人(소인)은 吉(길)코 大人(대인)은
否(비)니 亨(형)이라.
象曰(상왈) 大人否亨(대인비형)은 不亂群也(불란군야)라.

소인은 윗사람에게 포섭을 당하여 명령을 받들어 따라 주는 형
상이니 본인의 주관을 버리고 그냥 따르기만 하면 본전은 찾는
다. 그러나 자부심이 강한 사람이나 대인은 자기의 주관을 뚜
렷이 세워 현재의 어려움을 조용히 참고 견디면 형통해진다.
직장이나 단체에서 본인의 위치가 고립되는 경향이 있다. 견디
기 힘든 지경이라도 소인의 무리나 나쁜 생각에 말려들지 않아
야 운세가 열린다.

183

六三(육삼)은 包(포) 羞(수)로다.
象曰(상왈) 包羞(포수)는 位不當也(위부당야)일세라.

　의리상으로 할 수 없는 일을 억지로 하려다 이루지 못하고
부끄러움을 안고 있다. 끝까지 실행을 못하고 미수에 끝난 형상
이다. 양심의 가책으로 수치스러운 일이 생긴다. 위치가 마땅하
지 않다. 나쁜 생각은 빨리 버리는 것이 현명하다.
　재물은 손해를 보는 운세. 뼈마디, 신경성 건강에 유의.
　주위 사람들을 피하는 것이 나중에 좋다. 특히 양띠와 소띠는
주의. 새로운 일을 시작하면 반드시 중도에서 좌절된다.

184

九四(구사)는 有命(유명)이면 无咎(무구)하야 疇(주) 離祉(이지)리라.
象曰(상왈) 有命无咎(유명무구)는 志行也(지행야)라.

　천명이 있으면 동류와 더불어 복을 받을 것이다. 운세가 호전
되는 희망의 시초이다. 천명이란 국가의 명령이나 정책 또는 꿈
속의 선몽 혹은 단체장의 명령 등이다. 복잡했던 사건의 악운이
물러가고 태양의 빛이 서서히 비쳐오는 시기이다. 직장이나 조직
에서도 진급의 기운이 있다. 모든 일이 뜻대로 행하여지는 호
운으로 달리고 있다.
　힘이 들지만 깨끗한 마음과 절제의 행동과 운명을 받아들이
는 관용이 필요하다. 자기의 공과 재능을 남에게 돌리고 뽐내지
말아야 한다.

九五(구오)는 休否(휴비)라 大人(대인)의 吉(길)이니 其亡其亡(기망기
　　　망)이라야 繫于苞桑(계우포상)이리라.
象曰(상왈) 大人之吉(대인지길)은 位(위) 正當也(정당야)일세라.

　적색분자를 색출해내야 되는 시기. 흑과 백을 명백히 구분해야
된다. 막혔던 운세가 시원하게 발전되는 순간이다. 분위기를 흩트
리는 자를 뿌리째 뽑아 꼼짝 못하게 묶어 두어야 한다. 지금은
재물에 신경 쓸 시기가 아니고 정국을 태평하게 만들고 가정을
평화롭게 만드는 일이 급선무이다. 그렇게 하는 행동이 정당하니
과감하게 처신하여야 한다.
　남의 말에 좌우되지 말고 뚝심으로 밀고 나가면 뚫리게 된다.

上九(상구)는 傾否(경비)니 先否(선비)코 後喜(후희)로다.
象曰(상왈) 否終則傾(비종즉경)하나니 何可長也(하가장야)리오.

　먹구름이 걷히고 오랜만에 태양을 보는 빛나는 운세이다. 답답
했던 일이 풀리고 감옥에서 풀려나오는 기분이다. 활기찬 희망을
가지고 미래를 설계하라. 고통이 다하여 복이 오는 징조의 시기.
멀리 있는 사람에게 소식이 있고, 사이가 나빠졌던 사람과 화해
를 하여 축제 분위기가 된다. 마지막 고비까지 겪으며 눈물 나는
고생을 하였다. 누가 실패는 성공의 어머니라고 하지 않았던가.

211

初九(초구)는 壯于前趾(장우전지)니 往(왕)하야 不勝(불승)이면
爲咎(위구)리라.
象曰(상왈) 不勝而往(불승이왕)이 咎也(구야)라.

힘이 약한 군사가 용기는 있어서 앞으로 과감하게 전진하나
실력이 부족하여 이기지 못하고 허물만 남게 된다. 본인의 처해
진 조건을 객관적으로 판단해야 된다. 지혜는 없고 힘만을 내세
우면 실패한다. 조급한 심정으로 일을 처리하여 후회하는 상태이다.
이동, 변동은 하지 마라. 나무가 부러지는 형상이다.
실력을 배양하는 것이 장래를 위하여 현명하다.
재물투자는 중단하라. 남녀 관계 유의.

212

九二(구이)는 惕號(척호)니 莫夜(모야)에 有戎(유융)이라도 勿恤
(물휼)이로다.
象曰(상왈) 有戎勿恤(유융물휼)은 得中道也(득중도야)일세라.

늦은 밤에 놀라는 일이 생긴다. 그러나 놀라거나 걱정할 필요는
없다. 본인의 행동이 남에게 미치는 영향이 매우 크다. 자신의 처
신을 바로 하여서 타인에게 모범을 보여 타인이 스스로 감화되어
뉘우치고 반성하여 따르도록 해야 한다. 주위에서 유혹이나 구설
수가 많겠으나 이럴 때일수록 위엄과 대쪽 같은 의지력이 더욱 절
실히 요구된다.
사사로운 정에 이끌리면 후회할 일이 생기고 후환이 두렵다.

213

九三(구삼)은 壯于頄(장우구)하야 有凶(유흉)코 君子(군자)는 夬夬
(쾌쾌)라 獨行遇雨(독행우우)니 若濡有慍(약유유온)이
면 无咎(무구)리라.

象曰(상왈) 君子(군자)는 夬夬(쾌쾌)라 終无咎也(종무구야)니라.

　광대뼈가 불거졌다는 말은 지나치게 행동을 밖으로 드러나도록
강하게 하였다는 뜻이다. 흉한 일이 생길 것이다. 동료들을 제치
고 혼자 일을 하려다 결정을 내리지 못하여 고민하는 상태. 남녀
관계의 결단은 과감히 하여 허물이 생기지 않도록 해야 된다. 무
슨 일이든지 과감한 결단이 필요하다. 미련을 갖고 머뭇거리면 좋
지 못한 결과가 야기된다. 박치기, 타박상, 교통사고에 유의하라.

214

九四(구사)는 臀无膚(둔무부)며 其行次且(기행자저)니 牽羊(견양)하
면 悔(회) 亡(망)하려마는 聞言(문언)하야도 不信(불신)
하리로다.

象曰(상왈) 其行次且(기행자저)는 位不當也(위부당야)오 聞言不信
(문언불신)은 聰不明也(총불명야)라.

　상대를 의심하고 나의 행동이 과감하지 못하여 미적거리고 눈
치를 보다가 시기를 놓쳤다. 명분을 갖추어도 믿지 않는다. 어려
운 사람이 더 어려운 사람을 보살핀다고 하여도 남들은 알아주지
않는다. 핑계를 대지 말고 상대방에게 무조건 항복하는 것이 현
명하다. 본인의 자존심을 버려야 일이 풀리는 시기이다. 지금은
인간관계에 걱정이 생기는 시기지만 재물운세는 호전하여 상승
하는운세이다.

九五(구오)는 莧陸夬夬(현육쾌쾌)면 中行(중행)에 无咎(무구)리라.
象曰(상왈) 中行无咎(중행무구)나 中未光也(중미광야)라.

  본인보다 강한 사람을 결단하려니 여러 가지 고통이 많은 상태이다. 중도에 맞게끔 과단성 있게 처리하면 허물이 없다. 우여곡절이 생기겠으나 결과가 좋게 풀리는 형상이니 걱정할 것 없다. 백성들이 정권을 향하여 바르게 하라고 외치며 촛불집회하는 모습이다. 본인의 이동 문제가 발생한다. 장기적인 이동은 좋지 않다. 잠깐의 변동은 가능하다. 언쟁이나 결별 등의 일이 생긴다. 투자는 장기적인 계획은 불리하다.

上六(상육)은 无號(무호)니 終有凶(종유흉)하니라.
象曰(상왈) 无號之凶(무호지흉)은 終不可長也(종불가장야)니라.

  경찰이 범인을 잡았으나 경계를 느슨하게 하여 범인이 다시 도망을 가는 형상이다.
  하극상의 분위기가 심각하고 본인은 고립될 우려가 있다.
  현실의 처지에서 억지로 자기주장이나 위치를 고수하지 않는 것이 현명하다. 호소하여 구원을 청할 곳도 없다. 시운이 본인에게 불리하니, 물러갈 시기에는 물러가는 것이 바람직한 인간의 생활상이다. 재물운세, 투자운세는 불리하다. 믿었던 도끼에 발등이 찍혔으니 어찌할 것인가.

221

初九(초구)는 和兌(화태)니 吉(길)하니라.
象日(상왈) 和兌之吉(화태지길)은 行未疑也(행미의야)일세라.

　사람이 모여 화합하고, 즐거움이 많은 기상이니 길하다. 내부적인 단결이나 연결에는 더욱 좋다. 선배나 친구에게 진실을 토로하여 뜻밖에 좋은 아이디어를 얻는다. 남녀 관계는 음탕한 곳으로 흐르지 않도록 유의할 것. 재물운세는 목돈을 만지는 형상이며, 사업은 선박이나 물과 관련된 일에는 성공한다.
　강사, 종교인, 예술가, 연구, 개발하는 업종은 상당히 발전성이 있으니 추진할 것. 교통사고에 주의.

222

九二(구이)는 孚兌(부태)니 吉(길)코 悔(회) 亡(망)하니라.
象日(상왈) 孚兌之吉(부태지길)은 信之也(신지야)일세라.

　붕우유신이라. 지금은 믿는 마음이 절대적으로 필요하다. 한번 먹은 마음이 초지일관하도록 정성을 다하여 굳건히 밀고 나가면 성공한다. 군자는 믿음이 있어 운세가 발전하고 소인은 신용이 훼손되는 경우도 있다. 종교적인 행사나 조상의 숭배로 인하여 운세를 더욱 촉진시키는 상태이다. 후회하고 짜증스러웠던 일이 점차로 사라진다.
　여자가 집으로 들어오는 운세. 재물에 너무 집착하지 말 것.
　인생철학 공부가 필요하다.

223

六三(육삼)은 來兌(내태)니 凶(흉)하니라.
象曰(상왈) 來兌之凶(내태지흉)은 位不當也(위부당야)일세라.

　한 여자에 남자가 두 사람인 형태로서 삼각관계가 생기니 흉하다.
　사업 관계나 대인 관계에서 거절할 수 없는 부탁이 생긴다.
　끌려 다니다 보면 나쁜 결과만 속출한다. 근래에 갑자기 웃음
으로 접근하는 사람에 특히 주의하라. 음흉한 속셈을 가지고 있다.
　폭력, 훼절의 징조가 많다. 문서 관계에 변동이 생길 조짐이 있으
나 운세가 불리해지니 신중히 검토하여 결정하라.
　타인의 감언이설에 유혹되지 마라.

224

九四(구사)는 商兌未寧(상태미녕)이니 介疾(개질)이면 有喜(유희)리라.
象曰(상왈) 九四之喜(구사지희)는 有慶也(유경야)라.

　돈을 주어서 오는 즐거움은 홍등가의 즐거움이나 청탁을 하여
오는 즐거움으로 인하여 병이 나는 형상이다. 윗사람을 위해 몸
을 바쳐 충성을 다하면 그 결과 즐거움이 생긴다. 이런 즐거움은
보람찬 즐거움이다. 다른 곳에서의 유혹이 생기는 시기이니 논개
의 지조가 필요하다. 아랫사람이나 여자 관계는 손실이 많으니 친
하게 지내지 말 것. 몸에 병이 생겼으나 이제부터는 좋아진다. 얼
마 후에 경사가 있을 징조.

225

九五(구오)는 孚于剝(부우박)이면 有厲(유려)리라.
象曰(상왈) 孚于剝(부우박)은 位正當也(위정당야)일세라.

   간신배나 여자에 주의할 것. 아첨하는 사람의 말을 듣지 마라. 본의 아니게 말려들어 헤어나지 못하고 명예나 재물이 박살난다. 남에게 본전을 달라고도 못하는 지경이다. 본업에 열중하고 인간 본연의 자세로 행동하면 탈이 없으나 지금은 유혹이 많은 시기이다. 기분대로 행동하여 손해를 본다. 투자, 재물운세는 기존에 있는 것만 잘 관리하라.
   욕심을 부리면 손해를 본다. 현재의 운세에서는 눈을 감고 조용히 명상하라.

226

上六(상육)은 引兌(인태)라.
象曰(상왈) 上六引兌(상육인태) 未光也(미광야)라.

   주위의 사람을 모으고 정당하게 인도하여 단체를 만든다. 사람을 선택하여 본인의 하는 일에 협조자를 구해야 한다. 지도자가 열심히 하면 부하직원이 자기의 수고로움이나 고통을 잊고 즐겁게 따라주는 형상이다. 투기나 사리사욕으로써 끌어당기면 빛나지 못하고 박살이 난다. 타인을 즐겁게 해주는 것이 자신의 즐거움인 것이다. 타인과 자신이 함께 기쁨을 맞이하는 정신이 필요하다.

231

初九(초구)는 鞏用黃牛之革(공용황우지혁)이니라.
象曰(상왈) 鞏用黃牛(공용황우)는 不可以有爲也(불가이유위야)
　　　　일세라.

　변혁의 시초 단계이다. 내부를 아주 튼튼히, 공고히 하고 외부
적으로는 비밀을 절대적으로 지키는 것이 필요하다. 지금은 행동
할 시기가 아니다. 여론을 잘 파악하는 것이 중요하다. 집을 건축
하려면 기초공사가 튼튼해야 하는 것처럼 혁명을 일으키려면 확고
한 신념과 자기 기반을 확보해야 한다. 변경, 변동 등은 현재로서
는 잠깐 보류하라.
　목적하는 모든 일이 순조롭게 될 때까지 시기를 기다려라.

232

六二(육이)는 已日(이일)이어야 乃革之(내혁지)니 征(정)이면 吉(길)
　　　　하야 无咎(무구)하리라.
象曰(상왈) 已日革之(이일혁지)는 行有嘉也(행유가야)라.

　드디어 변혁을 할 때가 되었다. 행동으로 과감히 목표를 성취
시키는 시기이다. 옛것을 버리고 새로운 것을 취한다.
개혁, 개조, 이동의 운세에 모두 길하다. 변경해야 될 시기에 변동
이 없으면 오히려 운세가 막히고 손해 본다. 기분도 전환하고 소지
품도 새로운 종류를 구입하는 일이 생긴다. 선물을 주고받는 일
이 생긴다. 인간관계에서는 사람을 바꾸는 일도 생긴다.
다시 출발하는 심정으로 즐겁게 하라.

233

九三(구삼)은 征(정)이면 凶(흉)하니 貞厲(정려)홀지니 革言(혁언)이
　　　三就(삼취)면 有孚(유부)리라.
象曰(상왈) 革言三就(혁언삼취)어니 又何之矣(우하지의)리오.

　민심이 천심이다. 하늘은 말을 할 수가 없으니 민중들의 전체
적인 마음에 공통적으로 하늘의 마음을 심어 주어 그것이 민중의
여론으로 나온다. 지금은 조급하게 일을 계획하여 추진하면 반드시
실패한다. 주위의 분위기가 성숙되어 혁명, 개혁의 소리가 여러
번 나온 후에 과감하게 행동에 옮겨야 일이 순조롭게 진행된다.
　재물, 사업운세 역시 혼자 마음대로 하면 실패하고, 주위의 권
고에 따르면 이익이 생긴다.

234

九四(구사)는 悔亡(회망)하니 有孚(유부)면 改命(개명)하야 吉(길)
　　　하리라.
象曰(상왈) 改命之吉(개명지길)은 信志也(신지야)일세라.

　획기적인 아이디어나 사업의 과감한 혁신으로 인하여 운세가
발전한다. 내부적으로는 강력한 리더십이 필요하고 외부적으로
는 위치나 지위가 필요하다. 상호명이나 명칭 등 이름을 바꿔주
어야 한다. 새로운 이미지 부각에 노력하는 시기. 직업의 전환이
나 정책 변경 등은 상당한 호응을 얻어 크게 발전하는 형상이다.
규칙적이고 균형 감각 있는 생활을 추구하라. 멀리 물가 쪽으로
여행을 갔다 오는 것도 좋다. 상하 관계는 원만해진다.

235

九五(구오)는 大人(대인)이 虎變(호변)이니 未占(미점)에 有孚(유부)니라.
象曰(상왈) 大人虎變(대인호변)은 其文(기문)이 炳也(병야)라.

　변혁을 하는 것이 호랑이 털가죽을 털갈이 하듯이 찬란하고 아름다워진다는 표현이다. 현재의 운세는 외부적인 변혁도 중요하지만 내면 세계의 변혁이 무엇보다 중요하다. 본인의 인격, 실력, 사고방식 등에 대하여 과감한 혁신을 해야 한다. 적극적인 사고방식으로 모든 일에 자신감을 갖고, 말과 행동에 위엄이 있어야 하겠다. 꾸미고 장식하여 멋을 부릴 줄 아는 멋쟁이가 되어야 한다. 사업운세는 연장자의 협조가 있어야 희망적이고 밝다.

236

上六(상육)은 君子(군자)는 豹變(표변)이오 小人(소인)은 革面(혁면)이
　　　　니 征(정)이면 凶(흉)코 居貞(거정)이면 吉(길)하리라.
象曰(상왈) 君子豹變(군자표변)은 其文(기문)이 蔚也(위야)오 小人革
　　　　面(소인혁면)은 順以從君也(순이종군야)라.

　물에 빠진 사람 건져 주었는데 보따리 내놓으라고 하는 것은 사람의 마음이 간사스럽고 금방 잘 바뀐다는 말이다. 명분이나 핑계는 그럴듯하게 보여도 실제는 가식적이고 음흉한 사건이 많이 생긴다. 군자가 높은 자리에 있으면 주위가 안정되나 소인이 높은 자리에 앉으면 흉한 일만 생긴다. 재물, 시험운세는 느긋하게 시일을 두어야 성공한다.

241

初九(초구)는 官有渝(관유유)니 貞(정)이면 吉(길)하니 出門交(출문교)
　　면 有功(유공)하리라.
象曰(상왈) 官有渝(관유유)에 從正(종정)이면 吉也(길야)니 出門交有功
　　(출문교유공)은 不失也(불실야)라.

　직장, 직업에 변동이 있으니 조그마한 일에 집착하지 말라.
즉 사사로운 감정에 얽매이지 말고, 공적으로 일을 처리하여야 한
다. 변동은 따라주는 시기가 되었으나, 즉흥적으로 일을 처리하
면 나쁜 결과를 가져온다. 약간의 인내가 필요하다. 문밖을 나가
사람과 사귀면 기쁜 일이 생긴다. 재물투자 운세는 다른 것으로
변경하여 이익을 본다. 연장자의 건강에 유의하고 연장자를 지극
히 존경하라.

242

六二(육이)는 係小子(계소자)면 失丈夫(실장부)하리라.
象曰(상왈) 係小子(계소자)면 弗兼與也(불겸여야)리라.

　여자가 젊은 남자에게 얽매여 불미스러운 형상이다. 본래의 위
치로 돌아가는 것이 현명하다. 양다리를 걸쳐놓은 꼴이다. 사업
이나 인간관계도 이 일 저 일 같이하는 것을 피하라. 토끼 두 마
리를 잡으려다 모두 놓치는 격이다. 사소한 일에 얽매여 본래의
업무에 지장을 초래한다. 재물운세는 도둑이 많은 상태이니 불리
하다. 대범하게 야망을 가지고 큰 일 한 가지만 진행하라.

243

六三(육삼)은 係丈夫(계장부)하고 失小子(실소자)하니 隨(수)에 有求
(유구)를 得(득)하나 利居貞(이거정)하니라.
象曰(상왈) 係丈夫(계장부)는 志舍下也(지사하야)라.

　누구를 따를까 이것이 문제로다. 이리 갈까 저리 갈까 차라리 돌
아갈까. 연장자를 따르는 것이 현명하다. 사람을 따랐으면 존경하
고 본인의 내공을 쌓는 계기를 만들어야 한다. 본업을 지키면서
새로운 일은 하지 않는 것이 현명하다. 변동은 하지 말고 현재 위
치를 굳게 지켜야 한다. 여행, 관광하는 일이 생긴다.
　문서, 책, 선전 등에는 상당히 좋은 반응이 있다. 재물, 투자운
세는 남을 따라 주어야 이익을 본다.

244

九四(구사)는 隨(수)에 有獲(유획)이면 貞(정)이라도 凶(흉)하니 有孚
(유부)코 在道(재도)코 以明(이명)이면 何咎(하구)리오.
象曰(상왈) 隨有獲(수유획)은 其義(기의) 凶也(흉야)오 有孚在道
(유부재도)는 明功也(명공야)라.

　남이 노력한 대가 혹은 남의 물건을 내 것으로 만들면 아무리 바
르게 하더라도 흉하다. 잘난 체하지 마라. 자기가 못난 줄 알 때에
야 비로소 철이 드는 시기이다. 남에게 좋은 일을 하여 칭찬 받기
를 바라지 마라. 보상을 바라지 않는 선행이나 적선이 큰 복이 되
는 것이다. 재물투자의 운세도 당장의 이익은 바라지 마라. 얻음
이 있으면 나쁜 결과가 생긴다. 믿음과 실력, 공개적인 행동으로
운을 좋게 만들면 성공한다.

九五(구오)는 孚于嘉(부우가)니 吉(길)하니라.
象曰(상왈) 孚于嘉吉(부우가길)은 位正中也(위정중야)일세라.

조그마한 일 하나하나에 정성을 다하니 좋은 일이 많이 생긴다. 부하들이 따라오게끔 세심히 보살펴 주고 신경을 써야 한다. 경제적으로 본인이 남을 도와주어야 한다. 남의 잘못에 대해 관용을 베풀어라. 나의 욕심을 줄이고 검소한 생활을 하는 것이 운세를 열리게 하는 길이다.

지금은 믿음이 중요하고 서로 의지하여 즐거운 생활을 이룩한다. 재물의 순간적인 지출이 나중에는 큰 보답으로 돌아온다.

上六(상육)은 拘係之(구계지)요 乃從維之(내종유지)니 王用享于西山
(왕용향우서산)이로다.
象曰(상왈) 拘係之(구계지)는 上窮也(상궁야)라.

어쩔 수 없이 본의 아니게 행동할 일이 많은 시기. 주위의 환경에 본인도 어쩔 수 없이 따라가는 형상이다. 서쪽으로 가서 기도를 열심히 하는 것이 현실을 극복하는 가장 요긴한 방법이다. 이 말은 스스로 반성하고 참회해야 한다는 표현이다. 그대로 가만히 앉아 있다가는 마지막 궁지까지 몰려 악화될 운세이다.

서쪽으로 빨리 가라. 주위의 반발이 심하다. 남을 원망하지 마라.

初六(초육)은 藉用白茅(자용백모)니 无咎(무구)하니라.
象曰(상왈) 藉用白茅(자용백모)는 柔在下也(유재하야)라.

  흰 갈대로 자리를 깔고. 제사를 드리는 정성이 필요하다. 근검,
절약, 겸손이 절실히 필요하다. 모든 일이 정도를 지나치고 있다.
양심보다는 욕심에 사로잡혀 있는 시기이다. 냉철한 판단이 필요
하다. 말 한마디, 행동 하나하나에 세심한 주의력이 필요하다.
  욕심을 없애라. 과오 없이 잘 넘어가는 것만으로도 현재로서는
퍽 다행스러운 일이다. 집안 사람의 건강에 유의할 것. 지성이면
하늘도 감복한다.

九二(구이)는 枯楊(고양)이 生稊(생제)하며 老夫(노부) 得其女妻
        (득기여처)니 无不利(무불리)하니라.
象曰(상왈) 老夫女妻(노부여처)는 過以相與也(과이상여야)라.

  홀아비가 젊은 여자를 아내로 맞아 같이 생활하니 정도는 지나
쳤으나 아기를 얻는 결실이 나오니 허물은 없다. 마른 버드나무
에 새싹이 돋는 시기이다. 노병은 죽지 않았음을 보여준다.
  사업은 때늦은 감은 있으나, 참신한 협조자를 만나 새롭게 꽃이
피어나는 상태이다. 재물운세는 회생의 길이 열려 짭짤하게 재미
를 본다. 처지가 비슷한 사람끼리의 동정적인 만남은 좋다.

九三(구삼)은 棟(동)이 橈(요)니 凶(흉)하니라.

象曰(상왈) 棟橈之凶(동요지흉)은 不可以有輔也(불가이유보야)일세라.

나의 짝을 타인에게 빼앗겼으니 흉하다. 기둥이 지붕에 눌려 휘어졌으니 어떻게 할 방법이 없다. 친한 사람이 있어도 도와주는 사람이 없다. 기둥이 휘청거리니 단체나 집안의 분위기가 험악하고 본인이 힘을 쓰지 못하는 형상이다. 근본이 불량한 재질로서는 좋은 작품을 만들 수가 없다.

어떤 일이든지 도모하지 마라. 허우적거린다.

울고 싶어라. 다섯 달만 참아라. 백번 참는 것이 복이다.

九四(구사)는 棟隆(동융)이니 吉(길)커니와 有它(유타)면 吝(인)하리라.

象曰(상왈) 棟隆之吉(동융지길)은 不橈乎下也(불요호하야)일세라.

사람을 나무 위에 올려놓고 밑에서 나무를 흔드는 현상이다. 나무를 아무리 흔들어도 굴복하지 않는 높은 기상이 필요하다. 고래는 조그만 피라미를 잡아먹지 않는다. 높은 이상과 포부를 가치 없이 함부로 사용하지 마라.

다른 일에 마음을 품으면 남의 비난을 받는다. 인간관계의 선택을 잘하여야 탈이 없게 된다. 남에게 굴욕을 당하니 죽음을 택한다는 마음으로 지조를 굽히지 않아야 운세가 발전한다.

255

九五(구오)는 枯楊(고양)이 生華(생화)하며 老婦(노부) 得其士夫(득
　　　기사부)니 无咎(무구)나 無譽(무예)리라.
象曰(상왈) 枯楊生華(고양생화) 何可久也(하가구야)며 老婦士夫(노부
　　　사부) 亦可醜也(역가추야)로다.

　고목에 새싹이 올라오지도 않았는데 꽃만 피는 형상이니 오래
갈 수가 없고 추한 일이다. 순간적인 재미는 볼 것이나 명예롭지
못하다. 즉 남녀 관계에서 좋지 못한 교제인 줄 알면서 발을 빼지
못하는 상태이다. 직장 문제, 시험운세는 합격 되어도 오래 지속
하지 못하는 것이다. 재물투자 등은 짧은 시일의 투자는 좋고 장
기적 투자는 불리하다. 관청 문제, 시비 등은 서서히 해결된다.

256

上六(상육)은 過涉滅頂(과섭멸정)이라 凶(흉)하니 无咎(무구)하니라.
象曰(상왈) 過涉之凶(과섭지흉)은 不可咎也(불가구야)니라.

　지나치게 행동하다가 이마를 다쳤으니 원망할 곳이 없다. 겉보
기는 괜찮으나 내면에 위험과 고난이 중첩되어 있다. 태풍이 몰아
치니 어떻게 할 도리가 없다. 지나친 설비나 투자로 지출이 과다
하여 어려운 상황이다. 아래와 위를 연결하는 통로가 막혔고 장애
물이 지나치게 강하다.
　현재는 사람이든 사업체든 축소하고, 긴축 재정을 하여야 한다.
쓸데없는 지출이 많다. 특히 술이나 음식물에 유의.

初六(초육)은 臀困于株木(둔곤우주목)이라 入于幽谷(입우유곡)하야
    三歲(삼세)라도 不覿(불적)이로다.
象日(상왈) 入于幽谷(입우유곡)은 幽不明也(유불명야)라.

　엉덩이가 나무에 걸려 자리가 편하지 못하고, 산길을 걷는데 작
은 나뭇가지들이 걸려서 산행이 힘든 상황이다. 다만 궁둥이가 짓
무르도록 3년 동안 숨어서 공부하는 사람이나 미래에 도전하는
사람은 운세가 호전될 수 있다. 남이 알아주는 것이 아니여서, 남
몰래 혼자서 애를 태운다. 인간관계는 만남을 기약할 수 없다.
사업 관계는 위험을 내포하고 있다. 재물은 관청관계이나 해양,
선박 등 물 과 관련되면 좋은 운세다. 교통사고나 열병에 주의.

九二(구이)는 困于酒食(곤우주식)이나 朱紱(주불)이 方來(방래)하리
    니 利用享祀(이용향사)니 征(정)이면 凶(흉)하니 无咎
    (무구)니라.
象日(상왈) 困于酒食(곤우주식)은 中(중)이라 有慶也(유경야)리라.

　술과 음식에 곤란하다는 것은 접대를 받아서 탈이 나는 형상이
거나 술과 밥이 없을 정도로 최악의 빈곤을 의미한다. 그렇다고
남의 물건을 빼앗아 오면 흉한 일이 생긴다. 움직이지 말고 때를
기다리면 얼마 후 도와줄 사람이 나타나서 도와준다. 종교나 조상
께 정성껏 제사 지내는 것이 좋다. 아무리 곤란하더라도 참선하는
마음으로 수양하라. 변명을 하여 현재의 처지를 헤쳐 나가려 해도
남들이 믿어 주지 않는다. 투자, 사업 등은 적신호이니 잠깐 스톱.

263

六三(육삼)은 困于石(곤우석)하며 據于蒺藜(거우질여)라 入于其宮
(입우기궁)이라도 不見其妻(불견기처)니 凶(흉)토다.
象曰(상왈) 據于蒺藜(거우질여)는 乘剛也(승강야)일새오 入于其宮不
見其妻(입우기궁불견기처)는 不祥也(불상야)라.

   차가운 돌맹이와 가시덤불 위에서 거처한다는 것은 비참한 현
실을 말해준다. 여자 관계를 멀리 하라. 몸과 마음이 뜻대로 안되
어 피로한 생활의 연속이다. 깊은 곳에서 오랫동안 수행한 수행
자나 공부를 열심히 한 사람은 목숨을 바칠 정도의 기개가 있으
면 지금부터 운세가 좋아진다. 그릇에 금이 가서 물이 줄줄 새어
나오는 형상. 내가 지은 죄의 대가는 스스로 달게 받겠다는 참회
의 마음이 절실히 필요하다.

264

九四(구사)는 來徐徐(내서서)는 困于金車(곤우금거)일새니 吝(인)
하나 有終(유종)이리라.
象曰(상왈) 來徐徐(내서서)는 志在下也(지재하야)니 雖不當位(수부당위)
나 有與也(유여야)니라.

   계획하는 일은 시일이 오래 걸린다. 방해가 있어 일이 틀어지나
유종의 미를 거둔다. 금융사고나 교통사고로 고통을 당한다. 남을
이해시키기 보다 자신의 신념을 굳게 지키는 것이 현명하다. 작은
허영심이나 자존심 같은 것은 아예 생각지도 말 것. 서로의 인격
을 존중하라. 탐욕을 가지고 욕심을 내는 사람은 불리하고, 참신
한 사람은 죽도록 노력하면 시일이 걸리나 반드시 뜻을 이룬다.

九五(구오)는 劓刖(의월)이니 困于赤紱(곤우적불)하나 乃徐有說
　　　　(내서유열)하리니 利用祭祀(이용제사)니라.
象曰(상왈) 劓刖(의월)은 志未得也(지미득야)오 乃徐有說(내서유열)
　　　　은 以中直也(이중직야)오 利用祭祀(이용제사)는 受福也
　　　　(수복야)리라.

　형벌을 당하는 고통이 있다. 몸의 상처에 주의하라. 몸이 감옥
에 갇혀 꼼짝할 수 없는 형상이다. 기도 혹은 조상의 은덕으로 지
금의 난관을 극복해야 한다. 정성을 다하면 종교의 힘이나 조상의
은덕으로 운세가 발전한다. 곤혹을 치루는 일이 많으나 서서히 운
세가 좋아진다. 어른을 공경하는 일이면 더욱 좋은 결과를 가져온
다. 가정을 소홀히 하는 경향이 있다. 재물운세는 바라지 마라.

上六(상육)은 困于葛藟(곤우갈류)와 于臲卼(우얼올)이니 曰動悔(왈동
　　　　회)라하야 有悔(유회)면 征吉(정길)하리라.
象曰(상왈) 困于葛藟(곤우갈류)는 未當也(미당야)오 動悔有悔(동회유
　　　　회)는 吉行也(길행야)라.

　인간은 아주 곤란한 처지를 당해봐야 그 사람의 진실과 거짓이
판별된다. 곤란한 때일수록 마음을 선하게 가지고 모든 잘못을 자
기의 탓으로 돌릴 수 있는 여유가 있어야 한다. 발목이 칡덩굴에
걸려 있으니 움직일 수가 없다. 칡덩굴처럼 얽히고설킨 사연들이
많다. 행동을 개시하면 후회가 곧 따르니 쉬는 것이 상책이다. 지
난 일들을 깊이 반성하여 바른 길로 나아가면 좋은 일이 생긴다.

271

初六(초육)은 咸其拇(함기무)라.
象曰(상왈) 咸其拇(함기무)는 志在外也(지재외야)라.

　남녀 문제에 비유하면 서로 만나서 애정을 느끼는 시초 단계이
다. 남과의 감응이 좋고 원만한 인간관계가 성립된다.
　마음을 비우고 진실한 마음으로 상대하면 화합이 잘된다.
　새로운 일의 시작이나 거래 관계의 개선은 운세가 밝을 전망이
다. 그러나 서두르면 오히려 운세가 막힌다.
　기분이 상쾌하고 예감이 적중한다. 연장자 건강에 유의.
　집안 수리나 내부 정돈을 하여 새로운 기분으로 출발하라.

272

六二(육이)는 咸其腓(함기비)면 凶(흉)하니 居(거)하면 吉(길)하리라.
象曰(상왈) 雖凶居吉(수흉거길)은 順(순)하면 不害也(불해야)라.

　미래의 밝은 전망이나 설계 등으로 마음이 설레는 시기이다.
　그러나 경거망동하면 반드시 흉하게 되니 까불지 마라. 안정하
여 자리를 떠나지 않으면 좋은 일이 생긴다. 지금의 운세는 본인
의 행동에 따라 변한다. 즉 움직이면 손해를 입고 본분을 지키면
이익이 생긴다. 연장자, 선배의 의견에 순종하라. 전기, 가스나 화
재의 위험에 주의.
　자식 건강에 유의. 느긋하게 기다리면 운세의 복을 받는다.

九三(구삼)은 咸其股(함기고)라 執其隨(집기수)니 往(왕)하면 吝(인)
　　하리라.
象曰(상왈) 咸其股(함기고)는 亦不處也(역불처야)니 志在隨人(지재
　　수인)하니 所執(소집)이 下也(하야)라.

　실력이 많이 향상 되었으나 아직은 실력자의 도움이 필요하다.
우쭐거리기 쉬운 시절이니 도를 넘는 행동은 자제한다. 지혜나 아
이디어도 상당히 발전성이 있으나 자꾸 딴 마음을 품어 일의 성사
가 어렵게 된다. 활동적이고 사교적으로 활동하는 것이 좋으나 변
동, 변경하면 좋지 않다. 일편단심의 마음가짐이 필요하다. 지금
은 주위의 상황 판단이 중요하다. 약간의 종속적인 생활 방식이 오
히려 생활을 윤택하게 해 준다. 친한 사람과의 돈 거래는 피할 것.

九四(구사)는 貞(정)이면 吉(길)하야 悔(회) 亡(망)하리니 憧憧往來
　　(동동왕래)면 朋從爾思(붕종이사)리라.
象曰(상왈) 貞吉悔亡(정길회망)은 未感害也(미감해야)오 憧憧往來
　　(동동왕래)는 未光大也(미광대야)라.

　한 가지 일에만 몰두하지 않고 뚜렷한 목표 없이 오가니 바쁘기
만 한다. 욕심으로 사람을 만나면 빛을 볼 수 없다. 그리운 사람
을 만나거나 오랫동안 바라던 일이 서서히 풀린다. 바다나 강가,
외국에 인연이 있다. 친구나 옛사람을 만난다. 소기의 목적은 성
취하나 실질적 재물의 이익은 없다. 지출이 수입을 초과하니 재
정 관리를 잘해야 한다. 저축하는 생활 습관을 길러야 하겠다.

275

九五(구오)는 咸其脢(함기매)니 无悔(무회)리라.
象曰(상왈) 咸其脢(함기매)는 志末也(지말야)일세라.

두 사람이 비밀스럽게 목적을 달성하고 난 후에는 각자의 갈 길
대로 가야 된다. 사람은 헤어질 때를 아는 것이 인생사에 중요한
성패의 요인이 된다. 각자의 임무수행이 완결 단계이니 다시 정
리하는 것이 현명하다. 남을 위해 봉사하는 일은 상당히 좋다. 작
은 일이나 감성적인 일에는 공감을 얻는다.
　연극의 제1막이 끝나고 다시 시작하려는 단계이다. 재물과 사
업운세는 새로운 정비, 새로운 기쁨으로 다시 출발한다.

276

上六(상육)은 咸其輔頰舌(함기보협설)이라.
象曰(상왈) 咸其輔頰舌(함기보협설)은 滕口說也(등구설야)라.

　일이 끝나고 난 후에 구설수가 분분하다. 본인의 표현이나 감정
이 흥분을 하여 지나치게 말이 많은 형상이다. 현재의 일은 윗사
람에게 항상 상의하여 결정하라. 조금 휴식하면서 꾸준히 노력하
여 인정을 받는다. 고집 부리지 마라. 일이 틀어진다. 남을 위한
행동보다는 좋은 말이나 글로써 상대를 감화시키면 좋은 일이 생
긴다. 자질구레한 일들을 정리하고, 분위기를 변경하거나 장식품
의 구입으로 기분을 전환시켜라.
　문서 계약은 좋은 운이다.

初六(초육)은 有孚(유부)나 不終(부종)이면 乃亂乃萃(내란내췌)하
　　　릴새 若號(약호)하면 一握爲笑(일악위소)하리니 勿
　　　恤(물휼)코 往(왕)하면 无咎(무구)리라.
象曰(상왈) 乃亂乃萃(내란내췌)는 其志亂也(기지난야)일세라.

　한 가지 마음먹었던 일은 끝까지 밀고 나가야 된다. 중간에 변덕
을 부리면 주위가 시끄러워진다. 현재의 조건이 부적합하더라도
섣불리 변경시키면 더욱 혼란에 빠진다. 이간질을 당하는 경우가
생기니 끈질긴 투지력이 필요하다. 여러 사람의 말을 들으면 중심
을 잡지 못한다. 겉으로는 충성심이 있는 것처럼 행동하나 내면
은 다른 생각이 있다. 주위에 비웃음 소리가 있더라도, 본인의 소
신대로 나가면 탈이 없다. 여름이나 겨울에 집 옮기는 운세.

六二(육이)는 引(인)하면 吉(길)하야 无咎(무구)하리니 孚乃利用禴
　　　(부내이용약)이리라.
象曰(상왈) 引吉无咎(인길무구)는 中(중)하야 未變也(미변야)일세라.

　윗사람이 이끌어주는 대로 처신해야 한다. 쓸데없는 일에 욕심
을 부리면 곤경에 처하는 운세이다. 독자적으로 일을 추진하지 마
라. 간단한 선물이나 작은 소임을 주고받는 일이 생긴다. 사람을
뽑아서 중책을 맡기는 일은 좋다. 남을 의심하지 말고 신임하는
마음을 가져야 한다. 매일 명상의 시간을 갖는 습관이 필요하다.
제사나 기도를 하여야 소원이 성취된다. 매매, 교환 등의 일은 하
지 말고 그대로 가지고 있어야 좋다. 분위기에 놀아나지 마라.

283

六三(육삼)은 萃如嗟如(췌여차여)라 无攸利(무유리)하니 往(왕)하면
无咎(무구)어니와 小吝(소린)하니라.
象日(상왈) 往无咎(왕무구)는 上(상)이 巽也(손야)일세라.

　사람들이 본인의 말을 듣지 않아서 외로운 상황이다. 사람이 많
이 모여서 웅성대고 분위기가 산만하다. 약간은 부끄러운 측면이
있지만 목적은 달성할 수 있다. 윗사람을 정하여 도움을 청하면
좋은 일이 생긴다. 남을 위해 재물의 지출이나 본인의 희생이 필
요하다. 변동은 허물이 없으나 기분이 좋지 않다. 재물은 들어오
는 것보다 나가는 것에 먼저 신경을 써야 한다.
　여자의 건강에 유의. 본인은 간 기능에 유의.

284

九四(구사)는 大吉(대길)이라야 无咎(무구)리라.
象日(상왈) 大吉无咎(대길무구)는 位不當也(위부당야)일새라.

　남을 위해 크게 봉사하고 자신의 책무를 성실히 수행해야 한다.
잡수입을 바라지 마라. 자기의 노력이나 성과에 대해 남이 좋게
평가해 주기를 바라는 경향이 있으나 오직 자기의 일에 열중하라.
　중간 간부가 윗사람과 아랫사람과의 관계를 사심 없이 조율하
면 좋은 결과가 나오고 욕심을 부리면 탈이 생긴다.
　주위의 움직임에 동요됨이 없어야 한다. 건강은 점차 호전된다.
　재물운세는 협력이나 동업하여 재미를 본다.
　충성심과 효성이 부족하다.

285

九五(구오)는 萃有位(췌유위)코 无咎(무구)하나 匪孚(비부)어든 元永貞
(원영정)이면 悔(회) 亡(망)하리라.
象曰(상왈) 萃有位(췌유위)는 志未光也(지미광야)일세라.

　위계질서가 지금은 아주 중요하다. 여러 곳의 시냇물이 결국은
바다로 가서 일체감으로 모이듯이, 바다와 같은 넓은 아량이 운
세를 밝게 한다. 공적인 일은 반대파를 만나지만 결국은 성공하
고 사적인 일은 배반, 욕설을 당하는 경우가 많다. 사람을 사귀되
진정한 신의로 만나야 하며 돈이나 권세를 보고 만난다면 오래가
지 못한다. 멀리 있는 친구와 만나는 운세. 오랜만에 해후하여 잔
치를 여는 등의 흥겨움이 생긴다. 재물은 구하지 마라.

286

上六(상육)은 齎咨涕洟(재자체이)니 无咎(무구)니라.
象曰(상왈) 齎咨涕洟(재자체이)는 未安上也(미안상야)라.

　외로운 밤하늘을 혼자서 지켜보는 심정이다. 슬픔과 고독이 가
슴을 아프게 한다. 있는 자리가 편안하지 못하다.
　자신의 실력을 믿고 과신하면 눈물을 흘릴 일이 생긴다. 사람을
모집하려다가 본인이 아파서 일을 그만두는 경우와 비슷하다.
　운동을 적당히 하여 신체의 컨디션을 유지하라. 도둑이나 사기
에 주의하라. 사람 만나는 것을 피해야 한다. 재물투자는 생각하
지 마라. 하늘과 땅이 거리가 멀다.

311

初九(초구)는 无交害(무교해)니 匪咎(비구)나 艱則无咎(간즉무구)리라.
象曰(상왈) 大有初九(대유초구)는 无交害也(무교해야)라.

　여러 사람과 교제해도 허물이 없다. 운세가 발전하는 좋은 기상
이다. 일의 시작이나 교섭 등의 일은 전망이 밝다. 약간의 어려움
이 닥쳐도 뚝심과 오기로 밀고 나가라. 생각대로 일을 추진하여
목적을 향해 전진하는 기상. 이동, 변경 등은 전망이 밝다. 예감
이 적중하니 그대로 실행할 것. 이성 관계는 당분간 보류하라.
지금은 직접적인 수입보다는 열심히 활동하는데 의의가 크다.

312

九二(구이)는 大車以載(대거이재)니 有攸往(유유왕)하야 无咎(무구)
　　　　리라.
象曰(상왈) 大車以載(대거이재)는 積中不敗也(적중불패야)라.

　중요한 직책을 맡아서 앞으로 전진하는 상태. 조그마한 일이나
세부적인 계획 등은 남에게 위임하라. 운세가 희망의 출발을 상
징한다. 마음먹은 일을 대대적으로 실천에 옮길 것. 이전이나 변
동은 시기가 맞으니 발전하는 운세. 약간의 부담이 가는 일이라
도 성공한다. 물질보다는 정신적인 면에서의 기쁨이 더욱 많다.
　작은 차보다는 큰 차를 이용하는 것이 좋다. 인간관계는 충돌하
지 말고 유순하게 화합하라.

313

九三(구삼)은 公用享于天子(공용향우천자)니 小人(소인)은 弗克
(불극)이니라.

象曰(상왈) 公用享于天子(공용향우천자)는 小人(소인)은 害也(해야)
리라.

　사업도 하면서 공적인 일이나 종교단체의 일을 맡아도 능력을
발휘하는 형상이다. 그러나 소인 같이 병든 소는 수레의 무거운
짐을 옮기지 못한다. 공로를 남에게 돌려야 운세가 발전하고 홀
로 독식하면 해로운 일이 생긴다. 현재의 조건이 부담스럽고 힘
에 벅차서 심적으로 괴로운 현상이 지속된다. 제사나 기도의 힘
이 필요하다. 마음의 악함을 막고 선함을 찬양하여야 천명(天命)
이 돌아온다. 사소한 일로써 남과의 시비가 생긴다.

314

九四(구사)는 匪其彭(비기방)이면 无咎(무구)리라.

象曰(상왈) 匪其彭无咎(비기방무구)는 明辯晢也(명변제야)라.

　운세의 방향은 계속 호운으로 달린다. 상승세의 좋은 형상이다.
현재의 조건을 활용한 효율적인 관리가 좋고, 확장이나 확대는
삼가야 한다. 지나치게 잘난 척 하지 마라. 겸손의 미덕을 살려야
미래가 더욱 좋아진다. 현재 운세가 좋아 자기 분수에 넘치는 행
위를 하고 있으니 주의할 것. 빈 깡통이 요란하다는 말은 내면 세
계가 빈약하다는 말이다. 명상을 하는 것이 좋다. 적금 가입이나
단체에 가입하는 일이 생긴다.

315

六五(육오)는 厥孚(궐부) 交如(교여)니 威如(위여)면 吉(길)하리라.
象曰(상왈) 厥孚交如(궐부교여)는 信以發志也(신이발지야)오.
　　　　威如之吉(위여지길)은 易而无備也(이이무비야)일세라.

　인간관계, 교제하는 일은 좋다. 예절이 특히 강조되는 시기. 남에게 너무 격의 없이 잘해 주다보니 남이 본인을 우습게 보는 경향이 있다. 위엄을 갖추는 것이 급선무다. 재물운세는 좋고, 교환, 매매는 특히 좋다. 친구나 남녀 관계에서도 격식을 약간 차리는 것이 서로에게 부담이 없다. 취미생활은 고상하고 멋있는 취미를 가질 것.
　믿음이 우선이 되고 다음은 예의나 예절이 중요한 시기이다.

316

上九(상구)는 自天祐之(자천우지)라 吉无不利(길무불리)로다.
象曰(상왈) 大有上吉(대유상길)은 自天祐也(자천우야)라.

　하늘은 스스로 돕는 자를 돕는다. 자기 일에 충실하고 책임을 완수하는 자에게는 반드시 그만한 대가가 있게 마련이다. 콩 심은데 콩이 나지 팥이 나지는 않는다. 현재의 운세는 눈에 보이는 복보다 보이지 않는 복이 가득하여 시일은 걸리나 천복을 받는 상이다. 평소에 신앙이 깊은 사람은 더욱 좋다. 우연히 목표로 하는 일이 성취되는 시기. 기도를 한다든지 명상을 하여 정신 세계를 순화하면 더욱더 운세가 발전한다.

321

初九(초구)는 悔(회) 亡(망)하니 喪馬(상마)하고 勿逐(물축)하야도 自復
　　　(자복)이니 見惡人(견악인)하면 无咎(무구)리라.
象曰(상왈) 見惡人(견악인)은 以辟咎也(이피구야)라.

　떠나간 사람 혹은 떠나간 나의 권리에 집착을 하는 것은 어리
석은 일이다. 야단법석하지 않아도 스스로 돌아온다. 현재 하는
일은 어긋난 상태이고 동상이몽이다. 겉으로는 통할 것 같아도
생각이 각기 다른 길로 가고 있다. 무엇이든지 피하는 것이 상책
이다. 그러나 우연히 마주치면 피하지 말고 상대해 주면서 분위
기를 좋게 만들어라. 욕심을 자제하고 투쟁을 삼가라. 남을 믿을
수가 없다. 교통사고 주의. 주거의 불안정이 계속된다.

322

九二(구이)는 遇主于巷(우주우항)하면 无咎(무구)리라.
象曰(상왈) 遇主于巷(우주우항)이 未失道也(미실도야)라.

　뜻밖에 만나는 사람이 있어 협조를 구하여 일을 해결하는 시기
이다. 문제의 당사자나 어려운 일을 은밀한 장소에서 만나 해결
하는 것이 좋다. 본인이 평소에 쌓은 덕(德)으로 협조자를 구하여
위험에서 탈출하는 상황이다. 본인의 입장을 충분히 설명하는 것
이 현명하다. 상대의 말이나 행동이 완전한 진실이 아니지만 따
지지 않고 넘어가는 것이 현명하다. 연장자나 여인의 도움이 좋
다. 집안 정리, 내부 정리를 하여야 한다.

323

六三(육삼)은 見與曳(견여예)코 其牛(기우) 掣(체)며 其人(기인)이
　　　天且劓(천차의)니 无初(무초)코 有終(유종)이리라.
象曰(상왈) 見與曳(견여예)는 位不當也(위부당야)오 无初有終(무초유종)
　　은 遇剛也(우강야)일세라.

　법정 시비 문제에 유의하라. 주위가 모두 싸우거나 경쟁하는 분
위기이다. 기진맥진하여 싸워도 아무런 이익이 없다. 본인 때문
에 피해를 보고 있는 사람에게 속죄하여야 한다. 감정에 치우치
지 말고, 냉정하게 바르고 진실하게 행동하면, 분명히 현실을 극
복하고 길을 안내해주는 사람을 만난다. 순간의 생각이 틀어지면
수렁에 빠져, 영영 헤어날 수 없게 된다. 남을 지극히 이해하는
아량이 절실히 필요하다. 재물투자는 생각하지 않아야 한다.

324

九四(구사)는 睽孤(규고)하야 遇元夫(우원부)하야 交孚(교부)니
　　　厲(여)하나 无咎(무구)리라.
象曰(상왈) 交孚无咎(교부무구)는 志行也(지행야)리라.

　남들과 어긋나서 고독한 시간을 보낸다. 속마음을 시원하게 토
론할 사람도 없어 답답하다. 그러나 염려할 것이 없다. 얼마 후
좋은 사람을 만나 신의로써 믿고 사귀니, 어려움이 있으나 협조
를 구하여 뜻이 이루어진다. 매매 등은 임자를 만나서 바로 성사
되는 시기이다. 바꾸거나 꾸미는 운세는 좋다. 인생, 사업, 건강
문제는 바른 선생을 만나 가르침을 받게 되어 운세가 호전된다.

325

六五(육오)는 悔亡(회망)하니 厥宗(궐종)이 噬膚(서부)면 往(왕)에
　　何咎(하구)리오.

象曰(상왈) 厥宗噬膚(궐종서부)는 往有慶也(왕유경야)리라.

　본인의 진실한 마음과 행동이 사람들에게 알려져서, 신용이 회
복되고 힘겨운 여건을 극복하는 운세이다. 본인이 미련과 후회를
버리고 진실한 사람으로 변하니 친척이나 회원의 도움으로 좋은
결과를 기대할 수 있다. 이동, 변경 등의 일은 남의 협조로 성사
되어 희망을 가질 수 있다. 지금은 고집을 피우면 어긋나게 되므
로 본인의 행동을 지극히 예의 바르게 하여야 호전되는 운이다.
재물투자는 다음 기회로 미룰 것.

326

上九(상구)는 睽孤(규고)하야 見豕負塗(견시부도)와 載鬼一車(재귀일
　　거)라 先張之弧(선장지호)라가 後說之弧(후탈지호)하야
　　匪寇(비구)라 婚媾(혼구)니 往遇雨(왕우우)하면 則吉
　　(즉길)하리라.

象曰(상왈) 遇雨之吉(우우지길)은 群疑(군의) 亡也(망야)라.

　인간을 불신하는 버릇이 있다. 혼자의 편견대로 남을 판단하지
마라. 사람을 만나서 허심탄회하게 진실을 털어놓아라. 서로가
오해하는 일이 많다. 나의 판단 잘못이다. 투자나 물건 구입은 다
음으로 미룰 것. 정직은 최고의 자산이다. 화합이나 혼인 등은 전
망이 매우 밝다. 실물수 주의. 두통, 신경통 유의.

331

初九(초구)는 履(이) 錯然(착연)하니 敬之(경지)면 无咎(무구)리라.
象曰(상왈) 履錯之敬(이착지경)은 以辟咎也(이피구야)라.

　익지도 않은 과일을 따먹으려 하니, 시기가 아직 빠르다는 것을 알려준다. 사건이 이리저리 엉켜 있으니 시일을 두고 결정하라. 인간관계에서는 남을 공경하여 더 이상 악화되지 않도록 해야 한다. 이동이나 변경은 하지 말고 행동을 유순하게 하여야 한다. 너무 열성적이어서 오히려 불리한 상황이 되니 조급한 생각을 버리고 여유 있는 자세가 필요하다. 하나의 장면이 끝나고 다음 장면까지는 시일이 걸리게 마련이다.

332

六二(육이)는 黃離(황이)니 元吉(원길)하니라.
象曰(상왈) 黃離元吉(황이원길)은 得中道也(득중도야)라.

　어두운 곳에 태양이 비치니, 암흑이 사라지고 광명이 도래한다. 투지와 정열로써 자신의 능력을 충분히 발휘하라. 기쁘고 좋은 일이 생겨 순탄한 길을 걷게 된다. 너무 이것저것 손을 대고 변덕을 부리지 마라.
　본인도 운세가 밝지만 남에게도 밝음을 전해주어, 남을 가르치거나 도와주는 것이 더욱더 밝은 운세를 약속한다. 바른 일을 하면 길하고 탐욕을 가지면 불길하다. 재물투자는 적극적으로 하면 성공.

九三(구삼)은 日昃之離(일측지이)니 不鼓缶而歌(불고부이가)면 則大
　　耋之嗟(즉대질지차)라 凶(흉)하리라.
象曰(상왈) 日昃之離(일측지이) 何可久也(하가구야)리오.

　해가 기울었으니 하던 일을 그만두고 집으로 돌아가 휴식을 취하
라. 운세가 서산으로 넘어가려 하니 희망과 발전이 없다. 이별하
는 사람이 생긴다. 확장하지 않고 축소하여, 원점으로 되돌리는
방향이 되어야 한다. 미리 김칫국을 마시고 호들갑을 떨면 좋지
않다. 자연에 순응하고 세상의 일에 간섭하지 않는 자세가 심신
을 위해 현명하다. 탄식하고 원망하면 심성만 해칠 뿐 좋아지지
않는다. 재물투자 등은 거두어들이는 것이 상책이다.

九四(구사)는 突如其來如(돌여기래여)라 焚如(분여)니 死如(사여)며
　　棄如(기여)니라.
象曰(상왈) 突如其來如(돌여기래여)는 无所容也(무소용야)니라.

　조금이라도 분수에 넘치는 마음을 갖지 마라. 일을 도모하면 실패
한다. 졸지에 조용해질 줄 알았던 일이 다시 일어나 놀라는 일이
생기니 피할 곳을 정해 두어야 한다. 불조심, 가스, 전기에 유의할
것. 남을 기습 공격하면 오히려 본인이 큰피해를 보고 침몰하게
된다. 주위의 사람이 용납을 하지 않는다.
　지진이나 태풍이 갑자기 몰아닥치니 이런 시기에는 누구라도
치명타를 입을 수 밖에 없다.

335

六五(육오)는 出涕沱若(출체타약)하며 戚嗟若(척차약)이니 吉(길)하
　　리라.
象曰(상왈) 六五之吉(육오지길)은 離王公也(이왕공야)일세라.

　현재의 위치를 그대로 지키기 위해서는 사죄를 하고 남의 동정
을 얻어야 한다. 겉으로 눈물 흘리는 것처럼 탄식해야 한다. 주위
상황이 급변하여 본인 혼자의 자력으로는 감당하기 힘들다.
재물운세는 좋은 운으로 투자 등은 발전성이 있으나 인격, 체면
문제에 지금은 특히 신중해야 목이 떨어지지 않는다. 지난 일의
경솔함을 반성하여야 한다. 어려운 여러 사람들을 위해 헌신적으
로 봉사하면 분위기가 달라진다.

336

上九(상구)는 王用出征(왕용출정)이면 有嘉(유가)니 折首(절수)코
　　　　獲匪其醜(획비기추)면 无咎(무구)리라.
象曰(상왈) 王用出征(왕용출정)은 以正邦也(이정방야)라.

　남에게 위임할 수 있는 일도 지금은 본인이 직접 행동해야 한다.
전쟁하는데 왕이 직접 군사를 이끌고 출정하는 상태이다. 주위가
긴박한 상태이니 남에게 미루지 말고 발 벗고 나서라. 상대를 물리
친 후 관용을 베풀어야 인간의 도리이고 장부의 멋이다. 단체나
가정에서는 기강이 문란해져 군기가 빠졌다. 일은 강건하게 하되
마음은 여유가 있어야 한다. 재물은 신규 투자는 재미없다. 심장
병, 두통에 주의.

341

初九(초구)는 屨校(구교)하야 滅趾(멸지)니 无咎(무구)하니라.
象曰(상왈) 屨校滅趾(구교멸지)는 不行也(불행야)라.

　족쇄를 사용하여 죄인이 도망을 못가도록 만들었다. 악습은 시초에 고쳐야 된다. 작은 죄는 경범으로 취급되어 벌을 적게 받는다. 더 이상 나쁜 일을 하면 큰 형벌이 온다. 현재 자신의 잘못을 뉘우칠 점이 많다. 정신적인 혁신이 필요하다. 단체나 대인 관계에서 단호히 끊어야 할 사람이 있다. 더욱 확대되기 전에 정리하는 것이 좋다. 강한 신념이 절대적으로 필요하다. 신장이나 다리 건강, 연장자의 건강에 주의.

342

六二(육이)는 噬膚(서부)호대 滅鼻(멸비)니 无咎(무구)하니라.
象曰(상왈) 噬膚滅鼻(서부멸비)는 乘剛也(승강야)일세라.

　남을 공격하다가 오히려 자신에게 피해가 오는 상태.
　섣불리 건드렸다가는 오히려 봉변을 당한다. 상대를 잘 분석하여 핵심을 찔러라. 지금은 남을 위엄있게 다스려야 한다. 흥분과 분노가 치밀어 올라 지나친 행동을 할 우려가 있다. 급하게 처리하지 말고 시일을 두고 세밀히 조사하여야 한다. 피부병, 호흡기, 콧병 등에 주의. 재물은 구하지 마라. 인간관계 개선책이 앞으로의 운세를 좌우한다. 남의 입을 꼼짝 못하게 할 아이디어나 계책을 개발하라. 손자병법이 필요하다.

343

六三(육삼)은 噬腊肉(서석육)하다가 遇毒(우독)이니 小吝(소린)이나
　　　　无咎(무구)리라.
象曰(상왈) 遇毒(우독)은 位不當也(위부당야)일세라.

　잘 나가다가 삼천포로 빠진 격이다. 생각지도 않은 반발에 부
딪쳐 고충을 겪고 있으나 별 걱정은 없다. 해묵은 사건을 들춰내
어서 골치 아픈 일이 생긴다. 인격이나 체면에 약간 손상을 가져
온다. 재물투자는 하락세를 보인다. 우유부단하다가 어려운 상황
을 만들 수가 있으니 일의 매듭을 확실히 해야 한다. 과감하고 적
절한 행동이 현재를 극복하는 상책이다.
　치아 건강 주의, 식중독, 위장병에 주의.

344

九四(구사)는 噬乾胏(서간자)하야 得金矢(득금시)나 利艱貞(이간정)
　　　　하니 吉(길)하리라.
象曰(상왈) 利艱貞吉(이간정길)은 未光也(미광야)라.

　마른 고기를 씹는 중에 딱딱한 물체가 있으니 조심해서 씹어야
겠다. 부패 고리의 몸체가 드러나는 시기이다. 불똥이 본인에게
튈 수가 있으니 조심하여야 한다. 지금의 운세는 어려운 가운데
서도 초지일관 밀고 나가면, 새로운 힘이 생기고 새로운 사실을
발견하여 운세가 반전된다. 어렵다고 금방 변덕을 부리면 모처럼
의 운세도 물거품처럼 사라진다.
　턱, 치아에 주의. 은근과 끈기가 필요하다.

345

六五(육오)는 噬乾肉(서간육)하야 得黃金(득황금)이니 貞厲(정려)면 无咎
　　　(무구)리라.
象曰(상왈) 貞厲无咎(정려무구)는 得當也(득당야)일세라.

　황금을 얻었다는 것은 어려움을 겪다가 재물과 권력을 얻어 일
이 풀린다는 말이다. 적극적인 사고방식과 바르고 굳센 의지로써
주어진 일을 관철하여 운기가 돌아온다. 본인의 소신대로 나아가
면 주위에서 약간의 반발은 있겠으나 끝까지 밀고 나가도 허물은
생기지 않는다. 성미가 급한 것을 자제하고, 지금은 정의를 먼저
생각하는 것이 현명하다.
　재물투자 등은 불안한 마음이 가고 난 뒤에 시작하라.

346

上九(상구)는 何校(하교)하야 滅耳(멸이)니 凶(흉)토다.
象曰(상왈) 何校滅耳(하교멸이)는 聰不明也(총불명야)일세라.

　욕심이 판단을 흐리게 하고 남의 말을 듣지 않고 여론도 무시하
니 죄악이 극도로 치닫고 있다. 고집불통으로 계속가면 미움만 생
긴다. 여론에 유순하게 따라주는 것이 현명하다. 한번 일이 틀어
지면 계속 꼬이는 상태다. 돈벌이에 신경 쓰지 말고 인생 공부에
치중해야 되겠다. 불순한 생각이 들면 과감히 버려라.
　귓병, 목병에 주의. 투쟁, 시비는 절대 피할 것.

351

初六(초육)은 鼎(정)이 顚趾(전지)나 利出否(이출비)하니 得妾(득첩)
하면 以其子无咎(이기자무구)리라.
象曰(상왈) 鼎顚趾(정전지)나 未悖也(미패야)오. 利出否(이출비)는
以從貴也(이종귀야)라.

솥이 뒤집혀 솥 안의 물건이 쏟아져 나오나 허물은 없다. 나쁜
것을 축출하여 새로운 물건을 담을 수 있으니, 전화위복이고 불행
중 다행이다. 옛것을 버리고 새것을 구한다. 구시대를 청산하고
혁신적인 정책으로 사태에 임하는 시기. 단체모임에서는 불순한
자를 보내고 간부들의 과감한 교체가 필요한 상황이다. 여자를 맞
아들이면 좋다. 천한 곳에서 귀한 곳으로 간다는 징조가 보인다.

352

九二(구이)는 鼎有實(정유실)이나 我仇(아구) 有疾(유질)하니 不我能
(불아능) 卽(즉)이면 吉(길)하리라.
象曰(상왈) 鼎有實(정유실)이나 愼所之也(신소지야)니 我仇有疾(아구
유질)은 終无尤也(종무우야)리라.

솥안에 음식이 많이 있는데 다른 사람이 일이 생겨 나 혼자 독차
지 할 수 있지만 공평하게 배분을 하면 좋은 일이 생긴다. 인간관
계는 주위 사람들 때문에 피해를 보는 경우도 있고, 질투하는 사
람이 주위에 많아진다. 지금은 행동할 시기가 아니다. 여행이나
원행은 삼가라. 병든 환자를 지극히 간호해야 한다. 유혹하는 사
람이 가까이 있으니 현혹되지 마라. 재물은 탐내지 말고 본인의
신변정리에 정열을 쏟아야겠다.

353

九三(구삼)은 鼎耳(정이) 革(혁)하야 其行(기행)이 塞(색)하야 雉膏
(치고)를 不食(불식)하나 方雨(방우)하야 虧悔(휴회)
終吉(종길)이리라.
象曰(상왈) 鼎耳革(정이혁)은 失其義也(실기의야)일세라.

솥이 달아올라서 솥귀도 뜨거우니 솥 안의 내용물을 먹을 수가
없다는 표현이다. 비가 와서 솥이 식으면 음식을 먹을 수가 있다.
지금은 윗사람에게 인정을 받지 못하고 있는 실정이다. 방해하는
자가 조용해질 때까지 기다리는 것이 상책이다. 사소한 일들이
자꾸 꼬이는 시기이다. 시대의 변천, 유행의 변화에 민첩하게 대처
하는 감각이 필요하다.
　재물 관계는 지금의 목표를 변경하면, 다른 일에 재미를 본다.

354

九四(구사)는 鼎(정)이 折足(절족)하야 覆公餗(복공속)하니 其形(기형)
이 渥(악)이라 凶(흉)토다.
象曰(상왈) 覆公餗(복공속)하니 信如何也(신여하야)오.

능력이 안 되는 사람이 큰 직책을 감당하였다가 솥의 다리가 부
러지는 것처럼 엉망이 되는 형상이다. 힘겨운 일들이 앞뒤에 산재
되어 있다. 믿었던 사람이 배신하여 감당하기 힘들다. 민심이 떠
나고 있다. 운송 계통은 차를 이용하지 말고 배나 비행기를 이용
하는 것이 좋다. 짝을 두고 다른 사람에게 눈을 돌린다면, 흉한 일
이 벌어지고 자기의 비밀이 탄로 나서, 헤어나오기 어렵게 된다.
　지극한 정성이 통하여야 운세가 발전한다.

355

六五(육오)는 鼎黃耳金鉉(정황이금현)이니 利貞(이정)하니라.
象曰(상왈) 鼎黃耳(정황이)는 中以爲實也(중이위실야)라.

솥의 다리가 안정성이 있어 무엇을 삶아도 견뎌 낸다. 협력, 협조하여 성공으로 이끄는 형상. 남에게 도움을 받고 본인도 남을 도와주는 화목한 상태이다. 위아래의 조화가 이뤄져야 운세가 더욱 좋아진다. 얻은 수확을 적절히 분배를 잘하여야 타인의 불평이 없다. 객관적인 판단 기준이 필요하다. 서쪽과 서남쪽에 좋은 소식이 있다. 여행에 좋은 운세. 음식 업종에는 상당한 발전이 있다.

356

上九(상구)는 鼎玉鉉(정옥현)이니 大吉(대길)하야 无不利(무불리)니라.
象曰(상왈) 玉鉉在上(옥현재상)은 剛柔(강유) 節也(절야)일세라.

귀한 솥은 솥귀에 열전도율이 낮은 옥의 귀고리를 꿰어 장식한다. 가을의 곡식을 수확하는 기쁨이 있다. 투자에 대한 산출이 생기는 시기이다. 성품을 유하고 온화하게 가지는 것이 좋다. 남에게 대가 없이 물질적으로 도움을 주고, 주위의 어려운 사람들을 보살펴 줄 일이 생긴다. 조상이나 종교에 희사하면 더 좋은 일이 생기는 계기가 된다. 보석이나 귀중품을 구입하는 일이 생긴다.
오래전에 도움을 받은 사람들에게 은혜를 갚는 일을 적극 추진하라.

361

初六(초육)은 濡其尾(유기미)니 吝(인)하리라.

象曰(상왈) 濡其尾(유기미) 亦不知(역부지) 極也(극야)라.

　강을 건너려다 중간에 빠져 진퇴가 곤란한 시기이다. 남을 믿고
일을 추진하였으나 믿을 바가 못 되었다. 일을 하는데 중도에 좌
절하는 경향이 생긴다. 실력이나 능력이 부족한 실정이다. 지식
을 습득하고 남을 의심하지 마라. 이동, 변동은 재미가 없다. 내
부의 분쟁 사건에 유의할 것. 감정이나 계획이 중용을 지키지 못
하고 극단으로 흐른다.

　때와 장소를 잘 분별하여 본인의 위치를 다시 점검하라.

362

九二(구이)는 曳其輪(예기륜)이면 貞(정)하야 吉(길)하리라.

象曰(상왈) 九二貞吉(구이정길)은 中以行正也(중이행정야)일세라.

　할 수 있는 능력이 있고 갈 수 있는 힘도 있지만 그대로 있는 것
이 상책이다. 하고 싶은 욕망을 쉬게 하는 것이 미래를 위해 좋다.
현재의 주어진 현실을 수용하고 내부적인 기쁨이나 희열을 즐기
는 것이 현명하다. 우환은 서서히 사라진다. 본업을 충실히 하고
다른 일에 신경 쓰지 말 것. 최후의 인내가 필요한 시기이다.

　능력이나 실력 발휘는 시일을 두고 다음 기회에 전진하라. 급한
전진은 금물.

363

六三(육삼)은 未濟(미제)에 征(정)이면 凶(흉)하나 利涉大川(이섭대천)
　　　하니라.
象曰(상왈) 未濟征凶(미제정흉)은 位不當也(위부당야)일세라.

　여러 가지 조건이 좋아지고 있다. 그래서 뭔가를 하려고 욕망
이 생기는 시기이나 조금만 더 참으면 새로운 여건의 변화가 생겨
더욱더 좋아진다. 새로운 업종, 새로운 아이디어는 인재를 찾고
도움을 주고받는 사람을 찾아서 세밀한 계획을 수립하여야 한다.
남을 공격한다든지 경쟁을 하게 되면 반드시 실패하여 창피를
당한다. 매매, 투자는 다음 기회를 노릴 것. 행동을 하면 안 되고
작전을 세우는 것은 좋다.

364

九四(구사)는 貞(정)이면 吉(길)하야 悔(회) 亡(망)하리니 震用伐鬼方
　　　(진용벌귀방)하야 三年(삼년)에야 有賞于大國(유상우대국)
　　　이로다.
象曰(상왈) 貞吉悔亡(정길회망)은 志行也(지행야)라.

　지성이면 감천이다. 지극한 노력의 결과로써 적을 공격하여 승
리를 하였다. 상장을 받는 기쁨이 생긴다. 피나는 노력의 대가가
이제야 비로소 빛을 보게 된다. 시비, 소송 문제도 오랜 세월 끝에
승소하는 형상이다. 하나하나씩 문제가 해결되고 흐뭇한 기분이
된다. 겨울이 가고 봄이 돌아오는 징조이다. 사교 문제나 대인 관
계에서 좀 더 원만하게 해결하면 모든 일에 더욱 발전성이 있다.

365

六五(육오)는 貞(정)이라 吉(길)하야 无悔(무회)니 君子之光(군자지광)
이 有孚(유부)라 吉(길)하니라.

象日(상왈) 君子之光(군자지광)은 其暉(기휘) 吉也(길야)라.

태양아래서는 밝은 등불이 빛을 내지 못하고, 어두운 밤에는 조그만 등불이라도 환하게 주위를 비춘다. 현재의 여건에서는 더욱 더 밝고 빛나게, 바른 길을 끝까지 고수해야 되겠다. 선과 악의 대결에서 결과적으로 선이 반드시 승리하게 된다. 매사에 착하고 선하게 처리하여, 신임과 재물의 복록이 더욱 빛난다. 사적인 욕심으로 일을 처리하면 창피를 당한다. 남의 일에 참견하지 말고 시비는 애당초 하지 마라.

366

上九(상구)는 有孚于飮酒(유부우음주)면 无咎(무구)어니와 濡其首
(유기수)면 有孚(유부)에 失是(실시)하리라.

象日(상왈) 飮酒濡首(음주유수) 亦不知節也(역부지절야)라.

사람이 술을 마셔야지 술이 사람을 마시는 지경까지 가서는 안된다. 예의와 신의를 지키면서 절도 있는 생활이 필요하다. 오락이나 흥행에 너무 치우치는 경향이 있으니, 취미를 바꾸는 것이 좋다. 자신을 스스로 과소평가하지 마라. 인간은 누구나 고귀한 인격체다. 절도 있는 대나무의 마디처럼 본능을 억제하고 절제하라.재물투자는 감정에 치우쳐 있어 실패한다.

371

初六(초육)은 旅瑣瑣(여쇄쇄)니 斯其所取災(사기소취재)니라.
象曰(상왈) 旅瑣瑣(여쇄쇄)는 志窮(지궁)하야 災也(재야)라.

　아주 작은 이해득실까지 따지고 하니 재앙이 오는 시기이다.
인생은 하나의 여행이고 나그네 길의 연속이다. 무엇을 악착같이
가지려고 해서는 안 된다. 친한 사람과의 의리를 저버리면서까지
자기의 이익만 추구한다면, 결국은 소외당하고 고독하게 된다.
바다와 같은 넓은 마음을 키워라. 바다는 죽은 물건을 좋아하지
않는다. 파도로 인하여 죽은 생물은 바닷가 쪽으로 밀려난다.

372

六二(육이)는 旅卽次(여즉차)하야 懷其資(회기자)하고 得童僕貞(득동
　　　복정)이로다.
象曰(상왈) 得童僕貞(득동복정)은 終无尤也(종무우야)리라.

　인생의 여로에서 보금자리도 찾고 재물도 생기고 심부름하는
노비도 얻었으니, 만사가 여의하게 풀릴 전망이다. 직책을 맡고
목표를 정한다 하여도 오랫동안 있을 자리는 아니다. 초조하고 불
안한 감정이 사라지고, 안정을 향해 운세가 발전한다. 새로운 일
의 추진도 좋다. 대화의 상대자를 찾아 혼자의 고독을 같이 달랠
사람을 만나고 미래의 꿈을 펴는 시기.
　그동안의 피로가 말끔히 사라지고 유쾌한 운세가 펼쳐진다.

373

九三(구삼)은 旅焚其次(여분기차)하고 喪其童僕貞(상기동복정)이니 厲(여)하니라.

象曰(상왈) 旅焚其次(여분기차)하니 亦以傷矣(역이상의)오 以旅與下(이여여하)하니 其義(기의) 喪也(상야)라.

남에게 너무 강폭하게 하여 사람들이 서서히 떠나가는 상태이다. 노사 분규가 발생할 때의 심정이다. 혼자 잘난 체하고 억지로 일을 진행 시키면 왕따를 당한다. 혹은 부하나 심복을 너무 믿어 엄청난 피해를 당하는 경우가 많다. 부하를 다시 점검하는 것이 좋다. 재물투자 등은 하지 않아야 된다. 불조심, 가스, 전기에 주의. 아랫사람을 대하는 행동에 신임을 얻지 못하고 있으며, 몸과 마음이 피로하고 주거 문제로 많은 고민이 생긴다.

374

九四(구사)는 旅于處(여우처)하고 得其資斧(득기자부)하나 我心(아심)은 不快(불쾌)로다.

象曰(상왈) 旅于處(여우처)는 未得位也(미득위야)니 得其資斧(득기자부)하나 心未快也(심미쾌야)라.

모든 일이 생각대로 풀려서 남들이 볼 때 좋게 보이나, 본인은 마음 한구석이 항시 불안하다. 가정이나 단체에서 시기, 질투와 의심하는 일이 벌어진다. 정신적 스트레스가 많이 쌓여 있다. 일시적인 돈이나 권력은 있어도 꿈을 펼칠 수가 없어 불쾌한 마음이 생긴다. 어떤 일이든 반드시 정당한 방법으로 목적을 달성하라. 속임수나 사기로 달성하면, 나중에 항상 마음이 불쾌한 법이다.

375

六五(육오)는 射雉一矢亡(석치일시망)이라 終以譽命(종이예명)
　　　이리라.
象曰(상왈) 終以譽命(종이예명)은 上逮也(상체야)일세라.

　꿩을 잡으려고 화살을 쏘아 적중하였으나 꿩이 화살을 달고 날
아가 버렸다. 그러나 근처에서 꿩과 화살을 발견하여 명예와 복
록을 받는다는 뜻이다. 본인의 노력이 다른 여건으로 인하여 인
정을 받지 못하다가 나중에 혜택을 본다. 지위나 명예를 구하는
것 역시 노력도 중요하지만, 재물의 지출이 있어야 성공한다. 투
자, 매매 등은 성공한다. 서남쪽으로 여행하면 좋다. 인기 관리를
잘하여야 한다.

376

上九(상구)는 鳥焚其巢(조분기소)니 旅人(여인)이 先笑後號咷(선소후
　　　호도)라 喪牛于易(상우우이)니 凶(흉)하니라.
象曰(상왈) 以旅在上(이여재상)하니 其義焚也(기의분야)오 喪牛于易
　　　(상우우이)하니 終莫之聞也(종막지문야)로다.

　태양이 서산에 기울어진 형상으로 좋은 일이 다하고 울고불고
하는 흉한 일만 돌아온다. 인간은 태어나면 반드시 자연으로 돌
아가는 법. 인간의 법칙은 노력 여하에 따라 변화할 수 있지만 자
연의 순리는 누구도 거역할 수 없는 엄숙한 것이다. 지금은 모든
것을 중지하여야 하며 이별하는 사람도 생긴다. 재물투자는 구하
지 마라. 두통에 유의. 화재, 가스, 전기 등에 조심할 것. 피곤한
나그네 신세이다.

初六(초육)은 晋如摧如(진여최여)에 貞(정)이면 吉(길)하고 罔孚
　　　(망부)라도 裕(유)면 无咎(무구)리라.
象曰(상왈) 晋如摧如(진여최여)는 獨行正也(독행정야)오 裕无咎(유무
　　　구)는 未受命也(미수명야)일세라.

　상부의 명령이 전달이 안 되고 이행되지 않는 시기. 앞으로 전
진을 하다가 방해자를 제거하여 이겼으나 관용을 베푸는 형상이
다. 약간의 난관에 직면하지만 하던 일을 그대로 밀어붙이면 성
공한다. 느긋한 마음이 필요하며 남을 이해하고 용서해야 한다.
인간관계가 중요한 시점이다. 친한 사람이 떠나더라도 본인에게
는 탈이 없다. 집의 변동 운세는 유월이나 동짓달이 좋다.
바쁜 생활 가운데 일을 정리하면서 하나씩 점검하라.

六二(육이)는 晋如(진여) 愁如(수여)나 貞(정)이면 吉(길)하리니
　　　受玆介福于其王母(수자개복우기왕모)리라.
象曰(상왈) 受玆介福(수자개복)은 以中正也(이중정야)라.

　나아가는 것 같기도 하고 근심하는 것 같기도 하다. 마음에 중
심을 잡고 차분한 판단이 필요하다. 나이 많은 여자나 단체의 장
이 큰 도움을 주어 일이 성사된다. 덕과 지혜가 있는 사람을 만나
행운을 얻는다. 웅대한 포부를 가지고 목적을 향해 나아가는 기
상이다. 집을 꾸미고 장식할 일이 생긴다. 멀리 가는 것은 피하라.
실력 있는 사람이 협조할 때까지 기다려라. 다른 곳으로 눈을 돌
리지 않고 중심을 잡고 있으면 자연히 좋아진다.

383

六三(육삼)은 衆允(중윤)이라 悔(회) 亡(망)하니라.
象曰(상왈) 衆允之志(중윤지지)는 上行也(상행야)라.

태양이 지평선 위로 나타난 형상이고, 분주한 가운데 기쁨이 생긴다. 현재의 활동 시기에는 모든 일을 적극적으로 추진하여 능력을 발휘해야 한다. 주위 사람들로부터 신임을 얻고 신용 관계도 개선되고 본인의 위치가 상승한다. 본인도 남을 위해 충정으로 행동하여 신망이 더욱 두터워진다. 지금은 일반인들의 중지를 모아야 하고 그들에게 인정을 받아야 운세가 좋아진다.
장기적인 재물운세는 성공하고, 단기적인 투기는 이익이 없다.

384

九四(구사)는 晉如鼫鼠(진여석서)니 貞(정)이면 厲(여)하리라.
象曰(상왈) 鼫鼠貞厲(석서정려)는 位不當也(위부당야)일세라.

다람쥐가 제자리에 있지 못하고 이리저리 왔다갔다하는 모습이다. 윗자리와 아랫자리의 중간에서 입장이 곤란한 시기이고, 두 세력 사이에 끼여 갈피를 잡지 못하는 상태다. 아무리 정당한 말이나 행동을 하더라도 위태한 시기이다. 지금은 간신배나 아첨하는 사람을 옆에 두면 반드시 위태한 일이 생긴다.
재물을 따르지 말고 인품을 따라가야 한다. 일을 하려면 분업을 하여, 나누어서 해결하는 것이 바람직하다.

385

六五(육오)는 悔(회) 亡(망)하란대 失得(실득)을 勿恤(물휼)이니 往
(왕)에 吉(길)하야 无不利(무불리)리라.
象曰(상왈) 失得勿恤(실득물휼)은 往有慶也(왕유경야)리라.

이해득실에 민감하게 반응하지 마라. 사소한 일에 신경 쓰지 말
고 본래의 계획대로 힘차게 밀고 나가라. 확장, 변동 모두가 좋은
운세. 마음 한구석에는 근심도 생기나 염려할 것이 없다. 밝은 사건
들이 생겨서 운세가 밝다. 운세는 좋아지지만 본인이 2선으로 물러
날 생각이 있으면 그것도 좋은 생각이다. 많은 사람들의 협조가
생겨 찬스를 잡고 승진, 승격의 운세로 이어진다. 임금과 신하 사이
에 신의 관계가 좋아 번영을 기약한다. 서남 방면에 희소식.

386

上九(상구)는 晉其角(진기각)이니 維用伐邑(유용벌읍)이면 厲(여)하
나 吉(길)코 无咎(무구)어니와 貞(정)엔 吝(인)하니라.
象曰(상왈) 維用伐邑(유용벌읍)은 道未光也(도미광야)일세라.

낮에 할 일을 밤에 하고, 밤에 할 일을 낮에 하는 형상으로써,
시운에 맞지 않는 행위를 한다. 세력을 이용하여 남을 공격하고
빼앗는 행동을 하면 순간적으로 좋겠지만 나중에 후회를 하게 된
다. 남을 비판하지 말고 자기자신을 냉철히 자각하라. 극단적인
감정으로 흐르면 고통만 계속 생긴다. 시기를 놓치고 난 후 후회
하는 상태. 재물투자 등은 전망은 밝으나 지금은 상황이 불리하다.
세력의 분열이 생긴다. 두통이나 신경성 건강에 유의.

411

初九(초구)는 壯于趾(장우지)니 征(정)하면 凶(흉)이 有孚(유부)리라.
象日(상왈) 壯于趾(장우지)하니 其孚窮也(기부궁야)로다.

　발꿈치는 움직이려고 요동치지만 몸은 움직이질 않는다. 망령되게 움직이다가 실패한다는 표현이다. 오기와 오만 그리고 맹신으로 밀고 나가면 흉한 일이 생긴다. 전진을 강요한다든지 변경, 변동은 아무런 이익을 주지 않는다. 이상은 높고 현실이 따라주지 않는 갑갑한 생활의 연속이다. 가뭄이 계속되어 땅위의 생물들이 지쳐 있다. 실망하는 일이 생긴다. 하고자 하는 모든 일을 무조건 중지하라. 재물투자는 손해 본다.

412

九二(구이)는 貞(정)하야 吉(길)하니라.
象日(상왈) 九二貞吉(구이정길)은 以中也(이중야)라.

　씩씩하고 힘차게 뻗어 가는 기상이 하늘을 찌를 듯하다. 추진력과 박진감으로 모든 일을 흔쾌히 성사시킨다. 그러나 그 힘은 처음에 부드럽게 하다가 마지막에 힘을 발휘하여야 빛이 난다.
군자는 예의가 아니면 아무리 이익이 있더라도 실행하지 않는다.
운세는 호운이나 예절, 의리 관계에 신중을 기하라. 더욱 좋아진다.
처음에는 충돌이 있으나, 계속 상승하는 기운이 강해 운기가 밝다.
재물 관계는 투자는 전망이 밝고 투기는 실패한다.

413

九三(구삼)은 小人(소인)은 用壯(용장)이오 君子(군자)는 用罔(용망)
이니 貞(정)이면 厲(여)하니 羝羊(저양)이 觸藩(촉번)하야
羸其角(이기각)이로다.
象曰(상왈) 小人(소인)은 用壯(용장)이오 君子(군자)는 罔也(망야)라.

　좁은 소견으로 대세의 흐름을 자기대로 판단하여 위태로운 지
경에 이른다. 순한 양이 사나운 양으로 변하여 울타리와 박치기
하여 뿔이 상하였다. 조금 있다고 폼을 내고 건방지게 굴다가는
다른 큰 피해가 온다. 물리적인 힘으로 밀어 붙이면 피해가 크게
온다. 마음을 가라앉히고 진정하라. 재물은 손실이 많다. 잘난 체
하면 적이 많게 되는 법이다. 내면을 굳건히 하라.
　뼈마디 건강에 유의하고 교통사고나 타박상에 주의.

414

九四(구사)는 貞(정)하면 吉(길)하야 悔(회) 亡(망)하리니 藩決不羸
(번결불이)하며 壯于大輿之輹(장우대여지복)이로다.
象曰(상왈) 藩決不羸(번결불이)는 尚往也(상왕야)일세라.

　버스가 복잡한 시내거리를 통과하고 이제 탄탄대로인 고속도로
에 진입하여, 더욱 세차게 전진할 수 있는 상황이다. 현재의 계획
을 바른 자세를 견지하면서 적극적으로 밀고 나가면 성공한다. 바
퀴가 튼튼하여 달리는데 어려움이 없어 시원하게 달린다.
　어리고 약한 사람을 도와줄 일이 있다. 타인과의 화합, 동업에
좋은 운세이며, 변동하여도 좋다. 문서 계약의 일이 생긴다.
　마음의 창을 활짝 열어라.

415

六五(육오)는 喪羊于易(상양우이)면 无悔(무회)리라.
象曰(상왈) 喪羊于易(상양우이)는 位不當也(위부당야)일세라.

　세대교체가 되는 시기. 한 가지를 먼저 잃고 대신에 다른 일이
생겨 변천하는 시대상을 나타낸다. 변화하는 것은 시일이 걸리게
마련이고 약간의 혼돈이 오는 것은 어쩔 수 없다. 소유하고 있는
물건을 처분하는 것이 이득이다. 주위에 어려운 사람을 돌봐 주
면 복을 받는다. 사람과도 이별하는 일이 생기는데 어쩔 수 없다.
아픈 이가 쏙 빠지는 격이다. 재물투자는 상당한 시일이 지나고
난 후에 새로운 물건을 잡는 것이 현명하다.

416

上六(상육)은 羝羊(저양)이 觸藩(촉번)하야 不能退(불능퇴)하며 不能遂
　　　(불능수)하야 无攸利(무유리)니 艱則吉(간즉길)하리라.
象曰(상왈) 不能退不能遂(불능퇴불능수)는 不詳也(불상야)오 艱則吉
　　　(간즉길)은 咎不長也(구불장야)일세라.

　숫양이 울타리에 걸려 나아갈 수도 없고 물러설 수도 없다.
자기 스스로의 말이나 행동을 어떻게 해야 할지 모르고 몸둘 바를
모르는 형상이다. 상당히 힘들지만 어려움을 참고 기다리면 자연
스럽게 답이 나온다. 본의 아니게 변화가 생긴다. 남과의 의견
충돌은 조화를 시켜라. 자기의 강한 성격, 옹고집은 억제할 것.
법정 시비 문제 주의. 대수롭지 않게 생각했던 것이 확대되어 골
치가 아프다.

421

初九(초구)는 歸妹以娣(귀매이제)니 跛能履(파능이)라 征(정)이면 吉
　　(길)하리라.
象曰(상왈) 歸妹以娣(귀매이제)나 以恒也(이항야)오 跛能履吉(파능이
　　길)은 相承也(상승야)일세라.

　막내딸이 언니와 같이 시집을 가는 것은 고대 사회에서는 흔한
일이었다. 막내딸을 절름발이로 비유했는데 정실부인이 아니기
때문이다. 그러나 잘 걷는다는 것은 언니 아래의 2인자로서 역할
을 잘 한다는 뜻이다. 사업으로 비유하면 심복 부하를 키우는 것
이 좋다. 남의 일을 계승하는 것은 전망이 밝다. 전문가를 키우고
살림꾼을 키우는 것이 좋다. 남을 따라주는 종속적인 운세로써
그렇게 하는 것이 길하다. 불완전의 상태에서 가능성이 나타난다.

422

九二(구이)는 眇能視(묘능시)니 利幽人之貞(이유인지정)하니라.
象曰(상왈) 利幽人之貞(이유인지정)은 未變常也(미변상야)라.

　새로운 환경에 빨리 적응해야 한다. 자기의 상식이나 편견을 버리
고 폭넓은 지식을 받아들이는 것이 필요하다. 눈치를 보려고 하니
행동에 잘못이 많다. 산에서 조용히 마음을 수양하는 것처럼 자기
의 모든 것을 재평가하는 시간과 정신이 필요하다. 종교나 명상
을 하면 좋다. 지나간 과거에 너무 집착하는 것은 나약한 사람들
의 행위이다. 외부적인 변경, 변동은 하지 말고, 내면적으로 과감
한 혁신이 필요하다.

423

六三(육삼)은 歸妹以須(귀매이수)니 反歸以娣(반귀이제)니라.
象曰(상왈) 歸妹以須(귀매이수)는 未當也(미당야)일세라.

　호응하는 사람이 없어서 기다리는 모습이다. 여동생을 언니의
몸종으로 보내었다가 다시 돌아오라고 하여 단장을 하여 시집을
보내는 형상이다. 몸종보다는 신분이 승격하였다. 아주 잘 맞은
경우는 아니지만 그런대로 유지하고 지탱할 수는 있다. 사업으로
는 자기의 본업에 소홀히 하고 쓸데없는 일에 시간을 뺏기고 있
다. 너 자신을 알라. 변경, 변동은 하지 말 것. 재물투자는 쉬는 것
이 좋다. 불순한 남녀 관계 주의. 건강은 복통 주의.

424

九四(구사)는 歸妹愆期(귀매건기)니 遲歸(지귀) 有時(유시)니라.
象曰(상왈) 愆期之志(건기지지)는 有待而行也(유대이행야)라.

　처녀가 시집을 갈 시기를 놓쳤다. 나쁘지는 않지만 기다리는 마음
이 필요하다. 곧 좋은 짝을 만나는 형상이다. 사업적으로는 겨울
에 여름용 상품을 팔려는 격이니, 다음 계절까지 기다리는 여유
가 있어야 한다. 찬스가 오는 것은 분명한데 시일이 걸린다. 인간
관계에서도 서서히 관계의 개선이 이루어진다. 재물투자는 다음
기회에 반드시 상승한다. 시험, 승진 역시 운세가 밝고 희망적이다.
계속 노력하라.

425

六五(육오)는 帝乙歸妹(제을귀매)니 其君之袂(기군지몌) 不如其娣之
　　　袂(불여기제지몌) 良(양)하니 月幾望(월기망)이면 吉(길)
　　　하리라.
象曰(상왈) 帝乙歸妹不如其娣之袂良也(제을귀매불여기제지몌양야)는
　　　其位在中(기위재중)하야 以貴行也(이귀행야)라.

　본인보다 약간 부족한 상대와 결혼하는 상태이나, 전망이 밝고
앞으로 행복하다는 표현이다. 겸양, 겸손이 필요하고 남을 위하
는 희생정신이 필요하다. 사업적으로는 자신의 위치에 집착하지
말고, 자기를 낮추고 남을 공경하면 성공한다. 겉모양새를 과도
하게 꾸미는 것은 삼갈 것. 벼는 익을수록 고개를 숙인다. 자기의
주장이나 사상을 남에게 관철시키려고 억지를 부리지 마라. 재물
관계는 구하지 말 것.

426

上六(상육)은 女(여) 承筐无實(승광무실)이라 士(사) 刲羊无血(규양무
　　　혈)이니 无攸利(무유리)하니라.
象曰(상왈) 上六无實(상육무실)은 承虛筐也(승허광야)라.

　음식 맛이 없는 것은 재료보다는 정성의 부족에서 오는 것이다.
무엇을 하든 지극한 마음이 부족하고, 게으르고 나태한 경향이 있
다. 하는 일이 겉으로는 그럴듯하게 보이는데 실속이 없다. 외부
치장에만 신경 쓰고 내부는 곪아 가는 형국이다. 서로의 잘못을
미루며 책임을 전가하는 버릇이 많고 남을 탓하는 경향이 있다.
재물투자는 노력만 하고 실질적 수입이 없다. 내분, 갈등에 주의.

431

初九(초구)는 遇其配主(우기배주)호대 雖旬(수순)이나 无咎(무구)하
니 往(왕)하면 有尙(유상)이리라.
象日(상왈) 雖旬无咎(수순무구)니 過旬(과순)이면 災也(재야)리라.

본인과 필적할 만한 사람을 만나서 서로가 예의를 지키고 존중
을 하면 좋은 일이 많이 생긴다. 친하다고 예의를 무시하고 인
격을 짓누르면 재앙이 생긴다. 부부간에 너무 친하면 예의범절이
사라진다. 서로가 존중하면서 각자의 위치를 지켜야 한다.
사업적으로는 동업자나 협조자를 만나 허물은 없으나, 각자가 올바
르게 처신하면 좋아지고, 욕심을 부리면 반드시 재앙이 있다. 이동,
변동은 하여도 좋다.

432

六二(육이)는 豐其蔀(풍기부)라 日中見斗(일중견두)니 往(왕)하면 得
疑疾(득의질)하리니 有孚發若(유부발약)하면 吉(길)하
리라.
象日(상왈) 有孚發若(유부발약)은 信以發志也(신이발지야)라.

낮에는 북두칠성이 보이지 않는다. 지금은 태양이 뭔가에 가려
져 있다는 표현이다. 임금이 누군가에게 씌어져서 사리판단을 못
하는 형상이다. 기분대로 진행하면 남에게 의심받고 괴로움을 당
한다. 인간관계에서는 신뢰성이 부족하다. 권력에 욕심을 내면 비
난의 함성을 피할 길 없다. 변경, 변동은 금물. 지극한 믿음과 성
실한 자세만이 현재의 운세를 발전시키는 유일한 길이다. 잔머리
를 굴리면 크게 실패한다. 육체적인 건강보다 마음의 병에 유의.

九三(구삼)은 豊其沛(풍기패)라 日中見沬(일중견매) 折其右肱(절기우
굉)이니 无咎(무구)니라.

象曰(상왈) 豊其沛(풍기패)라 不可大事也(불가대사야)오 折其右肱(절
기우굉)이라 終不可用也(종불가용야)라.

정신에 혼란이 생겨 착각하는 일이 많다. 오른팔을 잘라내어야
탈이 없다는 것은 자신이 가장 믿는 사람 혹은 자기의 의지처
가 무너지는 상황이다. 물욕이 앞을 가리면 주위의 충고도 들리
지 않는 법이다. 큰 일, 큰 계획을 꿈꾸지 마라. 사용하지 못할 물건
이나 이미 끝장난 사건에 미련을 갖지 마라. 재물투자 등은 하지
말고 지금 있는 것을 잘 관리할 것. 형제, 친구에게 병이 생긴다.

九四(구사)는 豊其蔀(풍기부)라 日中見斗(일중견두)니 遇其夷主(우기
이주)하면 吉(길)하리라.

象曰(상왈) 豊其蔀(풍기부)는 位不當也(위부당야)일새오. 日中見斗
(일중견두)는 幽不明也(유불명야)일새오.

遇其夷主(우기이주)는 吉行也(길행야)라.

유유상종으로 같은 길을 가는 사람을 만나면 좋은 일이 생긴다.
공부하는데도 혼자서 하는 것보다 같은 또래의 사람끼리 모여서
강론을 하고 선의의 경쟁을 하면, 서로가 서로에게 덕을 보는 형상
과 같다. 사업 문제는 능력 있는 사람을 만나 협조를 받는 좋은 운
이다. 상황 분석에 대한 본인의 판단이 흐려지므로 옆 사람의 조
언을 명심하라. 재물운세는 발전한다. 심장병, 눈병 주의.

435

六五(육오)는 來章(내장)이면 有慶譽(유경예)하야 吉(길)하리라.
象曰(상왈) 六五之吉(육오지길)은 有慶也(유경야)라.

　가을에 곡식을 수확하니 풍요로운 축제의 분위기다. 폐쇄된 입구
를 열고 개방적인 생활방식이 필요하다. 지난 시절에 받지 못했
던 본인의 노력의 대가로 이제야 복을 받는 시기이다. 내 몸을
낮추면 사람들이 모여들고 명예에 있어 승진, 승격의 기상이 충만
하다. 문서 관계에 상당히 좋은 운세. 상장, 상품, 선물을 주고받
을 일이 생긴다. 변경, 이동에도 좋은 운세. 재물투자는 모두 좋다.

436

上六(상육)은 豊其屋(풍기옥)하고 蔀其家(부기가)라 闚其戶(규기호)하
　　　니 闃其无人(격기무인)하야 三歲(삼세)라도 不覿(불적)
　　　이로소니 凶(흉)하니라.
象曰(상왈) 豊其屋(풍기옥)은 天際翔也(천제상야)오 闚其戶闃其无人
　　　(규기호격기무인)은 自藏也(자장야)라.

　빈 깡통이 요란스럽다. 겉의 행동과 속마음이 다르다. 탐욕을
부리다가는 흉한 일을 보게 된다. 남의 위장전술에 속지 말 것.
그럴듯한 말에 현혹되지 마라. 물건 구입에는 허점이 많으니 거래
하지 않는 것이 좋다. 단체나 가정에서는 적적한 시기이니 고독
한 시간이 많다. 이별할 사람이 생긴다. 인생관에 있어 새로운 자
기비판이 필요하다. 외부나 겉모습을 꾸며서 오히려 피해를 보는
경우가 많다.

初九(초구)는 震來虩虩(진래혁혁)이라야 後(후)에 笑言啞啞(소언액
액)이리니 吉(길)하니라.
象曰(상왈) 震來虩虩(진래혁혁)은 恐致福也(공치복야)오 笑言啞啞(소
언액액)은 後有則也(후유칙야)라.

　하늘에서 천둥이 칠 때는 모든 사람의 마음이 한 곳으로 집중된
다. 평소에 죄를 많이 지은 사람은 더욱 놀란다. 모든 일을 할 때
항시 바르게 해야 한다. 천둥이 치고 난 후엔 마음을 놓아 웃는 형
상이다. 주위의 분위기가 깜짝 놀랄 일이 있은 후에 좋은 일이 생
긴다. 놀랄 정도의 지위 상승과 함께 인기가 올라간다. 법도에 맞
게 생활하는 습성을 길러야 한다. 재물투자 등은 시일이 경과한
후에 크게 성공한다.

六二(육이)는 震來厲(진래여)라 億喪貝(억상패)하야 躋于九陵(제우구
릉)이니 勿逐(물축)하면 七日得(칠일득)하리라.
象曰(상왈) 震來厲(진래여)는 乘剛也(승강야)일세라.

　우레가 오면 재물의 손해가 많다. 내부의 갈등 때문에 쓸데없는
지출만 많은 현상이다. 우레는 오래 계속되는 것이 아니다. 활동
무대를 조용한 곳으로 옮기는 것이 좋다. 조금 후 다시 주위가 평
정된다. 계약이 취소되는 기미가 있더라도 가만히 있으면 해결된
다. 주위의 상황을 잘 살펴보아야 한다. 고래 싸움에 새우등 터지
는 소리가 들리는 징조이다. 재물은 구하지 마라. 자기의 본분대
로 돌아가는 것이 좋다.

443

六三(육삼)은 震蘇蘇(진소소)니 震行(진행)하면 无眚(무생)하리라.
象曰(상왈) 震蘇蘇(진소소)는 位不當也(위부당야)일세라.

   태풍이 휘몰아쳐 주위가 어수선해도 본인에게는 피해가 없는 형상이다. 그냥 스치고 지나가는 과정일 뿐이다. 동쪽 방면에 희소식이 있다. 자기 주위의 여건을 새로이 재정비하여야 한다. 다른 사건에 동요됨이 없어야 하겠다. 병든 사람은 더 위독하게 고통을 받다가, 조용하고 편안해지는 상태이다. 선전이나 기획 등의 일에는 상당한 발전성이 있다. 아이디어 발명, 기술혁신은 시간이 지나면 이름을 떨친다.

444

九四(구사)는 震(진)이 遂泥(수이)라.
象曰(상왈) 震遂泥(진수이)는 未光也(미광야)로다.

   천둥이 가라앉는 형상이니 시끄럽던 사건들이 평온을 다시 찾는다. 떠들썩하던 여론이 서서히 식어 가는 중이다. 인기인이나 유명 인사는 본인의 인기가 나쁜 쪽으로 흘러간다. 수렁에 빠지고 남녀 관계에 빠지고 술에 빠질 운이다. 헤매지 마라. 재물운세는 노력의 대가가 있어 운세가 밝다. 현재의 위치에 안주하지 말고 과감한 탈출이 필요하다.
   정신 개혁이 무엇보다 중요하다.

六五(육오)는 震(진)이 往來(왕래) 厲(여)하니 億(억)하야 无喪有事(무
　　상유사)니라.

象曰(상왈) 震往來厲(진왕내여)는 危行也(위행야)오 其事(기사) 在中
　　(재중)하니 大无喪也(대무상야)니라.

　선한 일을 한 사람은 천둥이 아무리 쳐도 두려운 마음이 없다.
남에게 나쁜 감정이 있는 사람은 무언가에 쫓기듯 항상 불안하고,
바르게 생활하면 마음에 걸림이 없어 늘 평온하다. 번개가 쳐도
본인에게는 피해가 없으나, 이럴때 억지로 행동할 필요가 없다.
작은 재물의 손실에 집착하지 말고 거시적으로 통 크게 행동하는
것이 좋다. 재물을 구하는 것도 지금은 기복이 심해 좋지 않다.

上六(상육)은 震(진)이 索索(삭삭)하야 視(시)矍矍(확확)이니 征(정)이
　　면 凶(흉)하니 震不于其躬(진불우기궁)이오 于其隣(우기
　　린)이면 无咎(무구)리니 婚媾(혼구)는 有言(유언)이리라.

象曰(상왈) 震索索(진삭삭)은 中未得也(중미득야)일새오 雖凶无咎(수
　　흉무구)는 畏隣戒也(외린계야)일세라.

　하늘에 먹구름이 끼면 비가 올 것을 예상하고 대피해야 한다.
설마 하다가는 피해가 크고 흉한 일이 생긴다. 대비책을 강구하
지 않고 있으면, 모진 사람 옆에서 벼락 맞는 상태가 된다. 사업
이나 계획은 축소의 시기. 사람을 만나고 화합하는 일은 우여곡
절은 생기나 뒤에는 좋아진다. 나쁜 충격, 소문으로 인해 본인하
고 친한 사람에게 불똥이 튄다. 이동, 변경은 금물. 경계하고 조
심하는 것이 가장 필요하다.

初六(초육)은 浚恒(준항)이라 貞(정)하야 凶(흉)하니 无攸利(무유리)
　　　하니라.
象曰(상왈) 浚恒之凶(준항지흉)은 始(시)에 求深也(구심야)일세라.

　처음부터 힘에 겨운 일을 하여 감당하기에 힘이 든다. 억지로
참고 운세가 풀릴 때까지 기다리나, 고통만 생기고 좋을 날이 없
다. 걷지도 못하는 사람이 뛰는 것과 같고 수레의 짐이 무거워 옮
길 수가 없다. 짐을 가볍게 하고 약간의 변동으로 다시 출발하라.
계획을 처음부터 크게 확장하여 얼마 못 버티는 형상이다. 신규
계획, 신규투자는 금물. 전에 진행하다가 그만두었던 일을 다시
시작하는 것은 좋다.

九二(구이)는 悔(회) 亡(망)하리라.
象曰(상왈) 九二悔亡(구이회망)은 能久中也(능구중야)라.

　뉘우침이 사라진다. 천고만난을 만나도 바른 생활의 도를 잃지
않아야 된다. 항구한 마음으로 사람을 대하라. 이동은 오월이나
시월이 좋다. 인간관계는 변덕을 부리지 말고 흐르는 강물처럼 꾸준
히 교제해야 한다. 손익에 집착하여 거래 관계를 바꾼다든지 하
면 손실이 많다. 남녀 관계의 문제도 한사람을 정했으면 영원토록
지키며 보호해야 한다. 힘에 버거운 일을 하여 마음이 무거웠으나
뉘우치고 참회하여 서서히 좋아진다.

九三(구삼)은 不恒其德(불항기덕)이라 或承之羞(혹승지수)니 貞(정)
   이면 吝(인)하리라.
象曰(상왈) 不恒其德(불항기덕)하니 无所容也(무소용야)로다.

　지조없이 흔들리는 마음 때문에 부끄러움을 당하고 수치스러
운 상황이 된다. 일편단심 민들레가 되지 못하여 꽃이 꺾어지려
고 한다. 엎어진 물을 다시 주워 담기는 어려운 일이다. 상대를
무시하면 반드시 본인이 당한다. 변덕을 부리지 마라. 약속의 이행
도 잘되지 않는다. 이곳저곳으로 옮겨 다니면 세월만 가고 처량
한 신세가 된다. 꾸준히 한 곳에 집중하라. 호흡기, 폐 계통 건강
에 유의. 재물을 구하지 마라.

九四(구사)는 田无禽(전무금)이라.
象曰(상왈) 久非其位(구비기위)어니 安得禽也(안득금야)리오.

　사냥을 하는데 새가 없으니, 목적하는 소원을 성취할 수 없는
운세이다. 목적달성이 안 되는 이유는 본인의 마음이 날씨만큼이
나 변덕스러워서 그렇게 되었다. 인내력이 약하고 주위 사람의 말
에 줏대가 흔들린다. 학업을 성취하는 것도 매일 꾸준히 실력을
쌓아야지, 한꺼번에 하려면 안 된다. 항상 푸른 사철나무를 보고
인생공부를 하라. 물이 나오지 않는 자리는 아무리 깊이 파도 물
이 나오지 않는다.

455

六五(육오)는 恒其德(항기덕)이면 貞(정)하니 婦人(부인)은 吉(길)코
　　夫子(부자)는 凶(흉)하니라.
象曰(상왈) 婦人(부인)은 貞吉(정길)하니 從一而終也(종일이종야)일
　　새오 夫子(부자)는 制義(제의)어늘 從婦(종부)하면 凶也
　　(흉야)라.

　여자는 오직 한 남자만을 위해 정조를 지키니 좋다. 남녀 관계
의 문제에 유의할 필요가 있다. 남자가 여자의 말을 듣고 그대로
따르면 흉한 일만 생긴다. 남자는 의리를 따라야 하고 여자는 애정
에 따른다. 여성적인 사업의 운세는 좋으나, 남성적이고 활동적
인 사업은 불리하다. 남편이 아내의 말만 듣고 따른다면, 사회활
동이나 집안에 어려움이 계속된다. 여행이나 변동은 하지 마라.

456

上六(상육)은 振恒(진항)이니 凶(흉)하니라.
象曰(상왈) 振恒在上(진항재상)하니 大无功也(대무공야)로다.

　성급하게 일을 처리하여 후회하는 상황이다. 말을 함부로 경솔
하게 하여 입장이 곤란한 시기이다. 흥분을 가라앉히지 못하고
자꾸만 사건을 만들어 스스로를 피로하게 만든다. 인간관계는 변덕
이 심하여 믿지 못할 사람이 되어버렸다. 재물투자 등은 급속히
결정하여 손해를 보는 시기. 본인의 생각과 현실이 조화를 이루
지 못하고 있다. 당면한 문제는 한숨 자고 난 후에 결정하라.
　여유 있고 너그러운 마음이 필요하다.

初六(초육)은 无咎(무구)하니라.

象曰(상왈) 剛柔之際(강유지제)라 義无咎也(의무구야)니라.

　일체의 압박에서 해방되는 시기이고, 어수선하지만 모든 일이 해결되는 시절의 혼란함이니, 운세가 밝아지고 뉘우침이 없어진다. 강한 사람과 약한 사람이 만나 서로 교제하고 미래의 희망으로 분주하다. 마음에 들지 않는 사람을 지혜롭게 설득을 하여야 본인이 편해진다. 현재는 재물에 고통을 당하는 일이 많다. 재물투자는 단기적 투자에 이익이 없고, 장기적 투자에 성공한다.

　의리를 굳건히 지켜서 신임을 얻어라.

九二(구이)는 田獲三狐(전획삼호)하야 得黃矢(득황시)니 貞(정)하야
　　　吉(길)토다.

象曰(상왈) 九二貞吉(구이정길)은 得中道也(득중도야)일세라.

　사냥을 하여 여우 세 마리를 획득하고 누런 화살까지 구하는 좋은 운. 목적을 달성하고 소원이 성취되는 시기이다. 사냥을 한다는 것은 해로움을 제거하는 것이고, 여우는 의심이 많고 아첨하는 동물이다. 주위의 사람들을 바른 길로 인도할 일이 생긴다.

　누런 화살은 재물의 이익, 명예의 회복, 금메달을 뜻하며, 화살은 항시 곧게 나아가니 마음을 곧고 바르게 하여 크게 성공한다는 표현이다. 소인배에게 관용을 베풀어 자기편으로 만들어라. 재물투자는 대길.

463

六三(육삼)은 負且乘(부차승)이라 致寇至(치구지)니 貞(정)이라도
吝(인)이리라.
象曰(상왈) 負且乘(부차승)이 亦可醜也(역가추야)며 自我致戎(자아치융)
이어니 又誰咎也(우수구야)리오.

　나쁜 운세는 아니나 분수에 넘치는 일을 하여 손해를 본다. 등짐
을 지었으면 걸어가든지 수레를 탔으면 등짐을 내려놓아야 한다.
등짐을 내려놓지 않고 등짐을 지고 있으니 사람들에게 도둑질
하려는 마음을 일으키게 하였다. 분배를 잘하여야 하는데 욕심이
많은 형상이다. 꿈 깨라. 말과 행동에 예의범절을 소홀히 하는 경향
이 많다. 과분한 직책, 과다한 투자로 인해 오히려 내면적인 고통
이 생긴다. 투기는 금물. 실물수, 도둑 주의.

464

九四(구사)는 解而拇(해이무)면 朋至(붕지)하야 斯孚(사부)리라.
象曰(상왈) 解而拇(해이무)는 未當位也(미당위야)일세라.

　능력 있는 사람을 소홀히 하고 나쁜 교제에 빠져 있다. 이런 것
들을 정리하고 나아갈 방향과 목표를 세우니 동지들이 모이기 시
작한다. 가장 가까운 실세 측근을 제거하여야 다른 사람들이 인
정을 하고 화합이 되며 도와주려고 나에게로 돌아온다. 재물투자
는 본업에 투자하면 크게 성공하고, 유행에 따른 투자는 실패한
다. 아부하는 사람을 경계하라. 봄과 여름은 상승세이고 가을, 겨
울은 운세가 하락한다.

465

六五(육오)는 君子(군자) 維有解(유유해)면 吉(길)하니 有孚于小人
(유부우소인)이리라.

象曰(상왈) 君子有解(군자유해)는 小人(소인)의 退也(퇴야)라.

  본인의 훌륭하고 올바른 행동에 타인들이 감명을 받아 남들이
호응하며 따라주는 형상이다. 협조자가 생기고 주위 상황이 유리
하게 변한다. 주어진 임무를 능히 해결하여 걱정이 사라지고, 본
인에게 피해를 입히려던 사람들이 마음을 돌이킨다. 마음에 품은
원한이나 미움은 겨울의 눈이 태양의 빛에 녹듯이 녹아진다. 부드
러운 회유책이 필요하다. 모든 것에서 해방되고 자유를 찾는다.

466

上六(상육)은 公用射隼于高墉之上(공용석준우고용지상)하야 獲之
(획지)니 无不利(무불리)로다.

象曰(상왈) 公用射隼(공용석준)은 以解悖也(이해패야)라.

  매는 사납고 해로운 존재로서 강력한 소인배이다. 매를 쏘아 잡으
니 이익이 생긴다. 소원이 성취된다는 표현이다. 상대를 공공연
하게 처형하고 재산을 몰수하는 시기이다. 전전긍긍하던 일들의
매듭이 풀린다. 산모가 해산하여 자식을 얻고, 열 달의 고통이 해소
되는 시기이다. 막혔던 것이 시원하게 뚫리는 형상이다. 재물관
계는 미래 전망이 밝고 매매는 이제 곧 이루어진다. 모든 일을 적
극적으로 진행하여 활동적이고 멋있는 생활을 이룩한다.

初六(초육)은 飛鳥(비조)라 以凶(이흉)이니라.
象曰(상왈) 飛鳥以凶(비조이흉)은 不可如何也(불가여하야)라.

　어린 새가 날아가 버렸으니 흉하다. 사람이 떠나고 재물의 손실
이 많다. 약속이나 계약의 문제가 성립되지 않는다. 주거의 안정
이 없다. 날지도 못하는 어린 새가 앞뒤 분간을 못하면서 억지로
날려고 한다. 현재의 운세는 실속이 없다. 올라가는 일, 즉 진급
이나 등산 등은 삼가라. 올라가지 못할 나무는 쳐다보지도 마라.
신경만 쓰이고 가슴만 아프다. 재물투자는 이익이 없다. 가족의
건강에 유의. 동업, 협조 등은 바라지 말라.

六二(육이)는 過其祖(과기조)하야 遇其妣(우기비)니 不及其君(불급기군)이
　　　오 遇其臣(우기신)이면 无咎(무구)리라.
象曰(상왈) 不及其君(불급기군)은 臣不可過也(신불가과야)라.

　할아버지를 지나 할머니를 만난다는 것은 남자보다는 여성의
도움으로 목적을 성취하는 시기이다. 목적이나 계획에 약간의 차질
이 있다. 너무 높은 사람에게만 의존하면 도움을 받기 어렵다. 임금
을 만나지 말고 신하를 만나 해결의 실마리를 구하라. 재물투자
는 목적물과 다른 것으로 변경된다. 운세가 약간 불리하니 겸손
한 생활을 하여야 안정이 된다. 목표를 한 단계 낮추어라.

473

九三(구삼)은 弗過防之(불과방지)면 從或戕之(종혹장지)라 凶(흉)
　　하리라.
象曰(상왈) 從或戕之(종혹장지) 凶如何也(흉여하야)오.

　소인배는 지나칠 정도로 방비를 해야 하는데 방심하여 뒤통수
를 한 대 맞아 엎어지는 형상이다. 남을 도와주고 믿었으나 배
은망덕한 일을 당하여 도리어 본인이 피해를 받는다. 흉한 일이
연속적으로 생기는 운세. 남에게 도와준다고 하는 말과 행동이 오
해를 일으켜 곤경에 빠진다. 도둑이나 밤길을 조심해야 한다. 재
물투자 등은 하지 마라. 사람을 믿지 말고 도둑이 많으니 주의.

474

九四(구사)는 无咎(무구)하니 弗過(불과)하야 遇之(우지)니 往(왕)이
　　면 厲(여)라 必戒(필계)며 勿用永貞(물용영정)이니라.
象曰(상왈) 弗過遇之(불과우지)는 位不當也(위부당야)오 往厲必戒(왕
　　여필계)는 終不可長也(종불가장야)일세라.

　끝장을 보아야 직성이 풀리는 감정을 자제하고, 지금의 시기는
순리적으로 해결될 때까지 쉬는 것이 현명하다. 조용히 시일을
보낸 후에야 이동, 변경을 하여야 한다. 상대방을 무시하고 본인
만 잘 나가려다가 흉한 일을 당하게 된다. 멀리 있는 사람을 만나
면 좋다. 재물투자 등은 불리하다. 관청 관계, 시비 문제가 야기된
다. 건강에도 상당히 유의해야 한다. 겸손하여야 하고 수동적인
생활방식이 절실히 필요하다.

475

六五(육오)는 密雲不雨(밀운불우)는 自我西郊(자아서교)니 公(공)이
　　　　弋取彼在穴(익취피재혈)이로다.
象曰(상왈) 密雲不雨(밀운불우)는 已上也(이상야)일세라.

　주식값이 너무 올라 더 이상의 상승은 당분간 기대할 수 없는
상황이다. 하락하는 것은 당연한 이치. 축소하고 목표를 작게 설정
하라. 비가 오지 않으니 답답한 심정이다. 현실의 직면한 잘못에
대한 근원을 찾아서 신속히 대처하고 불순분자를 처단하여야 막힌
것이 열린다. 재물투자는 더 이상 금물. 일에 대한 의욕이 식어 가고
하향 국면에 접어들었다. 주택으로 비유하면 올라가는 층수는 피
하고, 내려오는 층수를 택할 것.

476

上六(상육)은 弗遇(불우)하야 過之(과지)니 飛鳥(비조) 離之(이지)라
　　　　凶(흉)하니 是謂災眚(시위재생)이라.
象曰(상왈) 弗遇過之(불우과지)는 已亢也(이항야)라.

　새가 너무 높이 날아서 하늘을 떠나 땅으로 떨어지니 흉하다는
것은 지금은 어떤 일을 하여도 재앙을 피하기 어려운 시기이다.
자만심이 가득하여 운세가 풀리지 않고, 주위 사람들이 떠나가는
상태이다. 잘못된 본인의 행위로 인해 재앙이 닥쳐온다. 재물투
자는 안 된다. 지나칠 정도로 자기를 죽이고 겸양하고, 지나칠 정
도로 검소하게 아껴야만 운세가 호전된다. 헤어질 사람이 생기는
것은 어쩔 수 없다.

481

初六(초육)은 鳴豫(명예)니 凶(흉)하니라.
象曰(상왈) 初六鳴豫(초육명예)는 志窮(지궁)하야 凶也(흉야)라.

　김칫국을 먼저 마시는 형상이니 기운이 빠져 나가서 흉한 일이 생긴다. 지인의 배경이나 원조만 믿고 자기의 분수에 넘치는 행위를 하며 설치다가는 반드시 나쁜 결과가 생겨 지인도 피해입고 본인도 피해를 본다. 까불지 마라. 일의 시작 전에 호언장담하고 교만하다가는 모처럼의 행운이, 불행의 씨앗이 되어 역사에 오점을 남긴다. 신규투자는 하지 마라. 재산, 인기 관리에 치중하라. 욕심을 자제하라. 잘난 체하면 실패한다.

482

六二(육이)는 介于石(개우석)이라 不終日(불종일)이니 貞(정)코 吉(길)하니라.
象曰(상왈) 不終日貞吉(불종일정길)은 以中正也(이중정야)라.

　굳은 절개와 신용을 지키고 행동이 올바르니 잘되고 좋은 일이 많고 흐뭇한 상황이 전개된다. 찬스를 놓치지 말고 잡아라. 윗사람과 아랫사람의 관리를 잘하여 주위의 신망이 높아지는 시기이다. 비밀을 반드시 지키고 의지를 바위와 같이 굳건하게 지킴으로써 모든 일이 더욱더 발전한다. 기다리는 약속은 빨리 성사된다. 투자, 재물은 크게 좋다. 손님 맞을 준비하고 청소하고 꾸미는 것이 좋다. 떠나고 여행하는 일은 선견지명이 있는 선택이 된다.

483

六三(육삼)은 旴豫(우예)라 悔(회)며 遲(지)하야도 有悔(유회)리라.
象曰(상왈) 旴豫有悔(우예유회)는 位不當也(위부당야)일세라.

처녀가 눈이 높으면 결혼하기가 힘이 든다. 설령 결혼하더라도 눈이 높아 허례허식에 치중하고, 알뜰한 살림이 되지 않아 곧 후회하는 상태이다. 과대망상의 꿈을 버리고 현실을 직시하라. 남의 일에 신경 쓰는 경향이 있다. 중지하라. 투자, 재물은 과욕을 버려라. 불리하다. 본인은 행동력이 부족하고 게을러서 공상만 하다가 시간을 빼앗겨 손해 본다. 현실로 돌아오는 것이 좋다. 비밀이 폭로되어 곤욕을 당하게 된다.

484

九四(구사)는 由豫(유예)라 大有得(대유득)이니 勿疑(물의)면 朋(붕)이 盍簪(합잠)하리라.
象曰(상왈) 由豫大有得(유예대유득)은 志大行也(지대행야)라.

즐거움이 충만하고, 친구도 오고 동지도 오고, 뜻을 구하는 형상이다. 책임자를 정하였으면 제일 중요한 것이 믿음이다. 맡겼으면 의심하지 말아야 한다. 나의 행위도 의심받지 않도록 매사에 성실히 임하라. 위임이나 청탁 관계가 많아 바쁘고 보람이 있다. 인연이 도래하여 인연을 잡고, 큰일을 성취하여 성공하는 상태. 재물투자 등은 적극 추진하라. 사업운세는 모든 정열, 실력을 한 곳에 집중하여 크게 성공한다. 단합, 단결에 상당히 좋은 운세.

六五(육오)는 貞(정)호대 疾(질)하나 恒不死(항불사)로다.
象曰(상왈) 六五貞疾(육오정질)은 乘剛也(승강야)오 恒不死(항불사)
　　는 中未亡也(중미망야)라.

　본인은 잘하려고 노력해도 남이 보면 물가에 어린애 노는 것처
럼 위태하게 보인다. 큰 위험은 닥치지 않는다. 신하가 실제 권력
을 가지고 있으나 임금의 자리는 뺏기지 않으니, 현실적으로 남에
게 자기의 권리를 빼앗긴 상태이고, 사업적으로는 시장의 점유를
남에게 많이 침범 당했다. 현실은 애매모호한 실정이나 더욱더
정진하여야 목표를 달성한다. 건강 문제로 비유하면 위태위태
하지만 큰 위험은 없다. 관청, 병원 문제에 걱정이 생긴다.

上六(상육)은 冥豫(명예)니 成(성)하나 有渝(유유)면 无咎(무구)리라.
象曰(상왈) 冥豫在上(명예재상)이어니 何可長也(하가장야)리오.

　정도에 지나친 계획을 빨리 수정하여 변경시켜라. 빠를수록 좋
다. 속단을 하면 안 된다. 다시 원위치로 빨리 돌아오면 허물이 없
다. 자기의 잘못은 빨리 인정하고, 뉘우침이 빠른 사람은 성공할
소지를 가지고 있는 사람이다.
　잘못을 그대로 밀고 나가면 흉하다. 손님이 온다고 미리 준비하
고 오두방정 떨었건만 손님은 오지 않는다. 필요 이상의 준비나
희망은 손해를 가져올 뿐이다.

511

初九(초구)는 復(복)이 自道(자도)어니 何其咎(하기구)리오 吉(길)
　　하니라.
象曰(상왈) 復自道(복자도)는 其義吉也(기의길야)라.

　원위치 하라. 본래의 자기로 돌아오면 좋은 일이 생긴다. 다른
일에 약간 빠졌다가 마음을 정리하여 다시 돌아온 형상이다. 서울
에서 부산에 갔으면 지체하지 말고 다시 서울로 와야 한다. 바깥
에서의 욕심을 자제하라. 사이가 나빴던 사람과의 인간관계는 호
전된다. 새로운 일을 계획하지 마라. 본업, 본래의 임무에 충실하
라. 이것저것 신경 쓰다가는 머리만 아프다. 외부적인 변동은 불
안하다.

512

九二(구이)는 牽復(견복)이니 吉(길)하니라.
象曰(상왈) 牽復(견복)은 在中(재중)이라 亦不自失也(역부자실야)라.

　동지와 주위 사람을 이끌고 같이 가는 상태이니 길하다. 혹은
본인이 타인에 이끌려서 본래의 자리로 돌아오는 형상이다. 남을
설득하여 단체나 종교 행사에 갈 때 여럿이 같이 가는 상황이다.
혼자만 일을 하면 나중에 비난의 소리를 듣는다. 모임을 만드는
일 등은 좋다.
재물투자는 구하지 말고 인간관계의 단합, 단결에 희망을 가져라.
　집안 수리, 내부 정돈은 좋다. 나약하고 기운이 빠져 있는 친한
사람을 바른 길로 인도하라.

九三(구삼)은 興說輻(여탈복)이며 夫妻反目(부처반목)이로다.
象曰(상왈) 夫妻反目(부처반목)은 不能正室也(불능정실야)라.

  자동차가 신나게 달리다가 바퀴가 빠졌으니 일시 정지의 상태
이다. 운세가 전진하다가 장애에 막혀 전진하지 못하는 형상이다.
가정에서는 부부가 서로 반목하는 분위기이니 오래갈 수 없다.
단체나 모임은 세력의 분열이 생겨 갈등이 심하다. 현재 하는 일은
오래가지 못한다. 현재 자기에게 맞지 않는 일을 어쩔 수 없이 하는
경향이 심하다. 참신하고 적성에 맞는 일을 다시 선택하는 것이
현명하다. 재물투자는 구하지 마라.

六四(육사)는 有孚(유부)면 血去(혈거)코 惕出(척출)하야 无咎(무구)리라.
象曰(상왈) 有孚惕出(유부척출)은 上合志也(상합지야)라.

  여러 사람에게 부탁하지 말고 한 사람에게 부탁하여야 혼돈이
없다. 사람을 믿었으면 의심하지 말라. 성실성이 필요하고 조심
하는 버릇을 가져라. 인간관계는 극단으로 가지 마라. 어린이가
무거운 짐을 들려고 하니 힘이 모자란다. 즉 욕심을 자제해야 한다.
혼자서 길을 가다가 도적 다섯을 만났으니 어떻게 해야 하는가.
  무리하게 대결하면 피를 본다. 유순하게 화합하라. 감정대로 일
을 처리하면 피해가 크다. 재물 관계는 나쁜 운세는 아니나 인간
관계는 신중하게 살얼음을 밟듯 행하라.

515

九五(구오)는 有孚(유부)라 攣如(연여)하야 富以其隣(부이기린)
　　이로다.
象日(상왈) 有孚攣如(유부연여)는 不獨富也(부독부야)라.

　북쪽에서 남쪽을 침범하니 남쪽에서는 연합군을 결성하고 힘을
단결하여 대응해야 한다. 지금은 이웃의 도움으로 매사를 성취시
켜야 한다. 도움을 주고받을 때 가장 요긴한 것은 성실함이다. 이
익이 생겼으면 분배를 잘하여야 한다. 쌍방이 협조를 하여 서로
이득을 보는 형상이다. 재물투자 등은 남하고 같이 해야 운세가
발전한다. 비밀로 혼자서 하면 좋지 않다. 자본의 축적, 지식의 축
적 등의 운세가 더욱 발전한다.

516

上九(상구)는 旣雨旣處(기우기처)는 尙德(상덕)하야 載(재)니 婦(부)
　　貞(정)이면 厲(여)하리라. 月幾望(월기망)이니 君子
　　(군자) 征(정)이면 凶(흉)하리라.
象日(상왈) 旣雨旣處(기우기처)는 德(덕)이 積載也(적재야)오 君子征
　　凶(군자정흉)은 有所疑也(유소의야)니라.

　부인이 자기의 고집만 세우고 나가면 위태로운 경지에 도달한다.
남편은 할 수 없이 부인의 요구를 들어주어 나쁜 결과를 초래하
는 형상이다. 사업의 운세는 시세의 변천에 따라야 하고, 억지를
부려서 나가면 실패한다. 재물투자는 본인의 형편으로는 될 수
없다. 인간관계는 의심하는 일이 많이 생긴다. 책이나 보고 마음
의 양식을 키워라. 정치나 상식 분야의 공부가 필요하다.

521

初九(초구)는 虞(우)하면 吉(길)하니 有他(유타)면 不燕(불연)하리라.
象曰(상왈) 初九虞吉(초구우길)은 志未變也(지미변야)일세라.

　한번 결정한 목표를 변함없이 꾸준히 밀고 나가야 한다. 다른 곳에 뜻을 품으면 편하지 못하다. 남녀 관계에 한 사람을 정했으면 끝까지 가야지, 이 사람 저 사람 신경 쓰면 좋지 못하다. 운세는 좋아지고 밝은 운세이나 욕심을 자제하지 못하면 부끄러움을 당한다. 시험운세는 한번 세운 목표가 힘이 들더라도 꾸준히 밀고 나가면 합격한다. 재물투자는 경험 있는 일이 좋고, 새롭게 하는 일은 좋지 않다. 뚝심이 필요하다.

522

九二(구이)는 鳴鶴(명학)이 在陰(재음)이어늘 其子(기자) 和之(화지)로다. 我有好爵(아유호작)하야 吾與爾靡之(오여이미지)하노라.
象曰(상왈) 其子和之(기자화지)는 中心願也(중심원야)라.

　우는 학이 보금자리에서 새끼와 화합한다. 벼슬이나 직책에 상당히 좋은 운세이고 화합의 운세. 지금까지의 노력이 보람과 결실을 가져오는 시기이다. 탈바꿈을 하고 새롭게 태어나는 참신한 일들이 많이 생긴다. 아랫사람이 윗사람에게 무리하게 부탁하는 일은 성사가 어렵다.

　친척이나 특별히 아주 친한 사이의 일은 성사된다. 초조하게 기다리지 말고 정성껏 노력하라. 성공하는 것은 필연적이다. 주거의 변동은 좋은 운세. 건강은 신경성 질병에 유의.

六三(육삼)은 得敵(득적)하야 或鼓或罷或泣或歌(혹고혹파혹읍혹가)
　　　　　로다.
象曰(상왈) 或鼓或罷(혹고혹파)는 位不當也(위부당야)일새라.

　가끔 북을 치기도 하고 끝내기도 하고 우는 경우도 생기고 노래를 부르기도 한다. 즉 마음의 안정이 없어 망설이는 형상이다. 적과 내통하여 이익을 보려고 하니 오락가락하는 시기이다. 조용히 공부하는데 여자의 방해가 있어 향상이 되지 않는다. 동서남북 여러 곳에서 공격해 오니 감당하기 힘들다. 현재의 위치가 정당하지 못하니 남과 대적하지 말고 마음을 쉬게 해야 한다. 주위 환경이 변해서 기복이 심하다. 재물은 구하지 마라. 손해가 생긴다.

六四(육사)는 月幾望(월기망)이니 馬匹(마필)이 亡(망)하면 无咎(무구)
　　　　　리라.
象曰(상왈) 馬匹亡(마필망)은 絕類(절류)하야 上也(상야)라.

　말 한 마리를 잃는다 하여도 허물이 없다는 것은, 조금만 있으면 목표 달성이 되는데 친한 사람이나 동반자가 본인을 떠나는 형상이다. 그러나 떠나는 사람을 원망하지 말아야 한다. 본인은 오직 목표 달성을 위하여 다른 것에 곁눈질하지 말아야 한다. 하나를 잃고 곧 다른 것을 구하는 형태. 사람과 헤어지고 다시 새로운 출발을 하는 경우가 많다. 지나간 일에 너무 집착하지 마라. 마음의 병만 생긴다. 재물투자는 목표와 다른 곳에서 재미를 본다.

525

九五(구오)는 有孚(유부) 攣如(연여)면 无咎(무구)리라.
象曰(상왈) 有孚攣如(유부연여)는 位正當也(위정당야)일세라.

　윗사람이 믿음과 신념으로서 주위 환경을 제압하니 사람들이 따르는 현상이다. 서로 끌어주고 밀어주고 하여 단합, 단결의 운세가 강하다. 선거직의 출마자가 신의가 있고 정견이 확고하여 유권자가 호응하는 상태이다. 현재의 운세는 혼자 독선적인 고집이나 독자적인 업무계획 등을 내세우면 허물이 생긴다. 유대 관계가 개선되고 반응이 좋다. 성공한다. 재물투자는 동업하여 투자하면 좋다. 뭉치면 살고 흩어지면 죽는다.

526

上九(상구)는 翰音(한음)이 登于天(등우천)이니 貞(정)하야 凶(흉)
　　　토다.
象曰(상왈) 翰音登于天(한음등우천)이니 何可長也(하가장야)리오.

　하늘로 오르지 못하는 닭이 억지로 날개를 퍼덕거려 노력하지만 소용이 없고 흉한 일만 생긴다. 과감히 정신적인 변혁을 하여야 할 때다. 주위가 소란하고 실익이 없다. 융통성이 필요하다. 직선적으로 나가면 부러지기 쉬우니 지금은 곡선이 필요한 시기이다. 말이나 행동을 직선적으로 표현하는 것을 삼가야 한다. 건강은 두통에 주의. 재물투자는 삼갈 것. 인간관계는 여러 사람과 넓게 교제하라.

531

初九(초구)는 閑有家(한유가)면 悔(회) 亡(망)하리라.
象曰(상왈) 閑有家(한유가)는 志未變也(지미변야)라.

　로마에 가서는 로마법에 따라야 한다. 주위에 법칙을 지키지
않는 사람 때문에 골머리를 앓고 있다. 집안이나 조직의 단속을 잘
하여야 한다. 마음대로 움직이다가는 실패한다. 친구간의 우정이
나 부부간의 애정은 변하지 말고 서로를 공경해야 오래간다. 사업
적으로는 꾸준한 내실의 기반을 다지는 것이 좋고 섣불리 이동,
변경하다가는 곤경에 빠진다. 재물은 구하지 마라. 단체나 집안
의 내부 정돈, 수리 등의 일은 좋다. 시비, 소송에 주의.

532

六二(육이)는 无攸遂(무유수)오 在中饋(재중궤)면 貞吉(정길)하리라.
象曰(상왈) 六二之吉(육이지길)은 順以巽也(순이손야)일세라.

　가정에서는 살림을 알뜰히 꾸미는 주부의 역할이 중요하다.
　곧고 바르게 하여 발전성이 좋다. 남의 지시나 여론을 세밀히 분
석하여 행동을 잘하여야 더욱 성공한다. 겸손, 겸양의 미덕을 충
분히 발휘하여야 직책을 맡아도 감당할 수 있다.
　내부 관리를 철저히 하여야 한다. 외부적인 이동은 불가하고, 내
부적인 변동이나 집안에서 쉬는 것은 좋다. 재물은 구하지 마라.
　명예나 시험 등은 호운. 소화기 계통 건강에 주의.

九三(구삼)은 家人(가인)이 嗃嗃(학학)하니 悔厲(회려)나 吉(길)하니
　　婦子(부자) 嘻嘻(희희)면 終吝(종인)하리라.
해象曰(상왈) 家人嗃嗃(가인학학)은 未失也(미실야)오 婦子嘻嘻(부자
　　희희)는 失家節也(실가절야)라.

　부녀자가 지아비를 공경하고 조심하여 섬기면 집안이 편안하
나, 자기 뜻대로 하려고 한다든지 함부로 대하면 마침내 파경에
이른다. 측근들에게 엄하게 하면 규율이 서게 되고 너무 관대하
면 질서를 잃게 된다. 혼자서 설치다가는 낭패를 본다. 문서 관계
에 특히 신중을 기하라. 어른들의 건강에 유의. 겉모습을 치장하
는 것보다 마음의 양식을 구하고 내면 세계를 강하게 하는 것이
필요하다. 놀고 떠들기만 하면 운세가 막힌다.

六四(육사)는 富家(부가)니 大吉(대길)하니라.
象曰(상왈) 富家大吉(부가대길)은 順在位也(순재위야)일세라.

　가족 구성원 전체가 각자의 직분에 맞게 행동하니 화합이 되고
부유한 집안으로 상승하는 운세. 물질적으로 풍족하고, 심적으로
흐뭇하다. 집안이나 단체의 분위기가 되살아나는 운세이다. 상대
가 잘한 점은 칭찬을 해주어야 좋다. 투자, 재물은 구하여 상당
히 재미를 볼 것이고, 거래 관계는 해결되지 않은 문제가 해결되
어 밝은 전망이 다가온다. 힘차게 전진하라.
　소망이 성취된다. 협력, 협조 관계에서 더욱 운세가 발전.

535

九五(구오)는 王假有家(왕격유가)니 勿恤(물휼)하야 吉(길)하리라.

象曰(상왈) 王假有家(왕격유가)는 交相愛也(교상애야)라.

　높은 곳에서 좋은 소식이 오니 경사가 생기고 모든 것이 흐뭇하다. 본인의 권한을 믿는 사람에게 맡기고 세상을 즐기는 시기가 왔다.

　인간관계는 서로 사모하고 공경하는 모습으로 신의와 연모가 깊어서 좋다. 사업적으로는 업무 자체를 가족적인 분위기로 꾸미고, 모든 사람들이 호흡을 같이하여 번창하는 운세이다.

재물투자 등에는 상당한 발전이 있다. 소망은 실현 단계에 있다.

536

上九(상구)는 有孚(유부)코 威如(위여)면 終吉(종길)하리라.

象曰(상왈) 威如之吉(위여지길)은 反身之謂也(반신지위야)라.

　가정이나 단체에서 어른은 능력도 중요하겠지만 위엄이 더욱 절실히 요구된다. 군에서 장군이 위엄이 없으면, 졸병들이 장군을 얕잡아 보게 된다. 현재의 운세는 체면이나 위신 문제 등에 신중을 기해야 한다.

　허물없이 친하게 대한 것이 약점이 되어 본인에게 불리하다.

　외형적인 엄숙함이 필요한 시기이다. 하극상은 단호히 처리하라. 겉모습에도 신경을 많이 쓸 것. 재물을 구하지 마라. 두통에 유의.

541

初九(초구)는 利用爲大作(이용위대작)이니 元吉(원길)이라 无咎(무구)리라.

象曰(상왈) 元吉无咎(원길무구)는 下(하) 不厚事也(불후사야)일세라.

　고속도로에서는 가속을 내어 신나게 달려야 한다. 고속도로에서 일반도로처럼 달렸다가는 위험이 따른다. 사업은 노력을 배로 하여 더욱 꾸준히 정진을 하여야 한다. 윗사람의 큰 일을 해결하여야 허물이 없다. 운세가 밝다고 태만을 부리지 마라. 큰일을 과감히 실천하고 모든 지능과 재능을 총동원하라. 탐욕이나 한탕주의자들은 불길하다. 이동, 변경에도 좋은 운세이다. 작품을 쓰는데도 큰 작품을 구상하라. 큰 계획, 큰 야망이 성공의 길로 이끈다.

542

六二(육이)는 或益之(혹익지)면 十朋之(십붕지)라 龜(귀)도 弗克違(불극위)나 永貞(영정)이면 吉(길)하니 王用享于帝(왕용향우제)라도 吉(길)하리라.

象曰(상왈) 或益之(혹익지)는 自外來也(자외래야)라.

　일을 하면 할수록 성과도 있고 주위의 선망이나 칭찬도 있어서 자기도 모르는 사이에 상당한 발전이 생긴다. 왕이 하늘에 제사 드리는 것 같은 정성이 있어 더욱 운로가 좋아진다. 소원의 성취 문제는 종교적인 기도의 힘이 필요하다. 도사나 현인을 찾아가서 미래의 일에 자문을 구한다. 재물운세는 지금 당장 돈이 되는 것은 아니나 전망이 밝아서 장기적으로는 성공한다. 한 가지 일을 변함없이 하라. 명예에 좋은 일이 생긴다. 이동을 보류할 것.

六三(육삼)은 益之用凶事(익지용흉사)엔 无咎(무구)어니와 有孚中行
(유부중행)이라야 告公用圭(고공용규)리라.
象曰(상왈) 益用凶事(익용흉사)는 固有之也(고유지야)일세라.

　문서 관계의 일이 생긴다. 정확하고 의심이 없게 처리하여야 한
다. 타인으로부터 원조나 협조를 받을 수 있다. 단체나 모임의 돈
을 모아 집안의 흉사나 어려운 일에 사용하도록 하는 것과 같다. 남
으로부터 재물이 들어온다. 매사에 비밀적인 행동은 피하고 공적
으로 행동하여야 성공한다. 좁은 견해를 버리고 현재의 정세를 판
단하여야 한다. 투자, 재물 관계는 호운. 어른 공경에 각별히 신
경 쓸 것.

六四(육사)는 中行(중행)이면 告公從(고공종)하리니 利用爲依(이용
위의)며 遷國(천국)이니라.
象曰(상왈) 告公從(고공종)은 以益志也(이익지야)라.

　정치하는 사람이 밝은 정치를 하여 백성이 따르고 천하가 화합
한다. 현명한 정치는 여론을 얼마만큼, 어떤 방식으로 수렴하는
가에 달려 있다. 사업적으로는 남의 말이나 단체의 여론에 빨리
순응해야 한다. 공권력이나 재력가를 이용하면 성공한다. 몇몇
사람의 고집을 밀고 나가면 비난을 받을 징조가 있다. 옮기고 변동
하여 더욱 운세가 발전한다. 재물투자 등은 남의 말에 순응하여
이익을 본다. 결별할 사람이 생긴다.

545

九五(구오)는 有孚惠心(유부혜심)이라 勿問(물문)하야도 元吉(원길)
하니 有孚(유부)하야 惠我德(혜아덕)하리라.
象曰(상왈) 有孚惠心(유부혜심)이라 勿問之矣(물문지이)며 惠我德
(혜아덕)이 大得志也(대득지야)라.

이익이 많고 생활이 풍요로운 태평 시대를 달린다. 평소의 덕이
발현되는 시기이고 운로의 방향이 대길의 운세이다. 소망의 성취
시기이고 새로운 일의 계기가 성립된다. 남에게 잘해주는 것이 순
간적인 손해인 것 같지만, 결국은 큰 이익으로 돌아오는 것이 인
생의 법칙이다. 재물투자는 성공한다. 남의 선한 행동을 보면 본
인도 그 본을 받아야 인생에 유익하다. 나이 많은 사람이나 윗사
람의 총애가 있어 고민이 해결되는 시기이다.

546

上九(상구)는 莫益之(막익지)라 或擊之(혹격지)리니 立心勿恒(입심물
항)이니 凶(흉)하니라.
象曰(상왈) 莫益之(막익지)는 偏辭也(편사야)오 或擊之(혹격지)는
自外來也(자외래야)라.

재물을 쓸 줄 모르면 남에게 비난의 화살을 받는다. 남에게 베
풀어야 되는 시기. 들어오는 것만 생각하고 나가는 것이 아까워
인색하게 행동한다면 흉한 일이 생긴다. 죄는 지은 대로 가고, 복
은 행한 대로 간다. 남에게 베풀어야 한다. 공격적인 투자나 모험
적인 경영은 하지 마라. 도둑이나 치한에 주의할 것. 몸의 컨디션
이 좋지 못하다. 욕심을 버리고 마음을 편안하게 가져라.

551

初六(초육)은 進退(진퇴)니 利武人之貞(이무인지정)이니라.
象曰(상왈) 進退(진퇴)는 志疑也(지의야)오 利武人之貞(이무인지정)은
志治也(지치야)라.

　앞으로 나아갈 듯하고 뒤로 물러설 듯하다. 진퇴 문제에 곤란을 겪는다. 군인이 씩씩하고 건강하게 앞으로 나아가듯 곧고 바르게 전진하라. 선택의 갈림길에서 고민을 하는 형상이나 과감한 정신이 필요하다. 망설일 필요가 없다. 자기의 생각이나 계획을 의심하기도 하나 정리되어서 바른 모양을 갖게 된다. 굳은 절개로 바로 전진하는 운세. 이동, 변경은 하여도 좋다. 투자, 재물은 발전성이 있다.

552

九二(구이)는 巽在牀下(손재상하)니 用史巫紛若(용사무분약)하면 吉(길)코 无咎(무구)리라.
象曰(상왈) 紛若之吉(분약지길)은 得中也(득중야)일세라.

　겸손은 좋은 미덕이지만 지나친 겸손은 오히려 난처한 지경에 이른다. 너무 자기를 낮추어 일하지 말고, 남과 대등한 입장에서 용기를 가지고 행동하라. 많은 사람의 자문을 구하고 참모를 두면 좋은 일이 많이 생긴다. 조용한 침묵보다 분주한 생활을 해야 한다. 현재 운세의 호전 방법은 지극히 정성을 드려야 한다. 신앙의 힘이 필요하다. 이동, 변경은 좋다. 재물운세는 차차 풀린다.

九三(구삼)은 頻巽(빈손)이니 吝(인)하니라.
象曰(상왈) 頻巽之吝(빈손지인)은 志窮也(지궁야)라.

  바람이 자주 불어오니 휘청거리기 쉽고 흔들거린다. 여러 번 반
복적으로 환경이 변하니 생각이 바뀌고 인간관계도 여러 번 접촉
해야 목적이 성립된다. 목표를 너무 높게 설정하면 성공도 이룰
수 없고 마음만 상한다. 너무 강하게 하면 실수가 많이 생긴다.
약간의 수정을 하면 상을 받고 채택이 되고 합격을 한다.
재물투자 등은 중단하라. 바라는 일은 시일을 두고 결정하라.
건강에 유의. 풍병, 감기병 특히 주의.

六四(육사)는 悔(회) 亡(망)하니 田獲三品(전획삼품)이로다.
象曰(상왈) 田獲三品(전획삼품)은 有功也(유공야)라.

  불평불만이 사라지고 안정을 되찾는다. 사냥을 하여 세 가지 물건
을 구한다. 노력에 보람을 느끼고 결과가 흐뭇하게 나타난다. 행동
은 겸손하고 부드럽게 하고, 대세의 판단을 따라 침착하게 하라.
약간의 이동이 생기고 직책이나 임무의 변동이 생긴다. 선물이나
상장을 받는 일이 생긴다. 대접을 받는 일도 생긴다. 여행이나 관
람은 일은 좋다. 투자나 재물의 운세는 3배의 이익이 생기니 좋
다. 호흡기 건강에 주의.
  윗사람과 아랫사람에게 두루두루 공손하여야 한다.

555

九五(구오)는 貞(정)이면 吉(길)하야 悔(회) 亡(망)하야 无不利(무불리)
    니 无初有終(무초유종)이라 先庚三日(선경삼일)하야 後
    庚三日(후경삼일)이면 吉(길)하리라.
象曰(상왈) 九五之吉(구오지길)은 位正中也(위정중야)일세라.

　공적으로 하는 일은 운세가 밝아지고, 비밀스러운 일이나 친구
간의 일은 불리하다. 일은 풀려나가는 운세이나 자꾸 지연된다.
　본인의 고집을 너무 세우지 마라. 앞으로 전진을 하기 위한 순간
적인 후퇴는 오히려 에너지를 축적할 수 있는 힘을 가질 수 있는
기회가 된다. 약간의 우여곡절과 고통을 겪은 뒤에 크게 성공하는
상태. 변화와 혁신을 하면 성공한다. 재물투자는 전망이 밝다.
　투기는 불리하다. 이동, 변경은 좋다.

556

上九(상구)는 巽在牀下(손재상하)하야 喪其資斧(상기자부)니 貞(정)에
    凶(흉)하니라.
象曰(상왈) 巽在牀下(손재상하)는 上窮也(상궁야)오 喪其資斧(상기자
    부)는 正乎(정호)아 凶也(흉야)라.

　현재의 위치가 마땅치 않다. 새로운 위치를 찾으려 하면 지금
찾는 곳 말고 다른 위치가 나타난다. 여행을 하면 재물의 손실이
많다. 불순하게 받은 상장과 합격 혹은 논문 표절이 탄로가 나서
창피를 당한다. 헤어지는 사람이 생기고, 일을 그만두는 징조가
많다. 너무 공손하여 결단력을 잃어버리면 흉한 일이 생긴다. 투자,
재물은 구하지 마라. 신규사업은 불가. 남녀 관계, 색정 문제에 유
의하라. 건강은 간이나 혈압에 유의.

初六(초육)은 用拯(용증)호대 馬(마) 壯(장)하니 吉(길)하니라.
象日(상왈) 初六之吉(초육지길)은 順也(순야)일세라.

　분열이 생기기 전에 힘센 말의 도움, 즉 강한 사람의 도움이나
강력한 논리로써 용기를 가지고 당당하게 출발하라. 남의 원조나
협조를 얻어 순탄하게 진행된다. 변동을 하여도 무방하다.
여자는 남자의 도움이 있어야 꽃을 피울 수 있다. 협력자를 구하
라. 남에게 부탁하는 일도 성취된다. 빨리 진행할수록 좋다.
　먼 곳으로 떠나는 일이나 업무상 멀리 가는 것도 좋다.
　희망의 출항이다. 재물투자는 남과 협력하여 구하라.

九二(구이)는 渙(환)에 奔其机(분기궤)면 悔(회) 亡(망)하리라.
象日(상왈) 渙奔其机(환분기궤)는 得願也(득원야)라.

　현재의 여건이 서서히 본인에게 불리하게 진행될 것이니 재빨
리 피하는 것이 상책이다. 조직이나 단체에 미련을 갖지 말고 정리
하여 후환을 없게 하는 것이 현명하다. 다수의 사람을 상대하지
말고 아주 긴요한 사람들만 같이 하라. 재물의 이익은 당장은 어려
운 시기이다.
집안의 오래된 낡은 가구는 과감하게 버려야 운세를 밝게 이끈다.
　확고한 신념 아래 꾸준히 노력하여야 성공을 이룬다.

563

六三(육삼)은 渙(환)에 其躬(기궁)이 无悔(무회)니라.
象曰(상왈) 渙其躬(환기궁)은 志在外也(지재외야)일세라.

  나의 몸을 흩어지게 한다는 것은 본인이 희생을 하여야 걱정이
없어진다는 표현이다. 혹은 본인의 최측근을 잘라내어야 분위기
가 반전이 된다. 인간관계는 겉으로는 화합하나 속마음은 서로
상이한 마음을 품고 있다. 단체의 모임이 흩어지는 경우가 생긴
다. 목표를 가지고 정진하다가 해이해져서, 목표를 바꾸는 경우
가 허다하다. 약속은 이행되지 않는다. 재물투자 등은 재미가 없다.
행동을 우물쭈물하다가 손해를 본다. 건강은 호전된다.

564

六四(육사)는 渙(환)에 其群(기군)이라 元吉(원길)이니 渙(환)에 有丘
        (유구) 匪夷所思(비이소사)리라.
象曰(상왈) 渙其群元吉(환기군원길)은 光大也(광대야)라.

  주위의 분위기가 흩어지는 시기에 본인의 지혜를 발휘하여 사람
들을 모으고 어려움을 극복하면 기쁜 일이 생긴다. 평소에 덕을
쌓는 것이 좋다. 윗사람과의 화합과 아랫사람과의 화합에 중추적
인 역할을 원만히 수행하여 현재의 운세를 바르게 이끈다.
  재물투자는 좋다. 작은 다툼과 오해 등은 신경을 쓰지 마라.
  크게 행동하는 사람은 사소한 일에 집착하지 않는다.

九五(구오)는 渙(환)에 汗其大號(한기대호)면 渙(환)에 王居(왕거)니
       无咎(무구)리라.
象曰(상왈) 王居无咎(왕거무구)는 正位也(정위야)라.

 땀 흘리면서 일하는 모습은 가장 인간적인 삶의 표상이다. 열심
히 노력하고 근면하여 주위의 사람들도 감화를 받는다. 본인의
사상이나 주장으로 기득권을 타파할 수 있다. 투자, 재물은 구하
지 마라. 현재는 재물보다는 명예와 인격적인 문제에 신중을 기해
야 된다. 뭔가를 보여주어야 한다. 현재 잘 나가고 있는 사람은
미래가 불투명하니 관리를 철저히 하여야 한다. 투지와 끈기 그리
고 지혜를 꾸준히 개발하라. 심장병, 열병에 주의.

上九(상구)는 渙(환)에 其血(기혈)이 去(거)하면 逖(적)에 出(출)하면
       无咎(무구)리라.
象曰(상왈) 渙其血(환기혈)은 遠害也(원해야)라.

 마음에 거리낌이 있는 행동은 하지 말아야 후환이 없다. 하늘
을 보아 한 점 부끄러움이 없는 생활을 꾸려야 한다. 피를 뽑고, 개혁
을 하고 사람을 제거하는 시기가 이미 왔다. 손익에 치우쳐 본의
아닌 행동을 하면 피해를 본다. 주위에 마음이 맞지 않는 사람과
접촉하지 마라. 약점만 잡으려고 한다. 재물투자는 실패한다.
 인간관계에 실망만 생긴다. 두통이나 피의 순환에 조심할 것.

571

初六(초육)은 鴻漸于干(홍점우간)이니 小子(소자) 厲(여)하야 有言(유언)이나 无咎(무구)니라.
象曰(상왈) 小子之厲(소자지여)나 義无咎也(의무구야)니라.

　기러기가 처음으로 물가에서 뭍으로 점점 날아가는데 힘이 드나 허물은 없다. 처음 시도는 어려우나 자꾸 시험하다보면 잘된다는 것이다. 환경이나 조건이 불리하더라도 점차 좋아지고 발전하는 형상이다. 여자는 사회활동을 하는 일이 생기고 나이가 어린 사람에게 위태한 일이 생긴다. 주위에 말이 많고 시기, 질투가 생기더라도 걱정할 것 없다. 계획의 실행 단계는 발전성이 있고 재물투자는 보류하라. 금전거래는 하지 말 것.

572

六二(육이)는 鴻漸于磐(홍점우반)이라 飮食(음식)이 衎衎(간간)하니 吉(길)하니라.
象曰(상왈) 飮食衎衎(음식간간)은 不素飽也(불소포야)라.

　기러기가 반석 위에서 음식을 먹고 화락하는 모습이다. 안정을 얻고 주위 상황이 정리가 된다. 외부적 이동은 하지 말고, 내면적으로 주어진 여건에서 희망찬 계획을 설계하는 것이 현명하다. 다음의 전진을 위해 지금은 머물러 있으며, 현 위치에서의 생활을 멋있게 꾸리는 것이 좋다. 재물투자는 욕심내지 말고 내실을 기하라. 위 계통 건강에 유의. 계 모임이나 잔치 등의 좋은 일이 생긴다.

九三(구삼)은 鴻漸于陸(홍점우륙)이니 夫征(부정)이면 不復(불복)하
고 婦孕(부잉)이라도 不育(불육)하야 凶(흉)하니 利
禦寇(이어구)하니라.
象曰(상왈) 夫征不復(부정불복)은 離群(이군)하야 醜也(추야)오 婦孕
不育(부잉불육)은 失其道也(실기도야)오 利用禦寇(이용어
구)는 順相保也(순상보야)라.

기러기가 육지에 앉는 형상이다. 남자가 나가서 돌아오지 못하
고 부인은 잉태하여도 키우지 못한다. 그 잉태가 불륜의 잉태이기
때문이다. 남녀 관계가 복잡하여 편안하지 못하다. 남과의 화합이
되지 않고 욕심이 지나쳐서 허물이 생긴다. 도둑을 주의하고 본인
의 마음이 사악해지는 것을 방지하라. 움직이면 불리하다.

六四(육사)는 鴻漸于木(홍점우목)이니 或得其桷(혹득기각)이면 无咎
(무구)리라.
象曰(상왈) 或得其桷(혹득기각)은 順以巽也(순이손야)일세라.

물갈퀴가 있는 기러기가 요행스럽게 평탄한 나무에 앉았으니
불편하지만 잠깐 동안 쉴 수 있는 공간이다. 언젠가는 다른 곳으
로 이동한다. 받침대를 구하는 것은 아랫사람의 협조를 구하여
위험에서 벗어난다는 말이다. 자기의 체면이나 위신을 너무 내세
우지 말고 겸양의 미덕을 발휘하여 순하게 행동해야 한다. 재물
투자는 구하지 말 것. 물건에 흠이 있으면 버리지 말고, 고쳐서
사용해야 한다. 집안 수리, 시설 재정비 등은 좋다.

九五(구오)는 鴻漸于陵(홍점우릉)이니 婦(부) 三歲(삼세)를 不孕(불잉)
　　　하나 終莫之勝(종막지승)이라 吉(길)하리라.
象曰(상왈) 終莫之勝吉(종막지승길)은 得所願也(득소원야)라.

　기러기가 언덕으로 날아간다. 부인이 몇 년간 잉태를 못하다가
참고 기다린 보람이 있어 이제야 임신이 되니 길한 징조이다. 바라
고 바라던 일이 성사되는 시기이다. 그동안 비방자들의 농간 때문
에 마음고생이 많았다. 남과의 만남이나 화합은 좋은 운세를 가져
온다. 내면적인 일은 단계를 밟아 차츰차츰 밝은 미래를 약속한다.
잔치나 흥겨운 일이 생긴다. 신규투자는 하지 말고, 전에 하던 일을
다시 하면 성공한다.

上九(상구)는 鴻漸于陸(홍점우규)니 其羽(기우) 可用爲儀(가용위의)
　　　니 吉(길)하니라.
象曰(상왈) 其羽可用爲儀吉(기우가용위의길)은 不可亂也(불가난야)
　　　일세라.

　하늘에 날아가는 기러기의 날개가 질서정연하니 길한 징조이다.
차례, 질서가 가장 필요한 시기. 예의에 어긋나지 않고 위아래를
분명히 알고, 친한 사람과의 절도 있는 거래가 성공으로 이끈다.
혼란스럽게 일을 하지 말고 차분하게 정리하면, 마음이 상쾌해지
고 좋은 일이 계속 생긴다. 가족이나 단체 사이에 의리가 필요
하다. 재물투자는 의리상 구하지 마라. 간이나 두통 건강에 유의.

初六(초육)은 童觀(동관)이니 小人(소인)은 无咎(무구)오 君子(군자)
    는 吝(인)이리라.
象曰(상왈) 初六童觀(초육동관)은 小人道也(소인도야)라.

　대나무 속의 구멍으로 하늘을 보고 그것이 하늘 전체인줄 생각
한다. 판단력이 흐려지고 견해가 좁다. 본인의 생각대로 남을 비평
하거나 대세의 흐름에 투정하지 마라. 직감이 빗나간다. 사소하
고 조그만 일에는 허물이 없으나, 큰 계획은 안 된다. 좀 더 냉정
한 판단이나 지식이 필요하다. 재물투자 등은 다음 기회로 미룰
것. 좁은 소견으로, 상대방의 깊은 마음을 함부로 지껄이는 것은
소인배나 하는 짓이다. 연구, 공부하는 일은 전망이 밝다.

六二(육이)는 闚觀(규관)이니 利女貞(이여정)하니라.
象曰(상왈) 闚觀女貞(규관여정)이 亦可醜也(역가추야)니라.

　문안에서 엿보는 형상이니 정당하지 못한 일이다. 비굴하고 치욕
적이다. 원래의 위치나 심성을 찾는 것이 필요하다. 여자는 조심
스럽게 관찰하거나 물밑에서 움직이면 좋고 함부로 드러내는 것
은 좋지 않다. 사업적으로는 정의로운 기백으로 남과 경쟁해야
하는데, 비굴한 방법으로 일을 처리하면 수치스러운 일이 생긴
다. 이동, 변경은 하지 말고 현 위치를 지켜라. 재물투자는 손을
떼라. 어른 건강에 유의.

583

六三(육삼)은 觀我生(관아생)하야 進退(진퇴)로다.
象曰(상왈) 觀我生進退(관아생진퇴)하니 未失道也(미실도야)라.

　현재의 처지를 잘 분석하고 냉철히 판단하여 진퇴를 결정한다.
감정에 치우쳐 일을 도모하면 실패가 따른다. 조용히 결정한 자기
의 계획을 남의 말만 듣고 바꾸지 마라. 유연성 있는 태도가 필요하
고 내면적으로는 마음을 강하게 먹어야 한다. 체면이나 예의 관계
에 있어 신중히 처신할 일이 생긴다. 재물투자 등은 손해만 본다.
전진할 때 과감히 나아가는 정신이 필요하다. 뼈마디 건강 주의.

584

六四(육사)는 觀國之光(관국지광)이니 利用賓于王(이용빈우왕)하니라.
象曰(상왈) 觀國之光(관국지광)은 尙賓也(상빈야)라.

　나라의 영광을 보게 된다. 국가에서의 지위, 직책에 상당히 좋은
운이고 관광이나 시찰 등에도 좋은 일이 있다. 관공서에 관한 일
이나 시험, 승진 등에는 운세가 발전한다. 문서 관계에 희소식이
생긴다.
　진행하는 일은 사건의 본질을 파악하여 미래의 대응책을 철저
히 강구해야 한다. 사업은 혼자서 독자적으로 하는 것보다는 윗
사람이나 재력가를 섬기고 조언을 받아서 성공하게 된다. 재물운
세는 계약이 성립되고 수입은 조금 시일이 걸린다.

九五(구오)는 觀我生(관아생)호대 君子(군자)면 无咎(무구)리라.
象曰(상왈) 觀我生(관아생)은 觀民也(관민야)라.

우쭐거리고 자만심이 생기기 쉽다. 약점이 생기고 비난의 소리를 듣는다. 현재 자기 위치에서의 행동과 말 한마디가 중요하다. 예의를 벗어나지 않도록 유의해야 한다. 쓸데없는 말보다는 뭔가를 행동으로 보여주어야 한다. 본인의 행위가 주위를 압도한다. 신중하게 생각하라.

정리를 하면 군자처럼 행동하면 길하고 소인처럼 행동하면 망신을 당한다. 재물투자는 구하지 말 것. 권리남용에 주의하라. 과대평가하지 않아야 한다.

上九(상구)는 觀其生(관기생)호대 君子면 无咎(무구)리라.
象曰(상왈) 觀其生(관기생)은 志未平也(지미평야)라.

남의 잘못이 본인에게 피해가 오는 파급 효과가 생긴다. 본인의 말과 행동이 타인에 의하여 관찰되어 비판을 받는 시기이다. 본인의 주체적인 관념과 취향을 버리고 분위기에 맞추려고 하니 마음이 편안하지 못하다. 너무 고집을 부리지 말고 세상과 타협하여야 한다. 지나온 일에 대한 반성의 시간이 필요하다. 재물투자는 손해만 생긴다. 신경성 질병이나 신장병 주의. 정밀 검사를 받을 필요가 있다.

611

初九(초구)는 需于郊(수우교)라 利用恒(이용항)이니 无咎(무구)리라.
象曰(상왈) 需于郊(수우교)는 不犯難行也(불범난행야)오 利用恒无咎
(이용항무구)는 未失常也(미실상야)라.

　제도권 밖에서 기다리는데 항구한 마음을 가지고 있어야 이롭다.
모험이나 외도의 길을 가지 않고, 흔들리지 않는 굳은 의지가 필요
하다. 지겨운 항해 끝에 목적지에 도달하고 사람을 만나는 형상
이니, 시일이 오래 걸린다. 인내력이 절실히 필요하다. 사업은 꾸준
한 발전이 있으니 연구 개발이 필요하고, 장기적인 대책으로 노
력해야 한다. 이동, 변경은 보류할 것. 재물투자는 이익이 없다. 소
망은 시일을 요한다.

612

九二(구이)는 需于沙(수우사)라 小有言(소유언)하나 終吉(종길)하리라.
象曰(상왈) 需于沙(수우사)는 衍(연)으로 在中也(재중야)니 雖小有言
(수소유언)하나 以吉(이길)로 終也(종야)리라.

　기다리는데 모래밭에 있다. 남들이 본인의 행동을 보고, 말이
많고 위험하다고 생각하고 있으나, 자기의 생각대로 바르게 밀고
나가면 길하다. 분위기에 동요되지 말고 마음을 너그럽게 가지
는 여유 있는 자세가 필요하다. 업무적으로 오해와 비난의 소리
가 들려도 그것은 잠시 뿐이니 신경 쓸 필요가 없다. 곧 좋은 일
이 생긴다. 재물투자는 하지 말 것. 간장이나 위장병에 유의.

613

九三(구삼)은 需于泥(수우니)니 致寇至(치구지)리라.

象曰(상왈) 需于泥(수우니)는 災在外也(재재외야)라 自我致寇(자아 치구)하니 敬愼(경신)이면 不敗也(불패야)리라.

　기다리는데 진흙 속에 있다. 위험에 빠져 들어갈 징조가 있다. 지금 있는 장소나 여건이 좋지 않다는 표현이다. 나쁜 일에 관련이 되어 본의 아닌 행동을 하게 된다. 탈출하라. 술이나 남녀 관계, 도박에 유의해야 한다. 진흙에서 빨리 나오지 않으면 수렁에 깊이 빠진다. 재앙이 눈앞에 있다. 재물투자는 좋지 않은 결과가 생긴다. 도둑이나 실물수 주의. 욕심을 자제하고 인간 본연의 자세로 돌아오라.

614

六四(육사)는 需于血(수우혈)이니 出自穴(출자혈)이로다.

象曰(상왈) 需于血(수우혈)은 順以聽也(순이청야)라.

　기다리는데 위험 속에 있다. 기다림에 지쳐서 외롭고 분통이 터져 옆길로 흐르고 있다. 신의가 없어지고 굳건했던 마음이 허물어진다.

　고통을 혼자서 해결할 시기가 아니다. 피나게 노력하여 힘든 고통을 이겨 내어야 성공한다. 이동, 변경은 하여야 좋다. 사람을 바꾸거나 집을 바꾸는 일은 시운에 순응하는 것이다. 급한 성질은 죽여야 좋다.

　재물투자는 나가는 돈이 많다. 당분간 관망할 것. 귓병 조심.

615

九五(구오)는 需于酒食(수우주식)이니 貞(정)코 吉(길)하니라.
象曰(상왈) 酒食貞吉(주식정길)은 以中正也(이중정야)라.

　기다리는데 술과 음식 속에 있다. 좋은 일이 생기고 잔치나 모임의 일이 흥겹다. 남의 원조가 있어 모든 일이 순조롭게 잘 풀려나 간다. 집을 수리하고 실내를 장식하는 새로운 기분의 전환도 좋다.
　현재의 운세는 보통이나 점점 좋아진다. 기다리는 지겨운 상황이 끝나고 희망의 새아침이 서서히 오는 즐거운 시절이다. 단기적인 재물투자는 재미가 적고 장기적인 투자나 계획은 성공한다.

616

上六(상육)은 入于穴(입우혈)이니 有不速之客三人(유불속지객삼인)
이 來(내)하리니 敬之(경지)면 終吉(종길)이리라.
象曰(상왈) 不速之客來敬之終吉(불속지객래경지종길)은 雖不當位
(수부당위)나 未大失也(미대실야)라.

　기다리다 지쳐 집으로 돌아온다. 바깥에서 만나기로 약속한 사람을 만나지 못하고 집에 왔는데, 생각지도 않은 손님을 만난다. 극진히 존경하면 좋은 일이 생긴다. 재물은 나누는 시기. 인간관계에서는 뜻밖에 만나는 사람이 있다. 공경하고 잘해주면 기쁜 소식을 구한다. 사업은 엉뚱한 사람이나 사건이 생겨 이익이 생긴다. 육영사업이나 복지단체에 희사하는 것이 운세를 밝게 이끈다.

621

初九(초구)는 不出戶庭(불출호정)이면 无咎(무구)리라.
象曰(상왈) 不出戶庭(불출호정)이나 知通塞也(지통색야)니라.

　문 밖에 나가지 않아야 허물이 없다. 조용히 수양하고 마음을
진정시켜야 한다. 하고 싶은 욕망을 자제하는 것이 필요하다. 말을
적게 해야 한다. 유혹에 말려들어 바깥 행동을 하게 되면 상당한
고통을 당한다. 시비나 소송이 말 때문에 일어난다. 비밀을 지켜
야 좋고 발설하면 위험이 따른다. 모든 일을 일체 중지하라.
　교통사고나 타박상에 유의. 재물투자는 손대지 말 것. 절제, 절
약, 금욕하는 정신이 필요하다.

622

九二(구이)는 不出門庭(불출문정)이라 凶(흉)하니라.
象曰(상왈) 不出門庭凶(불출문정흉)은 失時(실시) 極也(극야)일세라.

　조용하게 절제된 생활을 하여야 하는 시기에 바깥의 정세에 신경
을 쓰고 간섭을 하면 흉하게 된다. 너무 오래 한곳에 집착하지 마라.
새로운 시장을 개척하는 일 등은 지금으로서는 절제하는 것이 좋다.
사업적으로는 시기를 놓치고 후회하는 상태. 정보 감각이 빨라야
한다. 묵은 것을 정리하는 것이 좋다. 새로운 기분으로 전환하라.
재물투자는 때를 놓쳤다. 가족 건강 유의.

623

六三(육삼)은 不節若(부절약)이면 則嗟若(즉차약)하리니 无咎(무구)
　　니라.
象曰(상왈) 不節之嗟(부절지차)를 又誰咎也(우수구야)리오.

　정식으로 바른 계단을 밟지 않고 뛰어오르니 나쁜 결과만 생긴다.
모든 일은 순서가 있고 차례가 있다. 버스가 신호등을 무시하고
달리니 사고가 나는 것은 분명하다. 자기의 잘못이니 누구를 원
망할 것인가. 분수 밖의 일을 하여 실패하는 경우가 많다. 권력의
힘이나 돈의 힘에 의존하지 마라. 향락과 쾌락에 빠지면 탄식하
는 일이 생기니 욕심을 자제하여야 한다. 시비, 법정 문제가 생긴
다. 위장병, 피부병에 주의.

624

六四(육사)는 安節(안절)이니 亨(형)하니라.
象曰(상왈) 安節之亨(안절지형)은 承上道也(승상도야)라.

　정당하고 바르게 행동하면 별다른 힘을 빌리지 않아도 편안해
진다. 자기의 행동만 절도 있고 바르다면 남의 눈치나 말에 신경
쓸 필요가 없다. 고통이 와도 남을 탓하지 말고 자기의 잘못으로
돌린다. 마음의 평정이 필요하다. 곧 윗사람의 협조를 받아 운세
가 발전하고 승계하는 일이 생긴다. 인정을 받아 신임이 두터워
진다. 재물투자는 조금씩 하면 좋다. 여행이나 이동은 좋다.

九五(구오)는 甘節(감절)이라 吉(길)하니 往(왕)하면 有尙(유상)하리라.

象日(상왈) 甘節之吉(감절지길)은 居位中也(거위중야)일세라.

고진감래라는 말이 있다. 시험 준비를 할 동안의 인내와 고통이 시험만 합격하면 한순간에 사라지고 경사가 생기는 것이다. 어려운 여건을 참아 온 사람은 그만한 대가를 받는 것이 하늘의 철칙이다. 윗사람이 솔선수범하여 절제를 잘하니 사람들이 본을 받아서 좋은 일이 생긴다. 사업은 곧 전망이 밝아진다. 시험이나 연구 등에 특별히 좋은 결과가 생긴다. 이동, 변경에도 발전성이 있다. 신장병이나 피의 순환 관계 건강에 유의.

上六(상육)은 苦節(고절)이니 貞(정)이면 凶(흉)코 悔(회)면 亡(망)하리라.

象日(상왈) 苦節貞凶(고절정흉)은 其道(기도) 窮也(궁야)일세라.

검약, 검소해야 하지만 필요 이상으로 절약하면, 본인도 고통스럽고 주위에서 비난의 소리를 듣는다. 외고집으로 나가면 흉한 일이 생긴다. 자기의 사상이나 주장을 끝까지 고집한다면 심적으로 피해만 커진다. 이미 지나간 일에 미련을 두지 마라. 혼자 외롭게 살려고 고집하는 것도 정신적으로 병든 사람의 행위이다. 재물 투자는 손해뿐이다. 건강은 치아나 풍병에 주의. 남을 위해서 살아가는 정신 자세가 절실히 필요하다.

631

初九(초구)는 曳其輪(예기륜)하며 濡其尾(유기미)면 无咎(무구)리라.
象曰(상왈) 曳其輪(예기륜)은 義无咎也(의무구야)니라.

　차가 달리지 못하도록 바퀴를 멈추게 하였다. 섣불리 전진하다
가는 어려운 국면에 처한다. 현재의 주어진 여건이나 상황에 만족
하라. 새로운 일을 구하는 것은 삼가야 한다. 그러나 새로운 일을
시도하여 약간의 손실이 있었다면 그것은 하나의 경험을 쌓았
으니 큰 허물은 아니다. 분수를 아는 것은 지혜가 밝은 사람의
행동이다. 약속이나 계획은 시간을 끌수록 좋고, 최종적인 결정
을 성급하게 하면 실패한다. 재물투자는 다음 기회에 할 것.

632

六二(육이)는 婦喪其茀(부상기불)이니 勿逐(물축)하면 七日(칠일)에
　　　　得(득)하리라.
象曰(상왈) 七日得(칠일득)은 以中道也(이중도야)라.

　만나러 가지 않아도 남이 스스로 본인에게 연락하고, 잃어버린
물건을 다시 찾는 운세이다. 명예가 약간 손상이 되었으나 변명
하려고 나서지 않고 그대로 있으면 7일 만에 회복이 된다. 서서히
방해가 없어지고 목적이 성립된다. 외부적인 이동은 하지 말고,
내부적인 변경은 좋다. 지금은 기다리는 은근과 끈기가 필요하
다. 재물투자는 팔려는 것은 시일이 걸리고, 매입은 얼마 후 성립
된다. 어린 사람은 건강에 유의.

633

九三(구삼)은 高宗(고종)이 伐鬼方(벌귀방)하야 三年克之(삼년극지)니
小人勿用(소인물용)이니라.
象曰(상왈) 三年克之(삼년극지)는 憊也(비야)라.

　몸과 마음에 피로가 겹쳐 있는 상태. 힘든 일이 엄청난 노력으로 이제 평정이 되는 시기이다. 시끄러운 잡음이 서서히 가라앉는 형상. 사람을 채용할 때는 청탁에 연연하지 말고 객관적 판단 아래 선별하고, 소인배는 등용하지 말아야 한다. 오랜 시일을 두고 바랐던 일이 성사된다. 남과의 경쟁에서는 우여곡절 끝에 본인이 이긴다. 재물은 구하지 마라. 본인의 만성피로, 신경성 질환에 유의.

634

六四(육사)는 繻(수)에 有衣袽(유의여)코 終日戒(종일계)니라.
象曰(상왈) 終日戒(종일계)는 有所疑也(유소의야)라.

　항해하는 배에 금이 가서 헝겊으로 구멍을 막고 있는 형상으로써, 위험이 도사리고 있다. 바람이 불어서 배가 침몰하는 것이 아니라 배 자체에 문제가 있다. 즉 외적인 요인에 의한 풍파가 아니고, 내부에서 일어난 결과이다. 임시방편으로 위험을 막았으니 항상 경계하고 조심하여야 한다. 재물투자는 하지 말 것. 앞으로 복잡한 일이 생기니, 미리 예방을 철저히 하라. 근본적인 대책이 필요하다.

635

九五(구오)는 東隣殺牛(동린살우) 不如西隣之禴祭(불여서린지약
제) 實受其福(실수기복)이니라.
象曰(상왈) 東隣殺牛(동린살우) 不如西隣之時也(불여서린지시야)니
實受其福(실수기복)은 吉大來也(길대래야)라.

　어떠한 어려운 일이 있더라도, 성심성의껏 열심히 하면 운세가
풀리는 것이 자연의 섭리이다. 상대편에서 온갖 폼을 잡고 축제
를 한다고 해도, 실속이 없는 가식적인 행위에 불과하다. 본인의
행동이 거기에 말려들어 가면 안 된다. 새로운 세력들이 힘을 발
휘하는 시기이다. 서쪽 방면으로 가서 간단히 준비를 하여 지극
정성을 들이면, 운세가 밝아진다. 재물투자는 당분간 보류. 신앙
의 힘이 절실히 필요하다. 위장, 신장에 주의.

636

上六(상육)은 濡其首(유기수)라 厲(여)하니라.
象曰(상왈) 濡其首厲(유기수여) 何可久也(하가구야)리오.

　머리까지 물에 빠졌으니 위험이 주위에 산재되어 있다. 헤어나
기가 힘들지만 안간힘을 써야 된다. 색정 관계나 도박에 빠지
면 흉한 일이 생긴다. 현실 극복의 중대한 문제를 어떻게 대처하
느냐에 따라 인생의 길이 바뀐다. 사업적으로는 경영난에 허덕이
는 경우이다. 빨리 대책을 강구하여 숨통을 열어라. 재물투자는
하지 마라. 형제, 친한 사람 사이에 분쟁이 생긴다. 하복부 건강,
술에 유의.

初九(초구)는 磐桓(반환)이니 利居貞(이거정)하며 利建侯(이건후)하
    니라.

象曰(상왈) 雖磐桓(수반환)하나 志行正也(지행정야)며 以貴下賤
    (이귀하천)하니 大得民也(대득민야)로다.

전진하기가 어렵다. 그대로 가만히 있어야 한다. 머뭇거리고 주
저하는 일이 많다. 윗사람이 몸을 낮춰야 아랫사람에게 호응을 받
는다. 편한 것만 생각하고 어려운 일을 피한다면 발전성이 없다.
뚜렷한 명분을 세워야 하고, 남을 내세워 일을 처리해야 한다. 재
물투자는 실패한다. 운세가 좋지 않으니 욕심을 내지 마라. 형제,
친한 사람에게 걱정거리가 생긴다. 다리 건강, 피 순환에 유의.

六二(육이)는 屯如邅如(둔여전여)하며 乘馬班如(승마반여)하니 匪寇
    (비구)면 婚媾(혼구)리니 女子(여자) 貞(정)하야 不字
    (부자)라가 十年(십년)에야 乃字(내자)로다.

象曰(상왈) 六二之難(육이지난)은 乘剛也(승강야)오 十年乃字(십년
    내자)는 反常也(반상야)라.

여자가 곧아서 시집을 가지 않다가, 이제야 시집을 가는 형상
이다. 결정하지 못하고 두리번거리다가, 시일이 지난 뒤에야
결판이 나는 모습이다. 강한 자에게 핍박을 당하는 고통의 긴 시간
이 있으나 시일이 지나면 형통하는 형상이다. 만남이나 약속 등은
많은 시일이 경과한 뒤에 이루어진다. 새로운 일을 구하는 이동
은 좋지 않고, 원래의 상태로 돌아오는 이동은 좋다.

643

六三(육삼)은 即鹿无虞(즉록무우)라 惟入于林中(유입우림중)이니
  君子(군자) 幾(기)하야 不如舍(불여사)니 往(왕)하면
  吝(인)하리라.
象曰(상왈) 即鹿无虞(즉록무우)는 以從禽也(이종금야)오 君子(군자)
  舍之(사지)는 往(왕)하면 吝窮也(인궁야)라.

　사슴 사냥을 갔는데 도와주는 사람이 없고 오직 깊은 숲 속으로
만 들어가니, 목적을 달성하려 해도 협조자가 없고 곤란한 지경
에 빠진다. 직위나 직책을 구하는 일은 이득이 없다. 아군의 협력
이 없으니 남을 공격하지 마라. 피해만 보게 된다. 하고자 하는
일은 일단 중지하라. 재물투자는 손해만 생긴다. 시빗거리, 관청
문제가 생기지 않도록 하라. 욕정을 버려라.

644

六四(육사)는 乘馬班如(승마반여)니 求婚媾(구혼구)하야 往(왕)하면
  吉(길)하야 无不利(무불리)하리라.
象曰(상왈) 求而往(구이왕)은 明也(명야)라.

　말을 타고 머뭇거린다는 것은 자신의 힘으로는 혼돈을 극복하
기 어려우니 현명한 사람을 찾아야 한다. 즉 본래의 짝을 찾아가
니 허물이 없고 길하다. 일시적으로 약간 다른 곳에 욕심을 내었
으나 마음을 돌이켜 바르게 행동하니 다행히도 운이 좋아진다. 자
기의 허물이나 잘못을 빨리 고치고 반성하여 새로운 전환점을 찾
는다. 희망의 출발을 하는 형상이다. 재물투자는 하지 마라. 학
술, 연구, 문서 관계는 좋은 일이 생긴다. 본인의 부족한 부분을
채울 수 있는 능력 있는 사람을 만나야 운세가 좋아진다.

九五(구오)는 屯其膏(둔기고)니 小貞(소정)이면 吉(길)코 大貞(대정)
　　　이면 凶(흉)하리라.
象日(상왈) 屯其膏(둔기고)는 施(시) 未光也(미광야)라.

　기름이 물과 융화되지 못하고 떠 있는 형상이다. 자기의 생각
이 남에게 미치지 못한다는 표현이다. 도와주고 은혜를 베풀려고
해도, 남이 알아주지 않는다. 남녀관계의 일은 짧게 끝내면 무탈
하나 길게 가면 흉하다. 집안의 사소한 일은 좋으나 사회생활의
큰일은 어렵다. 자기의 사상이나 주장을 남에게 강요하지 마라.
반발이 심하다. 재물투자는 이익이 없다. 하복부 건강에 유의.
나이 어린 사람을 구하지 마라.

上六(상육)은 乘馬班如(승마반여)하여 泣血漣如(읍혈연여)로다.
象日(상왈) 泣血漣如(읍혈연여)어니 何可長也(하가장야)리오.

　말을 타고 우물쭈물하다가 피눈물이 나는 고통을 겪는다. 오래
지탱할 수 없는 지경이다. 환자는 회복 불능의 상태. 사업적으로
는 한계점에 도달하여 억지로 더 이상 유지할 수가 없다. 불편한
관계를 더 이상 참을 수 없어 폭발하는 시기이다.
인간관계는 이별하는 사람이 생겨 눈물을 흘리는 형상. 재물투자
는 손해밖에 없다. 건강은 피 흘리는 것에 주의. 박치기, 타박상
에 유의.

651

初六(초육)은 井泥不食(정니불식)이라 舊井(구정)에 无禽(무금)이
　　로다.

象曰(상왈) 井泥不食(정이불식)은 下也(하야)일새오 舊井无禽(구정무
　　금)은 時舍也(시사야)라.

　우물이 흙탕물로 변했으니 먹을 수가 없다. 폐허가 된 우물물
은 금수조차도 먹지 않는다. 하는 일의 목적이 혼돈되고 시기
가 맞지 않아 성공할 수 없다는 표현이다. 버려야 할 것은 미련
을 갖지 말고 버리는 것이 현명하다. 낡고 오래된 것을 고집하니
주위에서 왕따를 당한다. 겉은 좋게 보이나 속은 곪고 썩어서, 내부
적인 고통이 심하다. 흙탕물을 깨끗한 물로 정화하는 데는 시일
이 많이 걸린다. 재물투자는 금물. 억지로 무엇을 하지 마라.

652

九二(구이)는 井谷(정곡)이라 射鮒(석부)오 甕敝漏(옹폐루)로다.

象曰(상왈) 井谷射鮒(정곡석부)는 无與也(무여야)일세라.

　가뭄이 심하여 물이 말랐는데 우물 아래의 작은 공간에 두꺼비
가 있어 물을 긷는 두레박에 독소를 쏘아 두레박이 깨지니 노력
을 아무리 해도 소용이 없다. 임기응변으로 일을 처리하지만 소
용이 없다. 동업은 같이할 수 없다. 과감한 변혁이 필요하다. 남
의 일에 간섭하지 마라. 사리사욕을 멀리 하라. 남을 도와주는 것
은 밑 빠진 독에 물 붓는 격이다. 재물투자는 손해만 본다. 건강은
종합 진단을 받아야 한다. 한약으로 몸을 보호하는 것이 좋다.

653

九三(구삼)은 井渫不食(정설불식)하야 爲我心惻(위아심측)하야 可用汲
　　　(가용급)이니 王明(왕명)하면 並受其福(병수기복)하리라.
象曰(상왈) 井渫不食(정설불식)은 行(행)을 惻也(측야)오 求王明(구
　　　왕명)은 受福也(수복야)라.

　우물물을 청소하였지만 당장은 흙탕물이라 먹을 수가 없으니 나
의 마음이 측은하다. 흙탕물이 가라앉을 때까지 기다려야 한다. 남
이 나의 입장을 이해하지 못하고 불화 관계만 생기니 괴로운 심정이
다. 억지로 변명해도 소용이 없다. 꾸준히 혼자만의 노력으로 열심
히 하는 것이, 다음을 위한 좋은 일의 계기가 된다. 사업의 운세는 장
기적인 계획은 성공하고 단기적으로 결정되는 일은 어렵게 된다.
국가나 단체의 정책이 변경되면 좋다. 덕을 기르는 것이 필요.

654

六四(육사)는 井甃(정추)면 无咎(무구)리라.
象曰(상왈) 井甃无咎(정추무구)는 修井也(수정야)일세라.

　우물 주위에 벽돌담을 둘러치니 우물 입구를 수선하고 주변을
깨끗이 하면 허물이 없다. 수질이나 수량을 측정하는 것도 좋다.
집안이나 업소를 깨끗하게 정리하여 산뜻한 분위기로 바꾸면 좋
다. 인간관계에서도 새로운 감각으로 유대 관계를 맺어야 한다. 옛
것을 버리고 새로운 것을 취해도 좋다. 약간의 이동, 변경을 하여
도 무방하다. 탈바꿈의 시기이다. 재물투자는 재미가 없다. 기술
혁신이 필요하다. 신선한 감각으로 멋진 생활을 꾸리는 것이 좋다.

655

九五(구오)는 井冽寒泉食(정열한천식)이로다.
象曰(상왈) 寒泉之食(한천지식)은 中正也(중정야)일새라.

　시원하고 차가운 우물물을 먹을 수 있는 상황이다. 갈증이 해소
되고 새로운 마음으로 다시 출발하는 기상이다. 냉정한 판단력과
남을 사랑하는 애정이 있다. 장기적인 계획으로 노력하면, 겨울이
가고 봄이 돌아오듯이 시일이 걸리나 성공한다. 이동, 변경에는
좋다. 재물투자는 시일을 두고 결정하라. 주위의 사람과 서로 위로
하고, 봉사하는 일은 서로 권장하여 우의를 돈독하게 하는 것이
필요. 건강은 귓병이나 치아에 유의.

656

上六(상육)은 井收勿幕(정수물막)고 有孚(유부)라 元吉(원길)이니라.
象曰(상왈) 元吉在上(원길재상)이 大成也(대성야)라.

　우물의 물을 먹고 뚜껑을 덮지 않아야 누구든지 와서 먹을 수
있으니 길하다. 사업에서는 일찍 문을 닫지 말고 오래도록 영업
을 해야 한다. 우물이 여러 사람에게 혜택을 주듯이, 모든 사람이
마음 놓고 출입할 수 있는 사업은 크게 성공한다. 혼자만 우물물
을 먹으려고 하면 안 된다. 즉 개인의 욕심만을 위한 일은 불리하
다는 것이다. 복지사업은 더욱 성공한다. 마음의 문을 활짝 열어
야 운세가 발전한다. 건강은 두통, 신경통 주의.

初六(초육)은 習坎(습감)에 入于坎窞(입우감담)이니 凶(흉)하니라.
象曰(상왈) 習坎入坎(습감입감)은 失道(실도)라 凶也(흉야)라.

　연약한 몸으로 위험의 구덩이에 빠졌으니 헤어나오기 힘들고
흉하다. 길을 잃고 헤매는 모습이다. 인간의 바른 삶을 외면하고
외도로 빠지면, 좋지 않은 일만 생긴다. 조용히 자중하는 것이
현명하다. 물에 빠져 허우적거리다가 빠져나오지 못하고 다시 깊이
빠져 버리는 형상이다. 난관을 극복하기가 무척 힘이 든다. 재물
투자는 재미없다. 사리사욕 때문에 판단이 어긋나는 경우가 많다.
　건강은 피의 순환에 주의. 혈압 주의.

九二(구이)는 坎(감)에 有險(유험)하나 求(구)를 小得(소득)하리라.
象曰(상왈) 求小得(구소득)은 未出中也(미출중야)일세라.

　험한 길을 건너니 조금은 밝은 서광이 나타난다. 본인도 힘들
지만 도와주어야 할 사람이 있다. 도와주면 좋다. 조용히 본인을
관찰하고 작은 것에 만족하여야 한다. 시간이 흐른 뒤에 서서히
운세가 좋아지나 큰 것은 바라지 않는 것이 좋다.
　관청이나, 병원 문제 때문에 재물의 손실이 많다. 급한 마음을
내지 말고 변화하는 시운에 순응하는 것이 현명하다. 집안의 여자
관계에서 나쁜 일이 벌어진다. 주거의 불안정이 심하다.

663

六三(육삼)은 來之(내지)에 坎坎(감감)하며 險(험)에 且枕(차침)하야
入于坎窞(입우감담)이니 勿用(물용)이니라.
象曰(상왈) 來之坎坎(내지감감)은 終无功也(종무공야)리라.

앞에도 물, 뒤에도 물이 가득하여 도저히 움직일 수 없는 상황
이다. 이동, 변경은 절대 하지 마라. 수습 대책을 강구해도 소용
이 없다. 도움을 청해도 안 되고 발버둥 쳐도 안 된다. 때를 기다려
라. 노력을 해도 헛수고일 뿐이다. 엎친 데 덮친 격으로 곤란의 연
속이다. 재물투자는 금물. 남과의 협력이나 계약은 실익이 없으니
중지하라. 물장사 계통은 장래성이 있다. 그 외는 실패한다.

664

六四(육사)는 樽酒(준주)와 簋貳(궤이)를 用缶(용부)하고 納約自牖
(납약자유)면 終无咎(종무구)하리라.
象曰(상왈) 樽酒簋貳(준주궤이)는 剛柔際也(강유제야)일세라.

바라는 목적을 직선적으로 말하지 말고, 간접적으로 유도하여
일을 하면 허물이 없다. 정성을 들여야 소망이 성취된다. 검소하
고 겸손하게 일을 처리하여야 한다. 종교적인 힘이 필요하다. 인간
적으로는 아무리 정당한 말이나 행동도 하는 방법에 따라 상대의
기분을 상하게도 하고 좋게 받아들여지기도 한다. 현재의 운세는
유화적이고 온순한 태도가 필요하다. 재물투자는 물장사 계통은
좋고 다른 업종은 실패한다. 남과의 교제는 좋아진다.

665

九五(구오)는 坎不盈(감불영)이니 祇旣平(지기평)하면 无咎(무구)리라.
象曰(상왈) 坎不盈(감불영)은 中(중)이 未大也(미대야)라.

　실력은 있으나 시기가 오지 않아서 빛을 발휘하지 못하고 있다.
열심히 노력하여 실력을 축적하였기 때문에 곧 뭔가를 보여줄 수
있는 시기가 온다. 남을 공경하고 모든 사람들에게 평등하게 대해
주어야 한다. 주위가 조용히 평정될 때까지 기다려라. 기다리는
동안 계획이나 설계를 멋지게 하라. 폭풍이 몰아치면 그칠 때까지
조용히 기다리다가 차후에 배가 출항하는 것과 같다. 재물은 급하
게 구하지 마라. 이동, 변경은 금물. 가슴, 심장병에 주의.

666

上六(상육)은 係用徽纆(계용휘묵)하야 寘于叢棘(치우총극)하야 三歲
　　　　(삼세)라도 不得(부득)이니 凶(흉)하니라.
象曰(상왈) 上六失道(상육실도)는 凶三歲也(흉삼세야)리라.

　손과 발이 묶여서 가시덤불 속에 버려졌으니 도저히 헤어날 길이
없다. 모든 것을 중지하라. 사회생활은 운세가 너무 막혔다. 종교
에 심취하는 것이 현명하다. 형제, 친한 사람 사이에 불화가 심하
다. 재물투자는 아예 생각도 하지 말 것. 건강은 두통에 유의. 계
획, 희망은 모두 물거품이다. 약속이나 계약은 이행되지 않는다.
현재의 소망은 일단 접어 두고, 마음을 비운 후에 다른 일에 전념
하라.

671

初六(초육)은 往(왕)하면 蹇(건)코 來(내)하면 譽(예)리라.
象曰(상왈) 往蹇來譽(왕건내예)는 宜待也(의대야)니라.

　가는 것, 행동하는 것을 중지하고 가만히 있어야 한다. 마음먹
은 대로 해보아도 성과가 없다. 움직이지 말고 주어진 현실에 충
실하라. 행동을 할 수 있는 찬스를 기다리는 여유가 필요하다. 이
것저것 신경 쓰지 말고, 한 가지 일에 꾸준히 노력하라. 이동이나
여행은 삼갈 것. 다리 건강에 유의. 재물투자는 손해뿐이다.
　어른 건강에 유의할 것. 사람을 만나는 것도 지금은 피하는 것
이 현명하다. 몸과 마음을 쉬게 하라.

672

六二(육이)는 王臣蹇蹇(왕신건건)이 匪躬之故(비궁지고)라.
象曰(상왈) 王臣蹇蹇(왕신건건)은 終无尤也(종무우야)리라.

　노력하는 것은 세상살이의 아름다움이니 성공과 실패에 너무
집착하지 마라. 주위의 상황이나 변화에 신경 쓰지 말고, 어려움
속에서 끝까지 충성심을 발휘하면 나중에 좋은 일이 생긴다.
　영업으로 비유하면 주인의 수입이 많고 적음은 주인의 능력에 따
른 것이지 종업원의 잘못은 아니다. 남의 일에 간섭하지 말고 침
묵을 지켜라. 말 한마디에 약점이 잡힌다. 재물투자는 안 된다.
　나이 어린 사람 건강에 유의. 주거가 불안하다.

九三(구삼)은 往(왕)하면 蹇(건)코 來(내)하면 反(반)이리라.
象曰(상왈) 往蹇來反(왕건내반)은 內(내) 喜之也(희지야)일세라.

원래의 모습으로 돌아오는 것이 좋다. 변화를 구하면 손해뿐이다.

멀리 있는 사람을 만나려고 하지 말라. 안에 있는 사람에게 기쁨이 있다. 여행이나 원행하면 흉한 일만 생긴다. 사이가 나빴던 사람들과 감정이 풀리고 원래의 순수한 자세로 돌아온다.

나아가면 역경에 부딪치고, 돌아오면 걱정이 사라진다.

자기 행동에 대한 반성을 하고 참회를 하여야 한다.

재물투자는 구하지 마라. 지출이 많다.

六四(육사)는 往(왕)하면 蹇(건)코 來(내)하면 連(연)이리라.
象曰(상왈) 往蹇來連(왕건내련)은 當位(당위) 實也(실야)일세라.

앞으로 나가면 막히고 험난한 일이 생긴다. 그렇다고 뒤로 물러서기도 곤란한 지경이다. 이성을 잃으면 안 된다.

현재의 조건에 불만이 많더라도 가만히 있는 것이 현명하다.

상황이 반전되어 연합 전선이 이루어진다. 돌과 같은 굳은 의지와 가만히 있는 참을성이 필요하다. 재물투자는 불리하다.

친족 중에서 멀리 떠날 사람이 있다. 외부적인 화합은 불리하고 내부적인 화합 모임은 허물이 없다.

九五(구오)는 大蹇(대건)에 朋來(붕래)로다.
象曰(상왈) 大蹇朋來(대건붕래)는 以中節也(이중절야)라.

　험난한 일을 억지로 하고 있다. 실질적 수입은 없고 낭비가 많이 생긴다. 이해하여 주는 사람이나 협조자는 없고, 몇 명의 친구나 동지들이 외로움을 달래 준다. 하는 일을 중지하는 것이 좋다.
　단기투자는 기대하지 마라. 집을 잠시 떠나는 운세가 있으나 따라주어도 무방하다. 집안에 나쁜 일이 일어날 기미가 있다.
자기의 고집을 주장하면 파탄이 생긴다. 겸손하게 자기를 낮추어라. 무조건 참아야 한다.

上六(상육)은 往(왕)하면 蹇(건)코 來(내)하면 碩(석)이라 吉(길)하리니 利見大人(이견대인)하니라.
象曰(상왈) 往蹇來碩(왕건내석)은 志在內也(지재내야)오 利見大人(이견대인)은 以從貴也(이종귀야)라.

　본인의 생각대로 밀고 나가면 실패를 한다. 남의 말을 따라 주고 부수적으로 행동하여 어려움을 극복한다. 자기 스스로 일을 주장하지 말고 타인에게 맡겨라. 봉급생활 하는 것이 좋고, 독단적 사업에는 재미가 없다. 정도에 지나친 행동은 삼가라. 재물투자는 하면 할수록 손해. 고집을 부리지 마라. 험난한 시기이니 모든 행동에 신중을 기해야 한다. 남녀 관계 주의할 것. 머리 건강 유의.

初六(초육)은 有孚比之(유부비지)라야 无咎(무구)리니. 有孚(유부)
　　　盈缶(영부)면 終(종)에 來有他吉(내유타길)하리라.
象曰(상왈) 比之初六(비지초육)은 有他吉也(유타길야)니라.

　사람을 만나 친하게 교제하는데 바른 마음과 지극한 정성으로 행하니 좋은 일이 생기고, 생각지도 않은 다른 사람의 도움을 받게 된다. 무엇을 하여도 협력, 협조의 조화 관계가 성립되어 운세가 발전한다. 믿음이 제일 중요한 시기이다. 물이 땅위를 적셔 주어 모든 식물을 자라게 하고 윤택한 분위기를 만든다. 재물투자는 현재 계획하는 것 말고 다른 것이 나타나서 이익을 가져오니 기다려라. 교제비의 지출이 많다.

六二(육이)는 比之自內(비지자내)니 貞(정)하야 吉(길)토다.
象曰(상왈) 比之自內(비지자내)는 不自失也(부자실야)라.

　본인의 인품이나 신용 관계가 남에게 좋은 반응을 보여, 서로가 진심으로 화합하고 도와주니, 자기 자신의 숨은 실력을 갈고 연마하여 강한 정신무장이 필요하다. 은혜를 알고 서로 보답하는 형상이다. 겉으로 뚜렷하게 도와주는 것보다는, 보이지 않는 도움이 많다. 단체나 모임에서는 단합 대회를 하는 것도 좋다.
　재물투자는 외부 확장, 신규 확장은 재미가 적고 내부 정리, 기술혁신에 대한 투자는 크게 성공한다.

683

六三(육삼)은 比之匪人(비지비인)이라.
象曰(상왈) 比之匪人(비지비인)이 不亦傷乎(불역상호)아.

　현재 그럴듯하게 접근해 오는 사람은 협력자로 부적합하다. 인간관계에 특히 신중하게 처신하라. 인간은 노력만 열심히 하면 결과는 자연적으로 좋아진다. 결과에 너무 연연하지 마라. 믿는 도끼에 발등을 찍히는 형상이다. 남의 편을 들다가 혹은 남을 도왔다가는 도리어 피해가 오고 마음의 상처를 입는다. 남녀 관계는 현재 만나는 사람은 오래 지속할 사람이 아니다. 재물투자는 속는 경향이 있으니 하지 마라. 신경성이나 뼈마디 주의.

684

六四(육사)는 外比之(외비지)하니 貞(정)하야 吉(길)토다.
象曰(상왈) 外比於賢(외비어현)은 以從上也(이종상야)라.

　운세는 상승세의 기운이 가득하나 타인의 도움을 받아야 성공한다. 지금은 겉모습이나 외형적으로 풍기는 멋이나 예의, 매너 등에 많은 신경을 쓰면 좋다. 남을 시기하지 말고, 남을 따라 주고 남을 믿어 주는 것이 현명하다. 남에게 의지하여 복록을 받는 것이 지금의 운세로는 마땅하다. 재물투자는 남의 권유에 따르면 성공한다. 사업운세는 바깥에서의 적극적 활동하면 성공한다. 실력자를 공경하라.

685

九五(구오)는 顯比(현비)니 王用三驅(왕용삼구)에 失前禽(실전금)
      하며 邑人不誡(읍인불계)니 吉(길)토다.
象曰(상왈) 顯比之吉(현비지길)은 位正中也(위정중야)오 舍逆取順(사
      역취순)이 失前禽也(실전금야)오 邑人不誡(읍인불계)는 上
      使(상사) 中也(중야)일세라.

  왕이 사냥을 할 때에 도망가는 짐승은 잡지 않고, 수명이 다 되어
돌아오는 짐승만 잡았으니, 사냥하는 법도에는 마땅한 행동이다.
도망가는 사람을 억지로 잡지 마라. 자기의 갈 길을 가는 것이다.
본인의 운세가 희망적이고 발전적이니, 사소한 재물이나 배신자
는 잃어도 괜찮다. 재물투자는 하나를 잃고 셋을 얻으니 좋은 시기
이다.

686

上六(상육)은 比之无首(비지무수)니 凶(흉)하니라.
象曰(상왈) 比之无首(비지무수) 无所終也(무소종야)니라.

  도와주려는 사람이 등을 돌리고 친한 사람이 배반하는 상황이다.
  그럴듯하게 보이는 일들이 실속이 없어 꿈속에서 헤맨다. 자격
이 부족하고 실력이 부족하다. 여건이 좋지 않으니 중단하는 것
이 좋다. 단체나 집안의 우두머리가 흔들리거나 없는 경우이다.
정치에서 잘못이 생겼으나 책임질 사람이 없는 경우와 비슷하다.
  계획은 일관성이 없으며 부끄럽고 수치스러운 일들이 벌어진다.
  재물투자는 손실이 생기니 손해. 머리에 관한 병 주의.

711

初九(초구)는 有厲(유려)리니 利己(이이)니라.
象日(상왈) 有厲利己(유려이이)는 不犯災也(불범재야)라.

　일을 행하면 재앙이 있다. 그만두는 것이 오히려 좋다. 하고 싶은
모든 충동을 억제하고, 감정을 순화시켜야 한다. 이동, 변동을 하지
말고 재물투자는 이익이 없다. 개인적인 욕심에 휘말리면 위태로
운 일이 생긴다. 무엇을 구하는 시기가 아니고 휴식하는 시기이다.
계획의 수립이나 설계 등은 가능하나, 행동에 옮길 때가 아니니
욕심을 자제하라. 확고한 신념이나 가치관을 새롭게 정리하는 것
이 좋다. 약속이나 계약은 하지 말고 건강에 유의.

712

九二(구이)는 與說輹(여탈복)이로다.
象日(상왈) 與說輹(여탈복)은 中(중)이라 无尤也(무우야)라.

　자동차 바퀴가 빠져 움직일 수 없다. 행동을 하지 못하게 된다
는 표현이다. 그러나 이것은 본인이 지금은 행동할 시기가 아닌
상황으로 판단하여 미리 바퀴의 연결고리를 떼어 버렸다. 단체나
모임에서는 분열과 이탈이 생겨 고민한다. 주위 사람이 멀리 떠나
는 일이 생긴다. 교통사고나 타박상에 주의해야 한다. 현재의 주어
진 여건에 만족하고, 새로운 변화는 구하지 마라. 주거의 불안정.
　친구, 형제에게 걱정이 생긴다. 집안 식구 건강 유의.
　본인이 바라는 목적은 4개월 후에 해결될 가망이 있다.

九三(구삼)은 良馬逐(양마축)이니 利艱貞(이간정)하니 日閑輿衛
            (일한여위)면 利有攸往(이유유왕)하리라.
象曰(상왈) 利有攸往(이유유왕)은 上(상)이 合志也(합지야)일세라.

출발은 늦게 하였더라도 잘 달리는 말을 타고 뒤에서 쫓아가니, 충분히 앞사람을 따라잡는다. 사소한 다른 일에 신경 쓰지 말고 주어진 자기의 일을 꾸준히 진행하면 이익이 생긴다. 목적지를 향하여 가는데 중간에 쉬지 말고 곧바로 직행하여야 한다. 강한 추진력으로 과감하게 진행하라. 중간에 점검은 자주 하여야 한다. 처음에는 손실이 생기더라도 큰 이익으로 돌아온다. 재물투자는 길하고 투기는 흉하다.

六四(육사)는 童牛之牿(동우지곡)이니 元吉(원길)하니라.
象曰(상왈) 六四元吉(육사원길)은 有喜也(유희야)라.

송아지에 빗장을 친다는 것은 송아지가 마구 날뛰지 못하도록 안전장치를 한다는 말이다. 도둑이 들어오지 못하게 담벼락을 세우고 우환을 미리 방지하니 길하다. 타인이 본인의 약점을 알고 공격하기 전에 미리 대비책을 강구해야 한다. 수비의 태세에 만전을 기하라. 먼저 공격하는 것은 좋지 않다. 본인의 입장에 맞는 금지 조항을 철저히 지켜야 한다. 즉 부정한 행동을 하면 흉한 일이 생긴다. 교육을 하거나 남에게 벌주는 일은 좋다.

715

六五(육오)는 豶豕之牙(분시지아)니 吉(길)하니라.
象曰(상왈) 六五之吉(육오지길)은 有慶也(유경야)라.

　돼지를 거세하여 순해졌으니 좋은 일이다. 욕심을 자제해야 한다.
유순하게 행동해야 운세가 밝아진다. 멧돼지처럼 저돌적이고 힘차
게 밀고 나가다가는 창피를 당한다. 단체나 집안에서는 가시 같은
사람을 축출하여야 화합이 되고 웃음꽃이 핀다. 남녀 결합이나
동업, 단결 등에는 좋지 않다. 기본적인 메뉴는 준비를 하여야
한다. 육성하고 확대하면 실패한다. 재물투자는 욕심을 절제할 것.

716

上九(상구)는 何天之衢(하천지구)니 亨(형)하니라.
象曰(상왈) 何天之衢(하천지구)오 道(도) 大行也(대행야)라.

　넓은 거리를 마음대로 활보하는 자유의 행진이 계속된다. 개성
적인 활동으로 자기의 능력과 멋을 창조하는 시기이다. 구속받는
일은 맞지 않고 비밀적인 내용이나 사적인 일 등에는 재미가 없다.
자유 업종을 하면 운세가 좋아진다. 적극적인 사고방식으로 매사
에 실력발휘를 할 수 있다. 공개된 장소, 공개된 예술, 문학 등에
좋은 소식이 있다.
　재물투자는 당분간 보류할 것. 두통이나 신경성에 주의할 것.

721

初九(초구)는 已事(이사)어든 遄往(천왕)이라야 无咎(무구)리니 酌損之(작손지)니라.

象曰(상왈) 已事遄往(이사천왕)은 尙合志也(상합지야)일세라.

남을 도와주어야 할 때는 쓸데없는 변명이나 핑계를 대지 말고, 즉각적으로 도움을 주어야 한다. 그것을 자신의 것으로 하지 않아야 한다. 어차피 할 일은 미루지 말고 급속히 진행해야 한다. 시일을 끌면 성사되지 않고 곤란한 지경에 이른다. 물건을 남에게 준다든지 축소하는 일은 좋다. 미련을 갖지 마라. 꾸물거리지 말고 행동에 옮겨야 성공한다. 이동, 변동은 좋다. 재물투자는 손해 볼 것 같은데 나중에 이익이 있다. 어른은 건강 주의.

722

九二(구이)는 利貞(이정)코 征(정)이면 凶(흉)하니 弗損(불손)이라야 益之(익지)리라.

象曰(상왈) 九二利貞(구이이정)은 中以爲志也(중이위지야)라.

남의 것을 본인의 것으로 하면 흉한 일이 생긴다. 새로운 일은 구하지 마라. 변함없이 그대로 가만히 있는 것이 오히려 낫다. 원행이나 여행은 삼가라. 손익 계산에 너무 빠지면 후회할 일이 생긴다. 주거에 안정이 없고 피로한 생활이 계속되나, 변화를 구하지 말아야 된다. 재물투자는 하지 마라. 건강을 위해 약을 복용하는 것도, 현재로서는 피하는 것이 좋다. 중용의 법칙을 지켜야 운세가 호전된다.

723

六三(육삼)은 三人行(삼인행)엔 則損一人(즉손일인)코 一人行(일인행)
    엔 則得其友(즉득기우)로다.
象曰(상왈) 一人行(일인행)은 三(삼)이면 則疑也(즉의야)리라.

　세 사람이 길을 가면 한 사람을 멀리해야 한다. 일을 하다가 결
원이 생길 수가 있다. 한 사람이 가면 벗을 얻어 두 사람이 된다.
사업적으로는 세 명이 동업하면 한 사람을 제명시켜야 한다.
남녀 관계에서도 삼각 관계가 되어 좋지 않으니 빨리 정리하라.
혼자서 일을 하면 협력자가 생겨 일의 발전이 있다. 여자로 비유
하면 홀몸이 임신하여 두 몫으로 나오는 운세이다. 무엇을 시작
하거나 여행을 갈 경우에 세 사람이 함께 가지 마라. 의심 받는다.
재물투자는 재미가 없다.

724

六四(육사)는 損其疾(손기질)호대 使遄(사천)이면 有喜(유희)하야
    无咎(무구)리라.
象曰(상왈) 損其疾(손기질)하니 亦可喜也(역가희야)로다.

　자기의 나쁜 버릇이나 몸속의 병은 빨리 고칠수록 기쁨이 생긴다.
행동하다가 자기의 착오나 잘못이 발견되면 빨리 시정해야 한다.
늦으면 약점이 잡히고 낭패를 당한다. 자기 자신의 문제점을 과감
히 정리해라. 필요 없는 물건이나 쓸데없는 생각은 빨리 버려야
한다. 좁은 소견은 넓은 마음으로, 소극적 생각은 적극적으로 바꿔
라. 지나간 옛일에 집착하지 마라. 재물투자는 실패한다.

725

六五(육오)는 或益之(혹익지)면 十朋之(십붕지)라 龜(귀)도 弗克違
(불극위)하리니 元吉(원길)하리라.
象曰(상왈) 六五元吉(육오원길)은 自上祐也(자상우야)라.

　이익이 생겨 혼자의 몫만 생각하지 않고 고루고루 분배를 하니,
정당한 일이고 복을 받는 행동이다. 기업가가 이익을 사회로 환원
할 때, 기업가의 이름이 빛나고 모든 사람은 혜택을 본다. 대중
의 의견을 듣고 최선의 방법을 강구하여야 복을 받는다. 앞으로
의 운세는 이익이 많이 생긴다. 정신적으로 만족하고 물질적으로
도 풍족해진다. 평소에 착한 일을 해온 결과 덕분이다. 도사나 현
인을 찾아가서 미래의 일에 자문을 구하라. 재물투자는 성공한다.
여행을 해도 좋다.

726

上九(상구)는 弗損(불손)코 益之(익지)면 无咎(무구)코 貞吉(정길)하니
利有攸往(이유유왕)이니 得臣(득신)이 无家(무가)리라.
象曰(상왈) 弗損益之(불손익지)는 大得志也(대득지야)라.

　재물을 모으는 방법에는 활동을 하여 모으는 방법이 있고 절약,
검소하게 생활하여 지출을 줄이는 방법도 있다. 지금은 아랫사람
에게 보태주면 탈이 없다. 우연히 귀인을 만나서 많은 도움을 받는
다. 사람을 구하고 조직을 만드는 것은 흐지부지된다. 한곳에 집착
하지 말고 두루두루 원만한 생활을 해야 한다. 계획이나 아이디어
는 발전성이 크다. 운세의 방향이 희망적으로 변한다. 재물투자는
보류하라.

731

初九(초구)는 賁其趾(비기지)니 舍車而徒(사거이도)로다.
象曰(상왈) 舍車而徒(사거이도)는 義弗乘也(의불승야)라.

 목적지까지 차를 타지 않고 걸어서 가는 격이다. 시간은 걸리
겠으나, 걸어서 가는 것이 위험이 적다. 그리고 차를 타고 가다가
내렸으니 운세가 쇠퇴할 운이다. 진급으로 비유하면 정상적으로
승진해야지, 남의 협력으로 고속 승진하면 좋지 못한 결과가 생긴
다. 자랑을 너무 하려다 남의 눈살을 찌푸리게 한다. 두목 자격이
없는 사람이 두목 행세하는 것과 같다. 직책이나 감투는 피하는
것이 현명하다. 재물투자는 금물.

732

六二(육이)는 賁其須(비기수)로다.
象曰(상왈) 賁其須(비기수)는 與上興也(여상흥야)라.

 수염은 자체적으로 움직이지 못하고, 턱이 움직이는 대로 따라
서 움직인다. 혼자서 움직이지 말고 남과 같이 행동해야 운세가
좋아진다. 판단을 할 경우에 남과 협조하여 공론으로 결정하라.
명상을 하여 내면 세계를 강화하는 것이 좋다. 남을 먼저 생각하
고, 다음에 자기를 생각하는 버릇을 길러라. 독단적인 행동은 반
드시 좋지 못한 결과를 가져온다. 자기의 주장을 버리고 윗사람을
따르라. 재물투자는 남의 도움으로 덕을 볼 때이다.

733

九三(구삼)은 賁如(비여) 濡如(유여)하니 永貞(영정)하면 吉(길)하리라.
象曰(상왈) 永貞之吉(영정지길)은 終莫之陵也(종막지능야)니라.

　본래의 바른 길을 걸어라. 남녀 관계나 술에 빠질 기미가 보인
다. 수액을 조심해야 한다. 이동, 변동은 하지 마라. 본인의 가치
와 아름다움을 끝까지 지키면 길하다. 자기의 행동 여하에 따라,
남이 업신여기거나 존경하니 행동에 특히 신중을 기하라. 남녀
또는 친구 사이에 지켜야 할 예의는 철저히 지켜야 신임이 생긴다.
나쁜 운세는 아니나 본분에 충실하여야 발전한다. 재물투자는 손
해뿐이다.

734

六四(육사)는 賁如(비여) 皤如(파여)하며 白馬(백마) 翰如(한여)하니
　　匪寇(비구)면 婚媾(혼구)리라.
象曰(상왈) 六四(육사)는 當位疑也(당위의야)니 匪寇婚媾(비구혼구)
　　는 終无尤也(종무우야)라.

　다른 사람에게 눈을 돌리면 좋지 못한 일이 생긴다. 지조가 있어
야 한다. 유혹하는 사람이 많으니 경계하고 주의하라. 마음에 부끄
러운 행동을 할 경우가 많다. 본인이 순수하면 상대 역시 순수하
게 나오는 것이니 상대를 도둑으로 생각하지 마라. 상대는 나를
도와주려는 사람이다. 계약이나 약속을 해놓고 마음이 변하면 신의
가 없어진다. 소식이 없었던 사람이 소식을 전해주고, 막혔던 것
이 통하게 된다.

六五(육오)는 賁于丘園(비우구원)이니 束帛(속백)이 戔戔(잔잔)이면
       吝(인)하나 終吉(종길)이리라.
象曰(상왈) 六五之吉(육오지길)은 有喜也(유희야)라.

　윤리를 지키고 검약하게 생활하면 남들이 시대에 뒤떨어진 사람
이니 구두쇠니 하여도 그런 말은 들을 필요가 없다. 행동을 대충
대충 하지 말고, 세심하고 정확하게 하여야 운세가 좋아진다. 선물
을 너무 적게 하면 본인의 이미지가 나빠진다. 과수원이나 농업
이나 식물 등에 관련되는 일은 희망적이고, 옷이나 종이 등의 일도
발전적이다. 직장이나 관운은 없다. 시험 운세는 불리하다.
　재물투자는 농산물이나 모직 종류는 성공.

上九(상구)는 白賁(백비)면 无咎(무구)리라.
象曰(상왈) 白賁无咎(백비무구)는 上得志也(상득지야)라.

　꾸미고 장식하는 것 없이 그대로 있는 것이 최선의 방책이다.
남하고 불화가 생겨도 지금은 시운이 불리하니, 핑계나 이유, 변명
을 하지 말고 참고 있는 것이 현명하다. 다음번에 말할 기회에 행
동하라. 티 없이 맑은 소녀의 얼굴은 치장하는 것이 오히려 불미
스럽다. 가식을 버리고 잘난 체하지 말고, 있는 체하지 마라. 있
는 그대로의 진실한 모습으로 생활하라.
재물투자는 하지 않는 것이 좋다. 교통사고 주의.

741

初九(초구)는 舍爾靈龜(사이영귀)하고 觀我(관아) 朶頤(타이)니 凶
(흉)하니라.

象曰(상왈) 觀我朶頤(관아타이)하니 亦不足貴也(역부족귀야)로다.

　본인 위주로 생각을 하고 아집이 강하면 후회하는 일이 생긴다.
또한 남의 것을 탐낸다면 흉하다. 인간은 누구나 갈 길이 따로따로
있는 법이다. 남이 무엇을 해서 잘된다고 따라갔다가는 큰 피해
를 입는다. 본분 밖의 일을 하거나 공짜를 바란다면 피해를 보는
형상이다. 음식물이나 언어에 유의할 것. 식중독이나 치아에도
주의. 직책이나 시험운세는 불리하다. 재물투자는 앉아서 손해
본다.

742

六二(육이)는 顚頤(전이)라 拂經(불경)이니 于丘(우구)에 頤(이)하야
征(정)하면 凶(흉)하리라.

象曰(상왈) 六二征凶(육이정흉)은 行(행)이 失類也(실류야)라.

　경솔하고 성급하게 행동하면 흉한 일만 생긴다. 남에게 의지하
려는 생각은 버려라. 독립심이 절대적으로 필요하다. 도움을 요청
해도 실질적으로 도와주는 사람이 없다. 자기의 일은 자기 능력
껏 처리하는 버릇을 길러라. 여행이나 이동, 변경은 불리하다. 소원
성취는 어렵다. 실물수, 도둑을 주의할 것. 재물투자는 나무에서 고
기를 구하는 격이다. 외롭고 약간은 서글픈 생활이 된다. 냉정히 자
기를 비판하라.

743

六三(육삼)은 拂頤貞(불이정)이라 凶(흉)하야 十年勿用(십년물용)이
   라 无攸利(무유리)하니라.
象曰(상왈) 十年勿用(십년물용)은 道(도) 大悖也(대패야)라.

　모든 일이 생각대로 안 되고 어긋난다. 움직이려고 할수록 손해
뿐이다. 실망하는 일이 계속 생긴다. 조용히 책이나 보고 명상하는
것이 상책이다. 혹시나 하는 기대를 갖지 마라. 현재 하려고 하는
일은 그만두는 것이 좋다. 휴식을 취하거나 시일이 지난 뒤 다른
계획을 수립하라. 인간관계에 배반 당하는 일이 생긴다. 재물투
자는 절대 삼가라. 나이 어린 사람이나 주위 사람을 가르치는데
잘못이 많다.

744

六四(육사)는 顚頤(전이)나 吉(길)하니 虎視耽耽(호시탐탐)하며
   其欲逐逐(기욕축축)하면 无咎(무구)리라.
象曰(상왈) 顚頤之吉(전이지길)은 上施(상시) 光也(광야)일새니라.

　윗사람이 아랫사람에게 도움을 받고 부양하는 것이니 좋은 일
이다. 키우고 가르치고 도와주는 일들은 상당히 발전한다. 물질
적으로 도와주고 정신적으로 도와주니, 화합이 좋고 즐거운 일이
다. 끊임없이 꾸준히 일을 하는 것이 지금의 운세를 더욱 좋아지
게 만든다. 한 가지 목표를 달성하기 위하여, 피와 땀을 억수같이
쏟으면서 노력하는 인간의 모습은 아름다운 광경이다. 재물투자
는 도움을 받아 성공한다.

六五(육오)는 拂經(불경)이나 居貞(거정)하면 吉(길)하려니와 不可
　　　涉大川(불가섭대천)이니라.
象曰(상왈) 居貞之吉(거정지길)은 順以從上也(순이종상야)일세라.

　어떤 일을 추진시키려면 능력 있는 자의 도움을 받아야 성공한
다. 혼자서 일을 억지로 진행하면 재물의 손실이 많이 생긴다. 대충
대충 하겠다는 생각은 반드시 화를 남기게 된다. 혼자의 계획된
이동이나 여행 등은 하지 마라. 가만히 현재의 상황을 지키는 것이
상책이다. 확장이나 거래처의 변동은 하지 마라. 아래턱이 움직
이더라도 윗턱은 움직이지 않는 것처럼 가만히 있어라. 재물투자
는 금물.

上九(상구)는 由頤(유이)니 厲(여)하면 吉(길)하니 利涉大川(이섭대천)
　　　하니라.
象曰(상왈) 由頤厲吉(유이여길)은 大有慶也(대유경야)라.

　남의 일을 잘 돌보아준 덕분에 본인의 운세가 좋아진다. 주위
의 어리고 약한 사람을 성심성의껏 보살펴라. 협력과 협조가 지극
히 필요한 시기이다. 남을 가르치고 돌보아 줄 때는 항시 두려운
마음으로 성심성의껏 하여야 하고 거만하거나 나태하게 하면 주위
사람이 따르지 않는다. 사업의 운세는 우연한 기회의 인연으로
좋아진다. 남의 말을 듣고 재물을 투자하면 이익이 있다. 독단적인
판단은 금물.

751

初六(초육)은 幹父之蠱(간부지고)니 有子(유자)면 考(고) 无咎(무구)
하리니 厲(여)하여야 終吉(종길)이리라.
象曰(상왈) 幹父之蠱(간부지고)는 意承考也(의승고야)라.

　아버지의 잘못을 바로잡는 것은 어려운 일이나, 아들이 현명하
여 지극한 정성으로 행동하고, 맞서서 대꾸하지 않으니 마침내
좋은 일이 생긴다. 자식이 아버지의 뜻을 계승하면 좋다. 업무적
으로는 윗사람에 대해 직접적인 논쟁은 피하고 충정을 끝까지 행함
으로써 서로가 화목하다. 사업은 남에게 물려받는 것은 전망이
좋다. 상부의 정책이나 지시를 충실히 받들어 실행하면 이익이
생긴다. 신규 재물투자는 삼가라.

752

九二(구이)는 幹母之蠱(간모지고)니 不可貞(불가정)이니라.
象曰(상왈) 幹母之蠱(간모지고)는 得中道也(득중도야)라.

　어머니의 잘못을 바로 잡는다고, 아들이 고집만 내세운다면 좋지
못하다. 어머니의 정조관념에 대해 자식으로서는 어떻게 할 수가
없다. 나이가 들면 이해할 수 있다. 나이 많은 사람의 행동에 대해
젊은 사람이 현시대의 풍속이나 정의만을 내세워 고집한다면 사이
가 나빠진다. 즉 자기의 고집을 지나치게 드러나면 목적을 달성
할 수 없다. 이동, 변경은 좋다. 집의 수리나 내부 정돈 등에는 상
당히 운세가 밝다. 재물투자는 금물. 남의 일에 참견하지 말라.

九三(구삼)은 幹父之蠱(간부지고)니 小有悔(소유회)나 无大咎(무대구)
리라.
象曰(상왈) 幹父之蠱(간부지고)는 終无咎也(종무구야)니라.

　아버지의 잘못에 대해 지나치게 과격한 행동하니, 후회스러운
일이 생긴다. 유순하게 하면 허물은 없다. 걱정거리가 많고 불안한
생활이 계속되나 큰 허물은 없다. 쇠와 쇠가 부딪치면 깜짝 놀라
고 소리가 시끄러우나, 쇠 자체가 박살나지는 않으니 허물이 없
다. 밥줄이 끊어지려고 하다가 끊어지지 않는다. 재물투자는 생
각하지 마라. 건강에 유의. 특히 심장, 폐 주의. 현재 사용하고
있는 약은 효력이 없다.

六四(육사)는 裕父之蠱(유부지고)니 往(왕)하면 見吝(견인)하리라.
象曰(상왈) 裕父之蠱(유부지고)는 往(왕)엔 未得也(미득야)라.

　남의 잘못이나 자기의 잘못에 대해 방관적으로 내버려둔다면,
부끄러운 창피를 당한다. 잘못은 빨리 고쳐야 발전이 있다.
이동이나 원행을 하면 좋지 못한 결과가 나온다. 흑과 백을 명백
히 구분하는 것이 좋고, 거래 관계를 깨끗이 하여야 탈이 없다.
구하고자 하는 일은 성취되지 않으며, 재물투자 역시 처음에는
전망이 있게 보이나 결과는 좋지 않다. 따질 것은 따져야 한다.

六五(육오)는 幹父之蠱(간부지고)니 用譽(용예)리라.
象曰(상왈) 幹父用譽(간부용예)는 承以德也(승이덕야)라.

　남의 잘못에 대해 때와 장소를 잘 선택하여 유효적절하게 행동
하니, 서로가 화합되고 기쁨이 생긴다. 평소의 은덕이 쌓여 좋은
일이 생기고, 명예에 더욱 빛날 일이 생긴다. 윗사람과 아랫사람
의 유대 관계가 돈독하여 그 대가가 서서히 나타난다. 어느 정도
의 체면치레를 잘하는 것도 필요하다. 재물운세보다는 명예나
신분에 대한 운세가 상당히 좋다. 상품이나 상장을 주고 받는다.
재물투자는 하지 마라.

上九(상구)는 不事王候(불사왕후)하고 高尙其事(고상기사)로다.
象曰(상왈) 不事王候(불사왕후)는 志可則也(지가칙야)라.

　현인이나 군자는 시절이 맞지 않으면, 자기의 고상함과 순결을
스스로 지키고 세상일에 연연하지 않는다. 자기의 생활을 고결하
게 여긴다. 사회적으로는 관직이나 직장이 적성에 맞지 않고, 자유
업종을 선택하는 것이 현명하다. 예술, 체육 방면 등의 일에 상당
히 좋다. 특기나 취미를 멋있게 살리는 것이 현재의 생활에 활력
소가 된다.
　재물투자는 재미가 없다. 형제, 친구에 걱정거리가 생긴다.

初六(초육)은 發蒙(발몽)호대 利用刑人(이용형인)하야 用說桎梏
(용탈질곡)이니 以往(이왕)이면 吝(인)하리라.
象曰(상왈) 利用刑人(이용형인)은 以正法也(이정법야)라.

  사람을 바른 길로 인도하는 방법 중에서 때로는 사랑의 회초
리가 필요하다. 처음에 심하게 다루고 차츰 풀어주어야 한다. 처
음부터 풀어주면 뒤에 바로 잡기 어렵다. 규율을 지키고 절도 있
는 생활을 해야 한다. 현재의 생활은 너무 나태하고 규칙이 없다.
정신 무장이 필요하다.
  강인한 굳은 의지가 있어야 한다. 재물운세는 바라지 마라.
  법적 시비 문제 주의하고, 환자는 회복하기 어렵다.

九二(구이)는 包蒙(포몽)이면 吉(길)하고 納婦(납부)면 吉(길)하리니
子(자) 克家(극가)로다.
象曰(상왈) 子克家(자극가)는 剛柔(강유) 接也(접야)라.

  몽매한 사람, 어렵게 사는 사람을 잘 돌봐 주어야 좋고, 지금 짝
을 만나면 금상첨화다. 자식이 집안을 잘 다스리는 형상으로, 가
정적이고 내적인 일 등은 길하다. 외부적인 일은 성취하기 곤란
하다. 남편이나 자식 취직은 힘이 든다. 장래를 위한 보이지 않는
실력 배양과 설계는 발전적이나, 바깥에서의 행위는 시기가 맞지
않다. 주위 사람이 나쁜 길로 가지 않도록 선도하라.
  재물투자는 바라지 마라.

763

六三(육삼)은 勿用取女(물용취녀)니 見金夫(견금부)하고 不有躬
　　　　(불유궁)하니 无攸利(무유리)하니라.

象曰(상왈) 勿用取女(물용취녀)는 行(행)이 不順也(불순야)라.

　여자를 맞아들이지 마라. 불순한 행동을 하고 예의가 없는 사
람이다. 현재 만나는 여자들은 건전하지 못한 측면이 많으니 경
계하라. 색정 문제나 술이나 도박에 유의할 것. 쓸데없는 경비지
출이 과다하다. 판단이 흐려지고, 계약이나 약속이 잘못되어 있다.
정신 똑바로 차려라.

　공부하는 학생이 여자에 빠져 제대로 공부가 안되는 형상이다.

　재물투자는 손해만 생긴다. 거래 관계는 절대 피해야 한다.

764

六四(육사)는 困蒙(곤몽)이니 吝(인)토다.

象曰(상왈) 困蒙之吝(곤몽지인)은 獨遠實也(독원실야)라.

　발전하려고 노력하나 주어진 여건이 도대체 불만스럽다. 손바
닥도 마주쳐야 소리가 나는 법인데, 혼자서 동으로 뛰고 서로 뛰
고 한들 소용이 없다. 괴롭고 답답하다. 외로운 시간이 지속된다.
인간적인 대화를 할 사람이 없다. 밤하늘의 별을 혼자서 바라본
다. 화합이나 단합은 꿈도 꾸지 마라. 재물투자는 웃고 들어가서
울고 나온다. 정신 수양이나 하고 책이나 읽는 것이 좋겠다.

765

六五(육오)는 童蒙(동몽)이니 吉(길)하니라.
象曰(상왈) 童蒙之吉(동몽지길)은 順以巽也(순이손야)일세라.

　남의 가르침을 순수하게 믿고 윗사람에게 순종하면 좋다. 반발하고 제멋대로 행동하면 나쁜 결과가 생긴다. 어린애들의 문제에는 상당히 좋은 운세이나, 어른들의 문제에는 좋지 않다.
　취직이나 당선은 낙선되고 떨어진다. 교육자나 어린이를 상대하는 일은 좋다. 본인의 위치보다 낮은 위치의 사람에게 자문을 구하고 방법을 물어보면 답이 나온다. 재물투자는 다음 기회에 할 것.
　눈병이나 귓병에 주의. 여행은 삼갈 것. 시비 문제 주의.

766

上九(상구)는 擊蒙(격몽)이니 不利爲寇(불리위구)오 利禦寇(이어구)
　　　하니라.
象曰(상왈) 利用禦寇(이용어구)는 上下(상하) 順也(순야)라.

　심성 공부를 잘하여 마음에서 일어나는 도둑과 같은 욕심을 자제하여야 한다. 아는 지식을 악용하여 나쁜 곳으로 사용하게 되면 지식의 도둑이 되는 것이다. 본인이 직접 나서지 말고 타인이나 기관 단체를 이용하라. 두 사람이 사이가 좋은데, 다른 사람이 이간질하는 경우가 생기니 경계하라. 상하 관계에서는 순하고 겸손하게 행동해야 한다. 재물투자는 손해뿐이다. 도둑 주의. 조상이나 어른에 대해 각별히 신중을 기할 일이 생긴다.

771

初六(초육)은 艮其趾(간기지)라 无咎(무구)하니 利永貞(이영정)하니라.
象日(상왈) 艮其趾(간기지)는 未失正也(미실정야)라.

　발이 움직이지 않으면 몸은 움직일 수가 없다. 정지해야 할 시기
이니 모든 일을 일단 중지해야 한다. 산이 움직이지 않고 가만히
있는 것처럼 경거망동하지 말고 일단 정지를 해야 한다. 이동이
나 확장 등을 해서는 안 된다. 남과 다투는 일은 하지 마라. 집안
에 환란이 생겨 골칫거리가 많다. 노력을 하여도 인정받지 못한
다. 재물투자는 절대 안 된다. 개인의 이익만 생각하다보면 남과
화합이 틀어진다.

772

六二(육이)는 艮其腓(간기비)니 不拯其隨(부증기수)라 其心不快(기심
　　　 불쾌)로다.
象日(상왈) 不拯其隨(부증기수)는 未退聽也(미퇴청야)일세라.

　짝을 두고 다른 사람에 눈을 돌리니, 그 마음이 심히 불쾌하다.
은혜를 모르고 등을 돌리는 형상이고, 물러날 시기에 물러나지
못하여 억지로 일을 하는 상황이다. 친한 사람에게 실망하는 일
이 잦고, 불쾌하지만 어쩔 수 없이 생활할 수밖에 없다. 당장 끝
장을 보는 운세도 아니고, 시일을 두고 좋아질 때까지 그런대로
살아야 한다. 윗사람이 본인의 말을 듣지 않는 경우가 생기나 고
집을 부리지 마라. 재물투자는 재미가 없다. 마음대로 행동하면
큰 재앙이 생긴다.

773

九三(구삼)은 艮其限(간기한)이라 列其夤(열기인)이니 厲(여) 薰心(훈심)
　　　이로다.
象曰(상왈) 艮其限(간기한)이라 危(위) 薰心也(훈심야)라.

　위태로운 일이 생겨 가슴을 조이게 한다. 불안, 초조가 심하다.
몸과 마음이 서로 어긋나서 괴로운 시간의 연속이다. 너무나 힘든
현실을 탈출하고 싶으나, 그렇게 할 수도 없는 형편이다. 남을 이해
하려고 애를 써라. 그리고 넓은 아량으로 모든 사실을 포용하라.
　새로 변화하는 행동은 피할 것. 그냥 그대로 참는 것이 좋다.
　나이 어린 사람의 건강에 유의. 사기를 당하든지 배반을 당하
는 운세. 재물투자는 박살난다.

774

六四(육사)는 艮其身(간기신)이니 无咎(무구)니라.
象曰(상왈) 艮其身(간기신)은 止諸躬也(지제궁야)라.

　불평, 불만이나 사건의 잘못을 남의 탓으로 돌리지 않고 전부
자기의 잘못이라고 생각하는 여유를 가지면, 큰 과오 없이 생활
할 수 있다.
　불타는 감정을 승화시키는 저력이 있다. 더욱더 명상과 참선을
생활화 하는 것이 좋다. 욕심도 억제할 수 있고, 지나친 행동을
절제할 수 있는 심덕이 되니, 앞으로의 운세는 좋아진다.
　이동, 변경은 하지 마라. 재물투자는 재미가 없다. 남이 하기 싫
은 일을 자기가 솔선수범하는 것이 좋다. 규칙적인 생활을 하라.

775

六五(육오)는 艮其輔(간기보)라 言有序(언유서)니 悔亡(회망)하리라.
象曰(상왈) 艮其輔(간기보)는 以中(이중)으로 正也(정야)라.

　말을 해야 할 때와 그쳐야 할 때를 알아서 행동하니 허물이 없어
진다. 좋은 말이라도 지금은 표현을 적게 하는 것이 현명하다. 말에
약점이 잡히는 경우가 생기니, 분명하고 정연하게 표현해야 한다.
적선 사업이나 복지단체에 희사하는 것이 운세를 밝게 이끈다.
　단체나 집안의 화합이 안 되고, 각자 개인의 계산만 하고 있다.
　재물투자는 이익이 없으니 중지하는 것이 좋다. 피부병 주의.

776

上九(상구)는 敦艮(돈간)이니 吉(길)하니라.
象曰(상왈) 敦艮之吉(돈간지길)은 以厚終也(이후종야)일세라.

　불화로 인해 나빠졌던 사이가 좋아지고, 시간이 갈수록 웃음꽃
이 피는 화합의 상태이다. 서먹서먹한 관계가 세월이 흐를수록
호전되고 돈독해지는 형상이다. 나아갈 때와 멈출 때의 판단을
잘하여 신망이 높아지는 시기이다. 사업적으로는 고생한 결과에
대한 유종의 미를 거둘 수 있는 단계가 오고 있다.
　재물투자는 다음 기회에 하는 것이 현명하다.
　두통이나 신경성, 뼈마디에 주의.

初六(초육)은 剝牀以足(박상이족)이니 蔑貞(멸정)이라 凶(흉)토다.
象曰(상왈) 剝牀以足(박상이족)은 以蔑下也(이멸하야)라.

흉한 일이 닥치는 징조가 서서히 보인다. 부정부패한 사회상을
나타낸다. 사업은 좋지 못한 일이 생기니 미리 대책을 강구하라.
협상할 창구가 파괴되었으나 성의껏 노력하라. 확장하거나 이
동을 하면 더욱 손해가 많이 생긴다. 사기, 횡령 사건을 주의하라.
외부에서 오는 충격보다는 내부에 있는 부정과 부패를 단속하
라. 소원 성취는 단념하라. 재물투자는 상상도 하지 마라.
다리 건강, 피부병에 주의. 공든 탑이 무너지는 시기이다.

六二(육이)는 剝牀以辨(박상이변)이니 蔑貞(멸정)이라 凶(흉)토다.
象曰(상왈) 剝牀以辨(박상이변)은 未有與也(미유여야)일세라.

소인배가 득실거리니 상대할 방법이 없다. 정당한 의견이 통하
지 않는다. 시간이 지날 때까지 조용한 곳에서 쉬는 것이 상책
이다. 단합, 단결은 안 된다. 남하고 같이 하려는 생각은 추호도
하지 마라. 현재는 운세가 시끄러우니 교제하고 계약하는 일들은
중지하라. 신변의 위험도 항상 조심하여야 한다. 이동, 변경하면
흉한 일이 생긴다. 재물투자는 손해만 본다. 헤어지는 사람, 다투
는 사람이 많다.

六三(육삼)은 剝之无咎(박지무구)니라.
象曰(상왈) 剝之无咎(박지무구)는 失上下也(실상하야)일세라.

　시끄럽고 복잡한 세상에 살면서도 마음은 항상 바른 진리를 생
각하니, 남과의 화합은 되지 않아도 허물은 없다. 지금은 주위 사
람의 곁을 떠나는 것이 좋다. 직책이나 지위를 떠나도 무방하다.
하던 일은 당분간 손을 떼고 휴식하는 것이 현명하다. 생활은 분
주한 것을 피하고 조용히 여유를 갖는 것이 좋다. 욕심을 버리는
것이 해결책이다. 계약이나 재물투자 등은 빨리 피할 것. 뼈마디
건강 유의. 박치기 주의.

六四(육사)는 剝牀以膚(박상이부)니 凶(흉)하니라.
象曰(상왈) 剝牀以膚(박상이부)는 切近災也(절근재야)라.

　재앙이 눈앞에 있다. 위험 신호다. 빨리 피하라. 여유를 가질 시
간이 없다. 사람이든지 물건이든지 일단 현재 위치에서 피해야
한다. 높은 산에 올라가면 흉액이 따르고, 높은 곳에서 떨어질 위
험이 도사리고 있다. 실물수도 있고 교통사고에 유의하라. 술과
여자는 현시점에서 절대 금지해야 한다. 욕망을 줄여라. 재물투
자는 손해뿐이다.
　시비걸지 말고 따지지도 마라. 사람을 믿지 마라.

六五(육오)는 貫魚(관어)하야 以宮人寵(이궁인총)이면 无不利(무불리)
리라.

象曰(상왈) 以宮人寵(이궁인총)이면 終无尤也(종무우야)리라.

집에서는 장남이 동생을 포섭하여 부모와의 화목에 힘을 쓰고,
단체에서는 중간 책임자가 부하들과 전부 단합하여 윗사람과의
화합이 되게 해야 한다. 여자가 모임의 중책을 맡아 하는 일은 좋
다. 현재의 운세는 자기보다 아랫사람들에게 정성을 쏟고 보살펴
야 한다. 본인의 위치와 임무가 막중하다. 위와 아래의 연결통로
로서 유연한 성품이 필요하다. 특정인을 편애하지 말고 두루두루
관심을 가져라. 재물투자는 시기상조.

上九(상구)는 碩果不食(석과불식)이니 君子(군자)는 得輿(득여)하고
小人(소인)은 剝廬(박려)리라.

象曰(상왈) 君子得輿(군자득여)는 民所載也(민소재야)오 小人剝廬
(소인박려)는 終不可用也(종불가용야)라.

본인이 군자면 지금부터 운세가 발전을 하고, 소인이면 마지막
남은 최후의 안식처마저 박살나는 형상이다. 남들이 모르는 공부
나 예술, 종교에 심취하여 마음의 나래를 펴는 것은 좋다. 사회적
활동이나 감투, 명예 등은 이익이 없다. 수행과 적선을 하여 희열
을 느끼는 일은 크게 좋은 성과가 있다. 재물이나 직장은 구하지
마라. 조용히 잠이나 자는 것이 편하다. 투기적인 재물투자는 실
패한다. 관청 등 법적 시비가 생기니 주의할 것.

811

初九(초구)는 拔茅茹(발모여)라 以其彙(이기휘)로 征(정)이니 吉(길)
하니라.
象曰(상왈) 拔茅征吉(발모정길)은 志在外也(지재외야)라.

　유유상종으로 같은 계통의 사람들과 같이 일을 하니 좋은 일이
생긴다. 단체나 모임 등에서 하는 일은 상당한 발전이 있다. 동창
이나 조직의 단합 등에 운세가 밝다. 위로 상승하는 좋은 운세이
다. 여러 사람과 같이 행동하여 이익을 본다. 사소한 일도 평소에
관리를 잘하면 후일에 빛나게 사용할 때가 있다. 산 속에 있는 보
석이 이제 세상에 나타나는 형상이다. 개인적인 욕심보다는 전체
의 이익에 관련되는 일이면 좋아진다. 재물투자는 전망이 밝다.
이동, 변동은 전부 좋다.

812

九二(구이)는 包荒(포황)하며 用馮河(용빙하)하며 不遐遺(불하유)하며
朋亡(붕망)하면 得尙于中行(득상우중행)하리라.
象曰(상왈) 包荒得尙于中行(포황득상우중행)은 以光大也(이광대야)라.

　험한 일을 극복하는 과감한 용기가 필요하고 남을 포용하여 대
국적인 견지에서 행동하면 좋다. 성공을 했으면 도움받은 사람을
반드시 챙겨라. 덕망과 신망을 높이고 행동을 고상하게 해야 한
다. 순간적인 손익에 집착하면 좋은 결과가 나오지 않는다. 정치
하는 사람이 개인의 사리사욕을 위해 국민을 우롱한다면, 훗날 반
드시 형벌을 받을 것이다. 마음을 넓게 가져라. 친구와 헤어지는
일이 생긴다. 재물은 공적인 일은 성공, 사적인 일은 이익이 없다.

813

九三(구삼)은 无平不陂(무평불피)며 无往不復(무왕불복)이니 艱貞
(간정)이면 无咎(무구)하야 勿恤(물휼)이라도 其孚(기부)
라 于食(우식)에 有福(유복)하리라.
象曰(상왈) 无往不復(무왕불복)은 天地際也(천지제야)라.

가면 오고 오면 또 가니, 사계절의 변화처럼 일이 많다. 이별과
만남이 빈번히 일어난다. 남과의 비교는 불행의 씨앗이다. 자신
의 내면 세계를 확실히 믿어라. 태어나면 죽고, 생기면 사라지는
자연의 진리가 인간에게 많은 것을 가르친다. 남녀는 교제하는
것은 좋으나 직접 동업하여 일을 하면 실패한다. 재물투자는 하
지 말 것. 음식 계통의 사업은 밝다. 위장이나 폐 계통 건강 주의.

814

六四(육사)는 翩翩(편편)히 不富以其隣(불부이기린)하야 不戒以孚
(불계이부)로다.
象曰(상왈) 翩翩不富(편편불부)는 皆失實也(개실실야)오 不戒以孚(불
계이부)는 中心願也(중심원야)라.

소인배끼리 작당하여 자신을 해치려고 하는 경우가 생긴다. 경
계하고 주의해야 한다. 낮은 자세로 변화를 하는 것이 현명하다.
사람을 피하는 소극적인 행동보다 만나서 대화를 하여 교화시키
는 것이 현명하다. 운세가 나빠도 중심을 잃기 쉽고, 너무 운세가
좋아도 중심을 잡지 못한다. 이웃과의 문제가 발생하여 속을 썩
이는 시기이다. 마음의 뚜렷한 중심을 가져야 한다. 재물투자는
이익이 없다.

815

六五(육오)는 帝乙歸妹(제을귀매)니 以祉(이지)며 元吉(원길)이리라.
象曰(상왈) 以祉元吉(이지원길)은 中以行願也(중이행원야)라.

　임금의 딸이 서민에게 시집가는 형상이니, 자기의 지위를 버리고 겸손하게 남편을 섬기면 좋다. 권력자를 사귀어 안전장치를 갖춘 형상이다. 자기보다 조건이 낮은 사람과 결혼하면 앞으로 좋은 일이 생긴다. 즉 한 단계 낮추어서 모든 일을 행하는 것이 현명하다. 시험이나 승격의 운세는 한 단계 낮추어야 하고 직장인은 강등이나 좌천이 되는 경우가 생기나, 자기의 임무를 충실히 하면 마침내 허물은 사라진다.
재물투자는 손해뿐이다.

816

上六(상육)은 城復于隍(성복우황)이라 勿用師(물용사)오 自邑告命
　　　　(자읍고명)이니 貞(정)이라도 吝(인)하니라.
象曰(상왈) 城復于隍(성복우황)은 其命(기명)이 亂也(난야)라.

　정성들여 쌓은 탑이 무너지는 경우가 생긴다. 남의 공격에 대해서는 억지로 맞서지 마라. 아무리 정당한 주장이라도 운세가 막힌다. 단체나 모임은 내부 분열이 심화되고, 명령이나 지시는 실행이 안 된다. 평소에 사람 관리를 게을리하여 현재의 고통을 부탁할 곳이 없는 답답한 실정이다. 남을 원망하지 말고 주어진 현실에 순응하면서 욕심을 적게 가져라. 물건이 위에서 떨어지니 주의할 것. 재물투자는 절대 금물.

821

初九(초구)는 咸臨(함림)이니 貞(정)하야 吉(길)하니라.
象日(상왈) 咸臨貞吉(함림정길)은 志行正也(지행정야)라.

  우정이나 신의는 변함없이 끝까지 지켜야 한다. 변덕을 부리면
신용이 떨어진다. 한번 맺은 사람과는 꾸준히 오래가야 서로가
이익이 있다. 매매나 교환은 지금은 불리하고, 그대로 가지고 있는
것이 좋다. 배우고 익히는 일도 꾸준히 해야 성과가 있고, 포기하
면 오히려 마음의 상처를 입는다. 상대방을 감응시켜 오래도록
같이 있는 것이 좋다. 재물투자는 새로운 일은 구하지 말고, 하던
일에 대한 투자는 좋다. 교통사고 주의.

822

九二(구이)는 咸臨(함림)이니 吉(길)하야 无不利(무불리)하리라.
象日(상왈) 咸臨吉无不利(함림길무불리)는 未順命也(미순명야)라.

  불평, 불만이 많은 사람들을 교화시켜서 바른 길로 이끌어 가면
좋은 일이 있다. 결단과 용기가 필요하고 유순한 행동으로 매사
에 임해야 한다. 행동하고 노력하는 운세는 좋으나 남과 경쟁하
고 시합하는 일은 불리하다. 즉 시험 같은 것은 실패한다. 공감대
를 일으키는 제안서 등은 성공한다. 질병에 관한 문제는 회복되
기 어렵다. 변동이나 이동은 하여도 좋다. 새로운 계획이나 남을
가르치는 일 등은 상당한 발전이 있다. 재물투자는 원위치로 돌아
오는 형상이니 하지 말 것. 주어진 현실에 순응해야 한다.

823

六三(육삼)은 甘臨(감림)이라 无攸利(무유리)하니 旣憂之(기우지)라
　　无咎(무구)리라.
象曰(상왈) 甘臨(감림)은 位不當也(위부당야)오 旣憂之(기우지)하니
　　咎不長也(구부장야)리라.

　쓸데없는 말이나 행동이 많다. 진실이 숨겨지고 사특한 기운이
팽배되어 있다. 허물을 뉘우치고 진실하게 모든 일을 처리해야
된다. 감언이설로 접근해 오는 사람을 경계하라. 속임수가 많으니
세심한 주의가 필요하다. 안 되는 줄 알면서 억지로 하면 반드시
실패한다. 잠깐 물러서서 대세를 다시 파악하고 유혹에 빠져들지
마라. 재물투자는 사기 사건이 많으니 금물. 고치고 수리하는 일
은 좋다. 돈 거래는 피할 것.

824

六四(육사)는 至臨(지림)이니 无咎(무구)하니라.
象曰(상왈) 至臨无咎(지림무구)는 位當也(위당야)일세라.

　사람을 만나거나 일에 임하거나 지극한 정성을 나타내어 좋다.
진실한 본인의 마음을 상대가 알아주니, 화합이 좋고 기쁜 일이 생
긴다. 비판이나 불평 없이 자기의 임무를 충실히 함으로써 모든
사람들이 공경하고 따른다. 멀리 있는 사람이 오고, 오해가 있던
것이 풀리고 화해한다. 하는 일은 적극적으로 열심히 하여 성공
한다. 타인의 협력, 협조가 생긴다. 재물투자에 있어서는 신규투
자는 하지 말 것. 소식이나 소망은 성취된다.

六五(육오)는 知臨(지림)이니 大君之宜(대군지의)니 吉(길)하니라.
象曰(상왈) 大君之宜(대군지의)는 行中之謂也(행중지위야)라.

　현재 하려고 하는 일은 자기가 직접 나서지 말고, 남에게 맡겨서 일을 처리하면 운세가 좋게 된다. 중간에 사람을 중개하여 일을 성취시킨다. 임금이 대신에게 일을 위임하는 형상이다. 지혜나 능력이 있는 자에게 자문을 구하던지 중책을 맡기면 좋다. 남에게 일을 위임하면 좋고 일단 위임했으면 의심하지 마라. 사소한 일은 신경 쓰지 말고 굵직한 일에 정열을 쏟아라. 이것저것 모두 다 자기가 하려고 하면 실패한다. 재물투자는 타인 명의로 하라.

上六(상육)은 敦臨(돈림)이니 吉(길)하야 无咎(무구)하니라.
象曰(상왈) 敦臨之吉(돈림지길)은 志在內也(지재내야)라.

　타인에게 임할 때는 후하게 대접해 주어야 하는 시기이다. 그렇게 하여야 불평, 불만이 없고 더욱 화목을 누릴 수 있다. 기분파로서 멋있게 남을 위해 재물을 투자하라. 자기 욕심만 챙긴다면 비난의 소리를 듣게 된다. 목적이나 소망은 느긋한 태도로 기다려라. 시일은 걸리나 성사된다. 세상에 공짜는 없다. 남을 위한 지출은 언젠가 반드시 다른 대가로 돌아오게 된다. 재물투자는 공적인 투자는 성공. 개인적인 욕심은 실패한다. 남에게 양보하는 것이 현명하다. 어린 사람은 건강에 유의.

初九(초구)는 明夷于飛(명이우비)에 垂其翼(수기익)이니 君子于行
(군자우행)에 三日不食(삼일불식)하야 有攸往(유유왕)에
主人(주인)이 有言(유언)이로다.
象曰(상왈) 君子于行(군자우행)은 義不食也(의불식야)라.

　굶어 죽는 경우가 생기더라도 의리가 아니면 행동하지 않는 것
이 좋다. 주위가 복잡하고 소인들이 판을 치니, 지조를 굽혀가며
밥벌이를 한다면 수치스러운 일이다. 관직이나 직장, 승진 운세
는 불리하다. 정당하고 곧게 일을 추진해도 손해가 오는 시기이
니, 자기의 입장을 억지로 밝히지 않는 것이 좋다. 마음에 상처를
받는 일이 많이 생긴다. 재물투자는 안 된다. 공짜를 바라지 마라.

六二(육이)는 明夷(명이)에 夷于左股(이우좌고)니 用拯馬(용증마)
壯(장)하면 吉(길)하리라.
象曰(상왈) 六二之吉(육이지길)은 順以則也(순이칙야)일세라.

　고통이 심하고 참기 어려운 일이 많이 생긴다. 마음을 굳건히
가지고 있으면 처음에는 상처를 입었으나, 곧 구원병이 나타나
서 힘을 쓰게 된다. 오해와 중상모략이 춤을 추는 시기이니, 조용
히 현실을 관망하는 자세가 필요하다. 그런 연후에 도망을 가는
것이 좋다. 죽음 앞에서도 지조와 절개를 지킨 선비의 정신이 필요
하다. 지금은 타협이 되지 않는 시기이다. 재물투자는 금물.
단체, 집안에 우환이 많다.

九三(구삼)은 明夷于南狩(명이우남수)하야 得其大首(득기대수)
니 不可疾貞(불가질정)이니라.
象曰(상왈) 南狩之志(남수지지)를 乃大得也(내대득야)로다.

　남을 공격하여 승리를 하였으나 상장을 못 받고 있다. 마음이
분주하지 않도록 차분히 행동하여야 한다. 인정을 받기 위하여
서두르지 마라. 승리한 후에는 반드시 겸손이 필요하다. 겸양의
미덕을 충분히 발휘해야 한다. 사업의 운세는 아무리 전망이 밝은
일이라도 조급히 서둘면 안 된다. 착실히 진행하면 발전이 있다.
천 리 길도 한 걸음부터 시작된다. 재물투자는 오래전부터 검토
한 것은 성공. 신규 사업은 불가. 형제간에 건강 주의.

六四(육사)는 入于左腹(입우좌복)하야 獲明夷之心(획명이지심)하야
于出門庭(우출문정)이로다.
象曰(상왈) 入于左腹(입우좌복)은 獲心意也(획심의야)라.

　상대의 속마음을 간파한 후에 변화를 구하는 것이 좋다. 지금
은 모든 것이 본인에게 불리하니 빨리 현실을 탈출하는 것이 좋다.
탈바꿈을 하는 것이니 다른 곳으로 나아가라. 새로 출발하는 정신
상태로 빨리 결정하여 행동에 옮겨야 한다. 상대를 좋지 않은 방법
으로 유혹하면 반드시 후회가 따른다. 현재의 위치는 본인이 있을
자리가 아니다. 집안에 있는 사람은 밖으로 나가라. 재물투자는
관청 관계 일이 조금 좋아진다. 소화기, 위장 건강에 주의.

六五(육오)는 箕子之明夷(기자지명이)니 利貞(이정)하나라.
象曰(상왈) 箕子之貞(기자지정)은 明不可息也(명불가식야)라.

'기자'는 주왕의 삼촌으로서 미치광이로 살았지만 마음속으로
는 항상 밝음을 간직하였다. 속으로 많은 실력을 가지고 있어도
겉으로는 모르는 척하고 행동해야 탈이 없다. 남의 앞에 서지 말고
멍청이처럼 따라주는 지혜가 있어야 화를 면할 수 있다. 자신의
처지를 냉철히 판단하여야 한다. 행동이나 말을 먼저 하지 마라.
마음은 실력 양성에 힘쓰고, 행동은 다음 기회로 미룬다.
재물투자는 손해만 생긴다.

上六(상육)은 不明(불명)하야 晦(회)니 初登于天(초등우천)하고 後入
　　于地(후입우지)로다.
象曰(상왈) 初登于天(초등우천)은 照四國也(조사국야)오 後入于地
　　(후입우지)는 失則也(실칙야)라.

부정과 폭정으로 권세를 천하에 떨치더니, 결국은 땅속으로 꺼지
는 가련한 신세가 되는 형상이다. 하늘은 악인을 용서하지 않는
다. 자기 죄의 대가는 어김없이 본인이 받아야 한다. 비겁하게 피하
려고 하지 마라. 사업의 확장은 하지 마라. 외세에 신경쓰지 말고
내실을 기하라. 부패되어 있다. 가격이 처음엔 오르다가 곧 폭락
하는 형상이다. 인간관계도 아주 좋다가도 갑자기 이별하는 경우
가 많다. 재물투자는 금물.

841

初九(초구)는 不遠復(불원복)이라 无祇悔(무지회)니 元吉(원길)하니라.
象曰(상왈) 不遠之復(불원지복)은 以脩身也(이수신야)라.

　한번 말을 꺼내기 전에 세 번 생각하여야 한다. 현재의 운세는
모든 일에 예의나 질서가 지극히 중요하다. 어긋나는 일에 잠시
빠졌다가 후회하고 금방 본래의 위치로 돌아오니 길하다. 나의
고집을 너무 강하게 주장하면 불리하다. 고향을 떠나 있다가 고향
에 오는 상태이고, 멀리 있는 사람이 돌아오는 형상이다. 잠시 바깥
바람을 쏘이고 다시 원래의 모습으로 돌아오는 것이니, 신규 투
자나 확대는 하지 마라. 본업이나 본래 집을 지켜야 한다.

842

六二(육이)는 休復(휴복)이니 吉(길)하니라.
象曰(상왈) 休復之吉(휴복지길)은 以下仁也(이하인야)라.

　자기의 고집을 버리고, 남을 따라 주고 겸손하면 운세가 발전한
다. 휴식이나 휴가 등 잠깐 쉬는 것이 좋다. 에너지를 축적하여야
다음의 기나긴 인생살이에 활력소가 된다. 여가 선용을 하든지 취
미 생활에 전력하고 기분 전환하라. 자기의 신분이나 몸을 낮추
어 남을 대하라. 이동, 변경은 하지 마라. 본래 상태로의 이동은
좋다. 재물투자는 이익이 없다. 남의 일에 간섭하지 말고 여유를
가지는 것이 좋다.

843

六三(육삼)은 頻復(빈복)이니 厲(여)하나 无咎(무구)리라.
象曰(상왈) 頻復之厲(빈복지여)는 義无咎也(의무구야)니라.

한 가지 일을 하는데 자주 태도를 바꾸니 부끄러운 일이다. 몇 번이고 번복되고 태도를 분명히 결정하지 못하여 고통이 심한 상태이다. 그것은 딛고 넘어가야 할 과정이다. 약간의 개혁적인 성향이 필요하다. 정도를 잃어버리게 되면 마음이 항상 위태롭다. 상대방의 태도가 좋지 못하나 그 점에 신경쓰면 짜증만 생기니 주의할 것. 힘이 미약하여 소원 성취는 당장 어렵다. 재물투자는 하지 마라. 다음 기회를 보아야 한다. 불면증, 신경성 질병 주의.

844

六四(육사)는 中行(중행)호되 獨復(독복)이로다.
象曰(상왈) 中行獨復(중행독복)은 以從道也(이종도야)라.

여러 사람과 같이 길을 가다가 혼자서 돌아오는 형상이다. 바른 선생을 만나고 지도자를 만나 자기의 허물을 뉘우치고 착한 심성으로 돌아온다. 조만간에 유망한 지도를 받으니 운세가 발전한다. 남과의 화합, 단결이나 동업은 불리하다. 여럿이 어울리는 것은 조심하여야 한다. 선생을 만나거나 짝을 만나는 운세에 크게 기쁨이 있다. 소송이나 시합은 이기지 못한다. 재물투자는 당분간 보류할 것.

六五(육오)는 敦復(돈복)이니 无悔(무회)하나라.
象曰(상왈) 敦復无悔(돈복무회)는 中以自考也(중이자고야)라.

원래의 자리로 돈독하게 돌아오니, 불안한 마음이 없어지고 기쁨이 있다. 경제는 불황의 경기가 호전된다는 징조이다. 오해가 풀리고 오랜만에 만나는 사람이 생기고 바쁜 생활이 계속된다. 상대에게 후덕하고 화합하는 마음이 필요하다. 복잡한 사건이 정리되는 시기이니, 매사에 철두철미하게 임해야 한다. 재물은 신규 재물을 구할 수 없고, 오래전부터 원했던 재물을 얻게 된다. 남녀 관계에 잘못된 점을 정리해야 한다.

上六(상육)은 迷復(미복)이라 凶(흉)하니 有災眚(유재생)하야 用行師(용행사)면 終有大敗(종유대패)하고 以其國(이기국)이면 君(군)이 凶(흉)하야 至于十年(지우십년)이 不克征(불극정)하리라.
象曰(상왈) 迷復之凶(미복지흉)은 反君道也(반군도야)일세라.

한번 나간 사람이 영원히 돌아오지 않으니 흉하다. 사람은 누구나 순간적인 실수를 하기 마련이다. 잘못을 뉘우치고 회복이 빠르면 좋고, 욕심에 막혀 회복이 안 되면 나쁜 결과만 생긴다. 잘못을 알면서도 계속 그릇된 행동을 하는 모습이다. 빨리 돌아오지 않으면 재앙이 생긴다. 확대하는 이동, 변경은 손해뿐이고, 경쟁에서도 이기지 못한다. 재물투자는 일찍 손을 떼라. 돈이나 물건은 빌려주면 받지 못한다.

851

初六(초육)은 允升(윤승)이니 大吉(대길)하니라.
象曰(상왈) 允升大吉(윤승대길)은 上合志也(상합지야)라.

　의심하거나 계산적으로 남을 대하면 진정한 화합은 이루어지지 않는다. 상대를 확실히 믿고 따라 주어야 잘된다. 남의 협조로 소원이 성취된다는 표현이다. 승진, 승격의 기상이 충만하고 인기도 상승한다. 여론 형성을 잘하면 좋다. 사람을 한번 믿으면 의심하지 말고 끝까지 신임하라. 사업은 혼자의 힘으로 약하고, 도와주는 사람을 만나면 크게 성공한다. 이동, 변동에도 운세가 좋다. 재물투자는 타인의 조언에 따르면 이득이 생긴다.

852

九二(구이)는 孚乃利用禴(부내이용약)이니 无咎(무구)리라.
象曰(상왈) 九二之孚(구이지부)는 有喜也(유희야)라.

　지극한 정성으로 일을 추진하니 성공이 있고 기쁨이 생긴다. 모든 일을 할 때 기도하는 마음으로, 경건하고 공손히 행동하여야 성공한다. 까불거리고 자만하다가는 낭패를 본다. 상승하는 운세이니 진급이나 진학 등에서 모두 길하다. 집의 층수도 아래층에서 위층으로 올라가는 것은 좋다. 기도나 종교적 행사에 참여하면 더욱 운세가 발전한다. 재물투자는 종교적인 힘이 있어야 성공한다.

九三(구삼)은 升虛邑(승허읍)이로다.
象曰(상왈) 升虛邑(승허읍)은 无所疑也(무소의야)라.

 상승하는데 걸림이 없이 올라갈 수 있고 발전이 약속된다.
전도가 유망하다. 골칫거리가 사라지고 희망의 출발이 된다.
만나서 계약하고 설계하는 일은 성공한다. 힘차게 전진하여 실력
을 발휘하는 시기가 왔다. 약을 먹으면 효력이 있고, 사람을 만나
도 반응이 좋아 의기가 화합된다. 운세는 상승하나 마음은 텅 비어
허무한 마음이 들 때가 있다. 재물의 투자는 확대 등으로 운세가
더욱 좋아진다. 주위에 약한 사람을 무시하지 마라.

六四(육사)는 王用享于岐山(왕용향우기산)이면 吉(길)코 无咎(무구)
　　　　　하리라.
象曰(상왈) 王用享于岐山(왕용향우기산)은 順事也(순사야)라.

 위와 아래를 모두 다 화합시키고 좋게 하려니 지극한 정성이 필요
하다. 이리 뛰고 저리 뛰고 하여 양쪽을 다 보살펴야 한다. 남과
의 만남은 성의를 보여야 타인이 감복하여 마음속으로 존경하고
따른다. 큰 소원을 성취하려면 종교적 신앙의 힘이 필요하다. 종교
단체에 가서 지극정성으로 기도하면 영험이 있어 성공한다. 어른
이 솔선수범해야 운세가 좋아진다. 재물투자는 상당한 이익이 있다.

六五(육오)는 貞(정)이라야 吉(길)하리니 升階(승계)로다.
象曰(상왈) 貞吉升階(정길승계)는 大得志也(대득지야)리라.

　계단을 밟아 순서에 따라 진행하는 상태이니 운세가 발전한다.
지위가 상승하고 인기가 좋아 많은 사람이 따르고 부러워한다.
시험운세는 성공하고 재물운세는 차츰차츰 이익이 많이 생긴다.
외부적인 큰 변동이나 이동은 하지 않는 것이 좋다. 조용한 가운데
꾸준한 전진이 필요하다. 한 가지 일을 정해서 바꾸지 말고 곧고
바르게 나아가면 빛을 보고 이름을 떨친다. 예술이나 문학, 예능
방면에 특히 운세가 좋다.

上六(상육)은 冥升(명승)이니 利于不息之貞(이우불식지정)하니라.
象曰(상왈) 冥升在上(명승재상)하니 消不富也(소불부야)로다.

　올라가는 것에만 욕심이 많으니 사리판단을 바르게 하지 못한다.
물욕이나 명예욕이 치솟아 있으니 좋지 못한 결과가 나타난다.
후퇴하는 것이 마땅하다. 자기의 이익만 생각한다면 비난의 소리
가 곳곳에서 들릴 것이다. 현재는 착오나 착각이 많은 시기이니,
조용히 자기를 반성하는 일이 필요하다. 재물투자는 이익이 없다.
다만 공익사업이나 종교, 예술적 가치가 높은 사업일 경우에
장기적인 안목으로 바라본다면 좋은 일의 계기가 된다.

861

初六(초육)은 師出以律(사출이율)이니 否(비)면 藏(장)이라도 凶(흉)
하니라.
象曰(상왈) 師出以律(사출이율)이니 失律(실율)하면 凶也(흉야)리라.

법칙대로 규율대로 행동하여야 허물이 없다. 법을 어기는 행동
은 곧 나쁜 결과를 가져온다. 남을 속이는 일은 금방 들통이 나서
입장이 곤란하다. 지금부터의 운세는 덜미를 잡히는 격이다. 군대
가 출동하는 상태이니 군율을 절대적으로 지켜야 질서가 바로 잡
힌다. 단체나 모임에서는 규약대로 해주어야 한다. 불순한 행동
이 발각되어 피해를 보는 현상. 투기나 암거래는 실패한다.

862

九二(구이)는 在師(재사)하야 中(중)할새 吉(길)코 无咎(무구)하니
王三錫命(왕삼석명)이로다.
象曰(상왈) 在師中吉(재사중길)은 承天寵也(승천총야)오 王三錫命
(왕삼석명)은 悔萬邦也(회만방야)라.

자기의 분수나 권한 밖의 일을 하면 허물이 생긴다. 본인의 위치
가 중요하다. 윗사람에게 보고를 철저히 하여 의심을 없애야 한다.
마음대로 행동하면 벌을 받고, 명령된 것만 충실히 실행하니 상을
받는 형상이다. 노력을 열심히 하고 겸손도 겸비하니 총애와 신임
이 두텁다. 여러 곳을 관리한다든지 외교적인 노력을 한다든지
남에게 어떤 일을 위임한다든지 하는 일은 좋다. 재물투자는 관청
관계의 일은 성공하고 그 외의 일은 이익이 없다.

六三(육삼)은 師或與尸(사혹여시)면 凶(흉)하리라.
象曰(상왈) 師或與尸(사혹여시)면 大无功也(대무공야)리라.

　실력이나 재주는 적은데, 뜻만 높아서 공상 속에서 생활한다면 흉하다. 단체나 모임에서는 사공이 많으니 배가 갈 곳을 정하지 못하고 머뭇거리고 있다. 자기가 약하다는 것을 스스로 인정해야 한다. 과대망상증을 버려라. 전쟁에 나가서 시체를 끌고 오니 흉한 일이 생기는 경우이다. 안전사고를 조심하라. 위험이 도사리고 있다. 재물투자는 욕심을 내지 마라. 허영과 가식을 버리고 솔직하게 살아라.

六四(육사)는 師左次(사좌차)니 无咎(무구)로다.
象曰(상왈) 左次无咎(좌차무구)는 未失常也(미실상야)라.

　몸과 마음에 휴식이 필요하다. 전선에서 물러나 조용한 시간을 가져라. 군대가 전진하다가 작전상 후퇴하여 충분한 휴식을 취하는 형상이다. 확대하고 투자하는 것은 삼가라. 밖으로 신경을 쓰는 것보다 내면에 충실을 기하라. 직책이나 직위의 변동이 생긴다. 기계를 너무 가동하면 망가진다. 적당한 시기에 휴식을 취하는 것도 현명한 사람의 행동이다. 재물투자는 축소할 것.

六五(육오)는 田有禽(전유금)이어든 利執言(이집언)하니 无咎(무구)
리라. 長子(장자) 帥師(솔사)니 弟子(제자) 輿尸(여시)
하면 貞(정)이라도 凶(흉)하리라.
象曰(상왈) 長子帥師(장자솔사)는 以中行也(이중행야)오 弟子輿尸
(제자여시)는 使不當也(사부당야)라.

　한 사람에게 부탁했으면 다른 사람에게 부탁하지 마라. 혼돈과
말썽이 생긴다. 책임의 한계나 범위를 확실히 정해주는 것이 좋
다. 서로 일을 미루면 결국은 분쟁만 생긴다. 단체나 사업체의 일
은 아랫사람들이 자신의 의견을 고집하면 아무리 정당해도 흉한
일이 표출된다. 국가가 법을 시행하려면 미리 공포하는 것처럼 남
에게 알릴 것은 알리고 일을 시행하라. 재물투자는 불리하다.

上六(상육)은 大君(대군)이 有命(유명)이니 開國承家(개국승가)에
小人勿用(소인물용)이니라.
象曰(상왈) 大君有命(대군유명)은 以正功也(이정공야)오 小人勿用
(소인물용)은 必亂邦也(필난방야)일세라.

　군인이 적을 쳐부수어 국가에 공로를 세웠다면, 국가에서 충분
한 대가를 해주면 되는 것이지, 정치에 참여시킨다면 우환이 생긴
다. 시끄러운 혼란이 생겨 질서가 무너진다. 정치는 정치인이 해
야 한다. 군인은 국방의 임무만 충실히 수행하면 최고의 영광이
다. 욕심을 부린다면 민중의 지탄을 받을 것이다. 재물투자는 자
기의 본업에만 충실하고 새로운 투자는 안 된다. 현재의 운세는
자기의 분수를 지켜라.

871

初六(초육)은 謙謙君子(겸겸군자)니 用涉大川(용섭대천)이라도 吉
　　　　(길)하니라.
象曰(상왈) 謙謙君子(겸겸군자)는 卑以自牧也(비이자목야)라.

　스스로의 마음을 수양하고 자기의 몸을 낮추어서, 겸손하고 또
겸손해야 한다. 자신의 처지나 위치를 객관적으로 판단하는 것이
필요한 시기이다. 전선에서의 직접적인 활동은 중지하고, 뒤로 물
러서는 것이 현명하다. 일을 무조건 해야 할 운명이라면 최고의
겸양을 갖추어 시작하면 된다. 후퇴하고 원위치로 변화하는 것은
좋으나, 창건하고 확대하는 일은 실패한다. 재물투자는 하지 마
라. 집안 사람 건강에 특히 유의.

872

六二(육이)는 鳴謙(명겸)이니 貞(정)코 吉(길)하니라.
象曰(상왈) 鳴謙貞吉(명겸정길)은 中心得也(중심득야)라.

　사업적으로 혹은 재물로써 명망이 높아지는 것이 아니라 인품
이나 인격에 감복되어 이름이 떨쳐진다. 덕망이 있는 사람의 이름
은 오래 남고 고결하지만, 돈으로 이름이 알려진 사람은 순간적
이고 공경의 대상이 되지 않는다. 선업을 쌓고 봉사하는 일을 많이
하면 평판이 좋아지고 운세가 발전한다. 재물투자는 재미가 없다.
모든 사람들을 인격적으로 대해 주어야 유대 관계가 좋다. 더욱
더 겸손하여야 한다. 거주하는 공간에 수맥을 점검하고 분위기를
바꾸는 것이 좋은 결과를 가져온다.

九三(구삼)은 勞謙(노겸)이니 君子(군자) 有終(유종)이니 吉(길)하니라.
象曰(상왈) 勞謙君子(노겸군자)는 萬民(만민)의 服也(복야)라.

　자신의 직분에만 열심히 노력하고 다른 일에 탐을 내지 마라. 노력을 많이 하여야 유종의 미를 거둔다. 인간의 노력이 운세를 좋게도 만들고 흉하게도 만든다. 자기 노력에 대해서는 항시 겸손, 겸양하고 남의 허물에 대해서는 관용으로 이해하는 아량이 필요하다. 헤어지는 사람이 생긴다. 마지막과 시작의 갈림길에 있다. 환자는 위독하다. 처음 시작하는 일은 불리하다. 억지로라도 겸손하려고 노력하는 것이 좋은 결과를 가져온다.

六四(육사)는 无不利撝謙(무불리휘겸)이니라.
象曰(상왈) 无不利撝謙(무불리휘겸)은 不違則也(불위칙야)라.

　나이 많은 사람이 정력이 너무 강하거나 고집이 너무 세면 곤란하다. 나이가 많거나 지식이 많아도 사람은 겸손해야 하는데, 지금은 떠벌리는 경향이 있다. 지켜야 할 비밀을 발설하면 곤경에 빠진다. 본인에게 올 수 있는 상장이나 찬사를 남에게 양보를 하면 더욱더 운세가 좋아진다. 내부 정돈을 하는 것이 좋다. 남을 원망하지 말고 자신을 탓하는 버릇을 길러라. 친척이나 친한 사람 때문에 고통을 당한다. 재물투자는 참는 것이 좋다.

875

六五(육오)는 不富以其隣(불부이기린)이니 利用侵伐(이용침벌)이니
　　　无不利(무불리)하리라.
象曰(상왈) 利用侵伐(이용침벌)은 征不服也(정불복야)라.

　얕잡아 보고 공격을 하는 사람이나 약속을 어기는 사람은 과감
히 공격하여 무찔러야 한다. 이것은 적극적인 겸손이다. 자기의
권리를 빼앗기고, 가만히 있는 사람은 무능한 사람이다. 상대방
의 빈부귀천을 생각하지 말고 남의 부탁을 잘 들어주면 좋다. 사회
는 공동체적인 생활이지 개인적인 삶이 아니다. 남의 일에 앞장
서서 솔선수범하여 도와주는 것이 앞으로의 운세를 밝게 한다.
재물투자는 하지 말고 이웃을 경계하라.

876

上六(상육)은 鳴謙(명겸)이니 利用行師(이용행사)하야 征邑國(정읍국)
　　　이니라.
象曰(상왈) 鳴謙(명겸)은 志未得也(지미득야)니 可用行師(가용행사)
　　　하야 征邑國也(정읍국야)라.

　본인이 대인이면 얕잡아 보고 공격을 하는 국가나 반란을 일으
키는 사람은 과감히 공격하여 무찔러야 한다. 이것은 적극적인
겸손이다. 국가나 단체의 권리를 빼앗기고, 가만히 있는 사람은
무능한 집단이다. 본인이 소인이면 집단이나 불량배에게 속임이
나 공격을 당하여 힘이 들고, 관재구설이 생겨 골머리를 앓게 되
니 친한 사람을 조심하여야 한다. 항상 진심으로 남을 대하고 승
리하였으면 남에게 관용을 베풀어라.

881

初六(초육)은 履霜(이상)하면 堅氷(견빙)이 至(지)하나니라.
象曰(상왈) 履霜堅氷(이상견빙)은 陰始凝也(음시응야)니 馴致其道
(순치기도)하야 至堅氷也(지견빙야)하나니라.

　서리를 밟는 시기이니 얼음이 곧 언다는 것을 알 수 있다. 즉 일이
풀리지 않고 분위기가 본인에게 불리하고 어려움만 더하는 상이
다. 일을 시작하고 행동하는 것을 삼가야 한다. 때가 오지 않은
상태이니, 운이 돌아올 때까지 조용히 자중해야 한다. 남의 일에
간섭하면 구설수에 오르고 남보다 앞장서서 일을 하면 허물이 생긴
다. 재물투자는 전망이 어둡다. 욕망을 자제하고 실력이나 배양
하라. 돈은 거래하면 받지 못한다.

882

六二(육이)는 直方大(직방대)라 不習(불습)이라도 无不利(무불리)하
　　　니라.
象曰(상왈) 六二之動(육이지동)이 直以方也(직이방야)니 不習无不利
(불습무불리)는 地道(지도) 光也(광야)라.

　바르게 생활하니 싫어하는 사람이 없고, 심성이 순진하니 사람
이 따른다. 남하고 시비하는 것을 좋아하지 않으면 본인의 마음
도 편하고 주위도 조용하다. 운세가 상승하는 시기이니 걱정할
필요가 없다. 사업이나 소망은 남의 도움이 있어 성공하고 취직,
입학 등은 합격된다. 여자의 일은 특히 좋고 조용한 발전이 있다.
학습, 연구, 작품 등은 더욱더 좋다. 재물투자는 남의 협조로 성공
한다. 타인을 실험하지 마라.

883

六三(육삼)은 含章可貞(함장가정)이니 或從王事(혹종왕사)하야 无成
　　有終(무성유종)이니라.
象曰(상왈) 含章可貞(함장가정)이나 以時發也(이시발야)오.
　　或從王事(혹종왕사)는 知光大也(지광대야)라.

　여인이 남자에 순종하여 따르고 시키는 대로 행하면 좋은 경사가
생긴다. 지금은 본인의 좋은 계획을 드러내지 말고 간직하고 있어
야 한다. 남의 권유에 따라 주어야 일이 성사가 된다. 사업의 운세
는 어렵게 진행되나 유종의 미를 거둔다. 여인의 협조가 생기고
발전성이 점차 좋아진다. 남녀의 화합하는 운세는 좋다. 재물투자
는 재미가 없으니 하지 마라. 큰일의 책임을 맡아도 능히 수행할
수 있다. 명예직에 좋은 운세.

884

六四(육사)는 括囊(괄낭)이면 无咎(무구)며 无譽(무예)리라.
象曰(상왈) 括囊无咎(괄낭무구)는 愼不害也(신불해야)라.

　조용히 한가하게 있는 것이 현재로서는 상책이다. 재물을 구할
수 없고 지위를 구할 수도 없는 지경이다. 행동을 신중히 하라.
말을 잘못하여 구설수가 생긴다. 주머니가 열리니 실물수에 주의
하라. 남의 비밀이나 남의 약점을 말하지 마라. 새로운 사업은 하지
마라. 피해가 크다. 재물투자는 손해뿐이다. 불평, 불만을 가지면
본인에게 불리한 사태가 전개된다.

六五(육오)는 黃裳(황상)이면 元吉(원길)이리라.
象曰(상왈) 黃裳元吉(황상원길)은 文在中也(문재중야)라.

　몸에 누런 치마를 걸쳤으니 아주 좋은 일이 생긴다. 자격이나 실력이 겸비된 상태에서 실력 발휘의 찬스가 온다. 하급자가 상급자를 잘 받들고, 자기의 몸을 낮추기 때문에 화합이 좋다. 선한 일은 성공을 하고, 목적이 사악한 일은 낭패를 본다. 환자는 동북 방향에서 약을 구하면 효력이 있고, 재물은 서남 방향에서 구하라. 문학이나 예술 방면, 의류 계통에 크게 이익이 있다.

上六(상육)은 龍戰于野(용전우야)하니 其血(기혈)이 玄黃(현황)이
　　　　로다.
象曰(상왈) 龍戰于野(용전우야)는 其道(기도) 窮也(궁야)라.

　용 두 마리가 들에서 피를 흘리며 싸움을 하니 주위가 시끄럽다. 지금은 부부싸움은 하지 말아야 하며, 조금 심하면 흉한 일까지 보게 된다. 인간관계에서 시비, 투쟁, 다툼이 있다. 유순하지 못하고 남의 인격을 무시한 결과이니 성질을 죽여라. 동업은 맞지 않고 사업의 확장은 불리하다. 남의 종교나 상대의 인생관에 대하여 다투지 말 것. 재물투자는 금물. 몸에서 피를 흘리는 경우가 생긴다. 경계하라.

4
생활 활용

1. 좋은 날 선택하는 법

쥐子, 소丑, 범寅, 토끼卯, 용辰, 뱀巳, 말午, 양未, 잔나비申,
닭酉, 개戌, 돼지亥

남자 나이						좋은 날
1	8 48	16 56	24 64	32 72	40 80	토끼, 닭, 용, 뱀
2	10 50	18 58	26 66	34 74	42 82	개, 돼지, 말, 양, 잔나비
3	11 51	19 59	27 67	35 75	43 83	닭, 토끼, 소, 범
4	12 52	20 60	28 68	36 76	44 84	용, 뱀, 소, 범, 토끼
5	13 53	21 61	29 69	37 77	45 85	양, 잔나비, 쥐, 개, 돼지
6	14 54	22 62	30 70	38 78	46 86	말, 개, 돼지, 쥐
7	15 55	23 63	31 71	39 79	47 87	쥐, 양, 잔나비, 말
9	17 57	25 65	33 73	41 81	49 89	소, 범, 용, 뱀, 닭

여자 나이						좋은 날
1	8	16	24	32	40	용, 뱀, 소, 범, 토끼
	48	56	64	72	80	
2	9	17	25	33	41	닭, 토끼, 소, 범
	49	57	65	73	81	
3	10	18	26	34	42	개, 돼지, 말, 양, 잔나비
	50	58	66	74	82	
4	11	19	27	35	43	소, 범, 용, 뱀, 닭
	51	59	67	75	83	
5	12	20	28	36	44	토끼, 닭, 용, 뱀
	52	60	68	76	84	
6	13	21	29	37	45	쥐, 양, 잔나비, 말
	53	61	69	77	85	
7	14	22	30	38	46	말, 개, 돼지, 쥐
	54	62	70	78	86	
	15	23	31	39	47	양, 잔나비, 쥐, 개, 돼지
	55	63	71	79	87	

2. 좋은 방위 보는 법

남자 나이					좋은 방위
1	10 46	19 55	28 64	37 73	동 · 동북 · 북
2	11 47	20 56	29 65	38 74	서남 남 · 동남 · 서
3	12 48	21 57	30 66	39 75	북 동북 · 동 · 서북
4	13 49	22 58	31 67	40 76	남 · 서남 · 서
5	14 50	23 59	32 68	41 77	동북 서북 · 북 · 동남
6	15 51	24 60	33 69	42 78	서 · 남 · 동
7	16 52	25 61	34 70	43 79	서북 동남 · 동북 · 서남
8	17 53	26 62	35 71	44 80	서 · 북 · 동
9	18 54	27 63	36 72	45 81	동남 서남 · 서북 · 남

여자 나이				좋은 방위
1	10 19 28 37		46 55 64 73	동남 · 서북 · 남 서남
2	11 20 29 38		47 56 65 74	동 · 동북 · 북
3	12 21 30 39		48 57 66 75	서남 · 동남 · 서 남
4	13 22 31 40		49 58 67 76	북 · 동 · 서북 동북
5	14 23 32 41		50 59 68 77	남 · 서남 · 서
6	15 24 33 42		51 60 69 78	동북 · 북 · 동남 서북
7	16 25 34 43		52 61 70 79	서 · 남 · 동
8	17 26 35 44		53 62 71 80	서북 · 동북 · 서남 동남
9	18 27 36 45		54 63 72 81	서 · 북 · 동

3. 좋은 숫자, 좋은 색깔

주역周易은 음의 기운과 양의 기운을 잘 조화하여 운세를 발전시킬 수 있는 학문이다. 즉 태어난 사주는 바꿀 수가 없지만 주역은 각자가 어떻게 행동하고 마음을 먹느냐에 따라 운세가 바뀔 수 있다는 운명개척의 학문이다.

색깔에는 고유의 음양오행과 기운이 있고 숫자에도 고유의 기운이 있다. 각 개인의 기운에 맞는 색상과 숫자를 사용하는 것이 좋은 행운을 가져다준다. 우리는 알게 모르게 숫자의 범주 안에서 살아가고 있다. 돈 계산을 할 때도 모든 금액이 숫자로 표시되며 남과 약속을 정할 때 건강상태, 성적의 표시 등 숫자가 쓰이지 않는 곳이 없다. 그러면서도 진정 자기에게 좋은 기운을 가져다주는 숫자는 무엇인지 모르고 살아간다.

색깔도 마찬가지이다. 마음에 드는 색깔의 옷을 입고 외출을 하면 기분이 좋아져 얼굴이 밝아진다. 또한 주위에서도 잘 어울린다고 말해주면 기분상승 → 즐거움 → 좋은 기 축적 → 좋은 생각 → 좋은 행동으로 이어져 행운을 가져온다.

음	여자	땅	바다	달	슬픔	가을	겨울	짝수	어둠	후퇴
양	남자	하늘	산	해	기쁨	봄	여름	홀수	밝음	발전

음과 양이 있고 오행이 있다. 남자(양)와 여자(음)는 서로 좋아하고 여름(양)에는 물(음)을 찾으며 겨울(음)에는 따뜻함(양)을 찾는다. 이러한 원리를 바탕으로 태어난 월에 따라 좋은 숫자와 색깔이 정해진다.

- **봄(음력 1,2,3월)생**
  - 좋은 숫자 : 2,5,7,0
  - 보통 숫자 : 1,4,6,9
  - 나쁜 숫자 : 3,8
  - 좋은 색 : 빨간색, 황색
  - 보통 색 : 흰색, 검정색
  - 나쁜 색 : 청색

- **여름(음력 4,5,6월)생**
  - 좋은 숫자 : 4,5,9,0
  - 보통 숫자 : 1,3,6,8
  - 나쁜 숫자 : 2,7
  - 좋은 색 : 황색, 흰색
  - 보통 색 : 검정색, 청색
  - 나쁜 색 : 빨간색

- **가을(음력 7,8,9월)생**
  - 좋은 숫자 : 1,3,6,8
  - 보통 숫자 : 2,5,7,0
  - 나쁜 숫자 : 4,9
  - 좋은 색 : 검정색, 청색
  - 보통 색 : 적색, 황색
  - 나쁜 색 : 흰색

- **겨울(음력 10,11,12월)생**
  - 좋은 숫자 : 2,3,7,8
  - 보통 숫자 : 4,5,9,0
  - 나쁜 숫자 : 1,6
  - 좋은 색 : 청색, 적색
  - 보통 색 : 흰색, 황색
  - 나쁜 색 : 검정색

※ 색깔의 분류는 대표적인 5가지의 색으로만 분류하였다.

※ 숫자는 전화번호와 비밀번호, 집의 층수 및 중요한 미팅 날짜 등
   에 활용할 수 있으며 색깔은 옷이나 이불, 집안의 인테리어 등에
   활용한다. 겉옷의 색깔이 좋은 색에 해당되지 않는다면 속옷을 맞
   는 색을 선택하여 활용하면 된다.

20세에 주역을 처음으로 접하고 43년의 세월이 흘렀다. 중·고등학교 시절, 어머니는 철학관과 점집을 자주 다니셨다. 장남이 잘 풀려야 집안이 평안하다는 일반적인 사고방식이 어머니의 뇌리에 있었던 것 같다. 철학관에 갔다 오면 하시는 말씀이 "가서 물어보는 곳마다 너는 명命이 짧아서 부처님 전에 너를 팔아야 좋다고 하더라."는 말씀을 많이 듣고 자랐다. 중학교 3학년 어느 날 절에 가서 그런 절차를 밟았다.

1974년 대학생활을 하면서 어머니가 너무나 믿고 신봉하는 철학관의 말들은 근거 없는 미신이라고 주장하고 싶었고 논문도 쓰고 싶었다. 그리하여 여름방학 때 절에서 동양철학에 관한 책들을 읽기 시작하였다. 반박을 하려고 공부하였던 주역과 동양철학의 공부가 오히려 재미가 있어 매료되었다.

대학교 축제 기간에는 많은 학생들의 운세를 풀어 주기도 하고 군에 입대하여 중대장과 대대장 그리고 연대장의 운세도 풀이해 주었다. 덕분에 외출을 자주 할 수가 있어서 군부대와 가까운 의정부에 나오면 민간인들도 운세 감정을 해 주어 짭짤한 수입을 올렸다.

1979년 군복무를 마치고 대학생활을 하면서 부친의 엄청난 반대에도 불구하고 '철학관'의 간판을 걸어 놓고 운명감정을 본격적으로 시작하였다. '총각점쟁'이라는 말을 들으면서 나의 실력은 소문이 나기 시작하였다. '역술인 협회'에 가입을 하였고 감찰위원을 하기도 하였다. 대학을 졸업하고 철학관의 생활은 계속하였다.

1982년 '아산선생님' 문하생의 모임인 '부산 지지회'에서 주역을 점서가 아닌 '의리역'으로 새로운 각도에서 공부를 하였다.

1983년 '각성스님'을 모시고 25명 정도의 수강생을 모아서 조방 앞에서 '화엄경강의'를 주최하였다. 주역 공부와 화엄경 공부가 하루의 생활을 즐겁게 만들어 주었다. 그러나 뭔가 마음 속을 시원하게 뚫어주는 빛이 없었다. 그 빛을 찾기 위하여 문경의 '봉암사'로 출가를 결심하였다.

봉암사는 신라시대부터 내려오는 구산선문의 하나인 선방으로써 행자를 받지 않는 사찰이다. 일반 신도의 출입이 통제된 봉암사에서 불사와 수행을 같이 할 수 있었다. 대중 스님 45명이 참선수행하는 전국 제일의 참선도량이다. 그 청정한 도량에서 나는 두 번이나 죽을 고비를 넘겼다. 너무나 신기하여 「봉암사에 걸망을 내려놓고」의 책을 출간하여 그 내용을 상세히 적어놓았다.

만약 절에서 수행을 하지 않고 사회생활을 하였다면 어린 시절 어머니께 들은 '철학관에서 너는 명命이 짧다고 하더라.'의 말씀대로 명이 짧아졌다고 확신한다. 물에 빠져 죽어가는 나의 모습을 45명의 스님들이 그냥 보고만 있을 수밖에 없는 희귀한 사건이 벌어졌지만 기적적으로 나는 살아났다.

3년의 수행을 마치고 환속을 하였다. 짧은 머리가 길어질 때까지 주역을 알기 쉽게 활용할 수 있도록 책을 만드는 작업을 하여 「인생384

효」(명문당)를 출간하였다. 1괘는 6개의 효가 있어서 주역의 '64괘×6효=384' 이므로 주역의 모든 효상을 해설하였던 것이다.

봉암사의 수행생활 시절에 조실스님의 책을 만들었다. 그 인연공덕으로 이 책은 어려움이 없이 출간이 되었다. 세상살이는 지혜도 필요하고 복도 필요하다. 어쩌면 복이 더 필요한 경우가 많다. '지혜는 닦아야 하고 복은 짓는 대로 받는다' 는 자연의 법칙이 있다.

이 번에 출간한 이 책은 「인생384효」의 책을 29년 만에 수정 보완을 하였다.

환속을 하고난 후 봉암사에서 '108평 선방' 공사의 현장에서 땀 흘린 인연으로 자연스럽게 건축과 건설업을 하게 되었다. 평생을 철학쟁이, 점쟁이로 생활하는 것 보다는 좋을 것 같았다. 인연에 따라 구의원도 하고 시의원도 하였다.

주역을 공부하였기에 좀 더 깊은 공부를 위하여 기공수련을 하였다. 음기와 양기를 직접 몸으로 체험을 할 수가 있었다. 대학선배의 소개로 기공스승이신 '자선 할아버지' 를 모시고 수련을 열심히 하였다. 스승님은 나에게 엄청난 변화를 가져다주었다. 지금도 스승님은 102세의 연세임에도 불구하고 제자들을 지도하고 계신다.

주역에 대한 나의 인연은 계속 이어지고 있었다. 운명감정을 의뢰하는 사람은 집에서 감정을 해주었다. '태극기사랑' 에 관한 강의는 상당히 많이 하였다. 태극기가 바로 주역이니 쉽게 강의를 할 수가 있었다.

국군방송에 출연하여 '태극사상과 충효사상'의 제목으로 군인들에게 마음을 활용하는 방법을 강의하였다. MBC 〈아주 특별한 아침〉에 출연하여 국회의원의 배지를 바꾸어야 된다고 주창하였더니 2014년에 배지가 바뀌었다. 주역은 운명을 개척하는 학문이다. 본인이 어떻게 선택하느냐에 따라 스스로의 운명을 결정짓기 때문이다.

주역과 풍수는 운명을 개척한다는 측면에서는 맥이 통한다.

KBS 〈굿모닝 대한민국〉에 출연하여 집안의 좋은 기운을 가져주는 풍수인테리어 시공방법을 설명하였다. 연합뉴스와 많은 일간지에 독도에 '강치'를 설치하여야 하는 이유와 시공방법을 설명하였는데, 2015년 8월에 정부에서 설치를 단행하였다. 위의 내용들은 유튜브 YouTube에서 '이해수'를 클릭하면 동영상을 볼 수 있다.

최근에는 인연이 있는 단체에 강의를 다니고 있다. 서울 성북구의 '시각장애인 복지관'에서 주역을 3개월 동안 강의했던 추억은 잊을 수가 없다. 나의 주역 강의를 시각장애인과 안내견이 함께 들었다. 그 때의 교재는 나의 저서 「인생384효」이었다. 그 후 오랜 세월이 지나서 수정하고 보완한 이 책을 자신 있게 출간한다.

독자들이 이 책을 잘 활용하면 생활에 많은 도움이 된다고 확신한다. 주역의 핵심인 '적선지가 필유여경積善之家 必有餘慶－선을 쌓은 집안은 반드시 경사가 생긴다.'를 명심하여 많은 선행을 쌓아서 환희에 찬 생활이 이루어지길 진심으로 바란다.

무위정사에서 이 해 수 합장

주역 384

1판 1쇄   2018년 9월 10일
1판 발행   2018년 9월 15일

지은이 善觀 이해수
펴낸이 주지오
펴낸곳 도서출판 무량수
        부산광역시 부산진구 중앙대로 777
        이비스앰배서더 부산시티센터 2층 (부전동)
전 화 051-255-5675
팩 스 051-255-5676
e-mail boan21@korea.com
출판신고번호 제9-110호

값 24,000원

ISBN 978-89-91341-53-1